川瀬正裕
Masahiro Kawase
松本真理子
Mariko Matsumoto
松本英夫
Hideo Matsumoto
著

# 心とかかわる臨床心理

基礎・実際・方法
［第3版］
◎DSM-5-TR準拠

ナカニシヤ出版

口絵 1　スクィグル　13 歳女児（摂食障害）　（左：初期，右：後期　治療者の描線に患児が描画）

口絵 2　箱庭療法　9 歳女児（不登校）　（左：初期，右：後期）

口絵 3　コラージュ

# 第3版まえがき

　「心とかかわる」仕事を将来の職業選択に考えている学生や「心とかかわる」とはどういうことなのか，を考えてみたい方々，あるいは「心とかかわる」ことを既に職業としている方々のための臨床心理学テキストとして，本書の初版は1996年に出版されました。この間，多くの読者の方に支えられて2006年には改訂第2版を刊行し，この度第3版として再度の改訂を行いました。なぜ，このような改訂が必要なのでしょうか？

　情報通信網の飛躍的発展によって，時代の変化にはめまぐるしいものがあります。情報は日々更新され，ともすると情報に振り回され，我を見失いかねない勢いです。こうした情報社会でその便利さを享受する一方，ネットによる新たないじめや，さまざまな社会問題が発生しているのも事実です。こうした現代社会が心の健康にどのような影響を及ぼしているのかについては，臨床心理学をはじめ心理学の重要な研究テーマとなっています。

　この情報社会の流れのなかで，臨床心理学や精神医学などの関連分野においても，10年間で大きな変化が認められます。たとえば発達障害の概念や診断基準も10年前と現在では異なっています。また，学校での心理援助のあり方も変化してきています。加えて2011年の東日本大震災を機に，災害後の心の支援も大きな課題となっています。さらに，2018年には国家資格である「公認心理師」が誕生しました。心の専門家は今後さらに活躍の場と役割が広まっていくものと思われます。

　以上のようなことを背景として，われわれは，常に新しい時代に向けて最新の基礎知識を皆さんに提供したいと考えて，この度第3版の改訂を行いました。第3版では，特に現代の心理臨床場面において重要と思われる基礎知識を優先させ，医学領域では，2023年度にわが国で翻訳が刊行されたDSM-5-TRについて詳しくふれています。

　本書の構成は，これまでと同様に以下のようになっています。
　Ⅰ部　「臨床心理学の扉を開く」：臨床心理学とは，について解説しています。
　Ⅱ部　「心理援助の実際にふれる」：事例を交えて，重要な心の問題と援助について解説しています。
　Ⅲ部　「心理援助の基礎を学ぶ」：基礎となる理論について解説しています。
　Ⅳ部　「対象を理解する」：アセスメントの方法について解説しています。
　Ⅴ部　「心理援助の方法を知る」：基礎となる心理療法について解説しています。

　そして，トピックスとティーブレイクとして，現代の心をめぐるさまざまな問題のエッセンスを提供しています。最後には，簡単にできる心理援助の体験コーナーを設け，講義などで体験してもらえるように工夫しています。

　なお本書では，すでに用語として一般化している部分で「治療」ということばを用いていますが，本来「治療」は医行為に対して用いられるもので，近年では心理臨床の活動には極力使用しない傾向にあります。

　今回の改訂は，初版以来，お世話になっている先生方や学生諸氏の意見，感想など

が反映されているものです。これまで以上により分かりやすく詳細に，心の援助における大切な事項が，時代に即しておさえられていると思います。「心とかかわる」ことに関心をもってくださる読者諸氏のお役に立てば，著者としてこれ以上の喜びはありません。

　最後に，初版以来本書を一貫して支えてきてくださったナカニシヤ出版の宍倉由高編集長と第2版よりお世話になっている編集部山本あかねさんの辛抱強い励ましとご指導に心より感謝申し上げます。

2015年の夏に　　著者一同<br>
（2024年3月第10刷に際し一部修正）

# まず読もう！─本書の構成と使い方─

この本を使う前に以下のことについて理解しておいてください。

## 1. 本書の構成について
この本は全体で以下のように大きく5部に分かれています。

第Ⅰ部：臨床心理学の基本的な理解を学習する。
第Ⅱ部：実際の事例にふれながら，心の問題の表れと，臨床心理学的援助の実際のイメージをつかむ。
第Ⅲ部：人格理論・発達理論の主なものについて学習する。
第Ⅳ部：心理アセスメントの理論と技法について学習する。
第Ⅴ部：心理療法の理論と技法について学習する。

◇第Ⅱ部の事例の記述の中で，重要で本書でも説明が詳しく載っていることばには，アンダーラインが引いてあります。第Ⅲ部～第Ⅴ部の説明を参照しながら理解を進めてください。

◇随所に「TOPICS」が入れてあります。これらは，最近社会で話題になっていることがらや，より具体的なテーマについて書かれています。重要なものも含まれていますから，とばさずに読んでください。

◇「TEA BREAK」のページには，最近話題になっている「症候群（シンドローム）」がいくつか紹介されています。

◇「やってみよう」のページがあります。これは，臨床心理学的援助の感覚を試すためのものです。本から離れて実際に体験しながら学ぶのもよいでしょう。

## 2. 事例について
この本の特徴のひとつとして，事例が詳しく載っています。事例を本に載せるということは，本人のプライバシーなどの人権にかかわることですから，大切に扱わなければなりません。もちろん心理検査の例についてもまったく同様です。

本書の事例は，本人に承諾を得るか，本質的な内容が変わらないように配慮しながら，さまざまな改編・創作を加えて，本人と分からないようにしてあります。もちろん，名前も仮名が使ってあります。

事例の呈示は，臨床心理学の理解のためになされていることですが，皆さんも興味本位で，公共の場所などで事例についての話をしたりしないように心がけてください。「守秘義務」は，臨床心理士・医師にかぎらず，公務員・教員・保育士・看護師などにも課せられているものであることを忘れないでください。

# 目　次

第3版まえがき　　i
まず読もう！―本書の構成と使い方―　　iii

## 第Ⅰ部　臨床心理学の扉を開く―臨床心理学とは―
第1章　臨床心理学とは　　2
第2章　「適応」と「治る」　　4
第3章　援助の対象　　7
第4章　援助のプロセス　　9
第5章　臨床心理学の領域　　12
第6章　臨床実践と研究　　14

## 第Ⅱ部　心理援助の実際にふれる―事例に学ぶ問題の理解とかかわり―
第1章　問題の分類と概説　　18
第2章　DSM-5とDSM-5-TRの概要,改訂のポイント,および日本語表記の変更について　　22
第3章　事　例　　27
　1．自閉スペクトラム症　　28
　2．注意欠如多動症（ADHD）　　34
　3．学習障害（LD）　　37
　4．知的発達症（知的能力障害）　　39
　5．情緒障害　　42
　6．不登校　　45
　7．いわゆる"神経症"　　52
　8．母性剥奪症候群および育児をめぐる問題　　56
　9．虐　待　　60
　10．心身症　　63
　11．摂食障害　　67
　12．ヒステリー　　69
　13．同一性障害　　71
　14．パーソナリティ症（境界例）　　73
　15．統合失調症　　78
　16．うつ病と双極症（躁うつ病）　　81
　17．子どものうつ病　　82
　18．重症心身障害児　　84
　19．認知症　　85

## 第Ⅲ部　心理援助の基礎を学ぶ―発達・人格理論―
第1章　基礎理論について―人格理論と発達理論の意義―　　90
第2章　人格理論―フロイトの精神分析理論―　　93
第3章　人格理論―ユングの分析的心理学―　　97
第4章　人格理論―ロジャーズの自己理論―　　99
第5章　人格理論―コフートとカーンバーグの自己愛理論―　　101
第6章　発達理論―マーラーの分離‐個体化理論―　　103
第7章　発達理論―ウィニコットの対象関係論―　　105
第8章　発達理論―エリクソンの心理・社会的発達理論―　　108

## 第Ⅳ部　対象を理解する―心理アセスメント―
第1章　情報の収集と整理　　112
第2章　発達検査　　115
第3章　知能検査　　119

第4章　人格検査―質問紙法―　123
第5章　人格検査―投影法―　126
第6章　その他の心理検査　132
第7章　心理検査の実際　134

## 第Ⅴ部　心理援助の方法を知る―心理療法―

第1章　心理療法の基本的態度　140
第2章　心理療法　143
1. クライエント中心療法（client-centered therapy）　144
2. 精神分析療法（psychoanalytic therapy）　144
3. ユングの分析的心理療法　146
4. 遊戯療法（play therapy）　146
5. 芸術療法（art therapy）　149
6. 森田療法（morita therapy）　151
7. 家族療法（family therapy）　153
8. 行動療法（behavior therapy）　155
9. 認知行動療法　156
10. 自律訓練法（Autogenic Training: AT）　158
11. 集団精神（心理）療法（group psychotherapy）　160

やってみよう　1.　―心理援助の体験コーナー―　161
やってみよう　2.　―心理援助の体験コーナー―　162

## 終章　「かかわる」ということ―あとがきにかえて―　163

引用・参考文献　165
索　　引　175

### TOPICS
1　脳科学と臨床心理学　6
2　ネット社会と心理的問題　11
3　学校現場における心の支援　16
4　自閉症の分類の変遷とASD　26
5　自閉スペクトラム症の多彩な症状　29
6　心の理論　41
7　不登校対応の現状　46
8　いじめと非行　87
9　現代日本における自己愛人間　92
10　エディプス・コンプレックスの由来　96
11　ナルシシズムの語源　102
12　対象関係論（object relation theory）　107
13　就職活動と自我同一性　110
14　EBMとNBM　114
15　ロールシャッハ法と投影法の動向　131
16　地域とのかかわりと連携　142
17　心の減災教育　145
18　「遊ぶこと（playing）」の意味　148
19　特別支援教育　152
20　デートの申し込みを電話で行うときの社会的スキル　154
21　マインドフルネス　155
22　精神障害に対する薬物療法の進歩　156
23　障害と社会参加　159

### TEA BREAK
1　現代のシンドローム（症候群）　33
2　ふれあい恐怖症候群　62
3　青い鳥症候群　77
4　アパシー・シンドローム（apathy syndrome 退却神経症）　91

5 ピーターパン・シンドローム　104
6 燃えつき症候群（burnout syndrome）　137
7 空巣（からのす）症候群（empty nest syndrome）　160

# 第I部

# 臨床心理学の扉を開く
## ―臨床心理学とは―

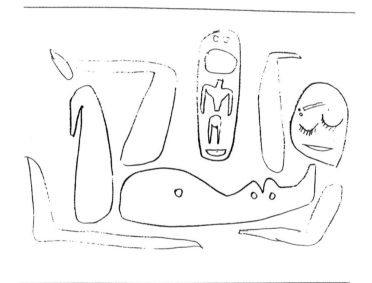

Paul Klee (1939)
ようこそ！

# 第1章　臨床心理学とは

　臨床心理学とは，心理学を中心とした知識や理論を用いて，心の問題を抱えた人やその家族の理解と援助の方法を研究・実践する心理学の一分野である。
　この章では，臨床心理学の全体像を見てみよう。

## 「心の問題」とは

　臨床心理学をとらえるうえで，まず問題になるのは「心の問題」である。この「心の問題」とはいったいどのようなものを指すのであろうか。多くの人は「心の問題」というと，ノイローゼやなにか重い精神病を思い浮かべるかもしれないが，臨床心理学で言う「心の問題」はわれわれが生活していくなかで，きわめて日常的に起こりうるものも含まれる。また，その表れ方は，気分がふさぐといった精神的な症状だけではなく，食欲がない，眠れない，動悸がするなどの身体症状に表れることも多いのである。このことは，第3章に詳しく述べるが，いずれにしても，その程度や状況もさまざまなものが「心の問題」としてあげられるし，そういった「心の問題」を抱えた人をとりまく家族も同じく「心の問題」を抱えることになる。

## どういったときが「問題」なのか

　われわれの中にまったく問題をもっていない人はほとんど存在しないと言ってもよいだろう。たとえば，大きな病気を抱えていなくても，虫歯があったり，少し食欲がなかったり，軽いせきがでたり，どこかを打撲していたり，さまざまな不調は日常的によく見られるものである。精神的な側面についても，誰もがいつも気分壮快でやる気十分という状態ばかりではない。しかし，皆が「自分は問題を抱えている」とは考えていないだろう。
　それらのさまざまな症状のために，通常の生活に支障を来している，やるべき仕事が手につかない，まったく集中できない，対人関係がうまくいかずどうしていいのか分からない，といった状態が続くようであれば，それらの解決をはからなければ「よりよく生きる」ことはできない。このような状態にあるときが「心の問題」として臨床心理学の対象となると言えるのではないだろうか。ただし，その問題の深刻さは，原則的には本人の感覚によるもので，必ずしも医学的重大さとは比例しないものである。
　言い換えると，「問題」とする人がいてはじめて「問題」となるのであるが，現実的には「心の問題」は自分では意識していないことも多く，時には，家族などの周囲や専門家から指摘されても，本人には納得できない，もしくは，認めたくない場合もある。そういった場合には，「問題」の存在を認めていくことから援助しなければならない。
　また，「心の問題」を扱うには，表面に現れている症状そのものよりも，その症状の背景に潜んでいる本来の問題を見極める必要があることを忘れてはならない（このことについても第3章も参照されたい）。

## 臨床心理学の誕生と発展

　臨床心理学は欧米で誕生・発達したものを基礎としている。そして，それらを学んで帰国した先達が，リーダーシップをとって，日本文化の中で独特の発展をしてきた側面がある。それと同時に，臨床心理学の領域も，個人心理療法にとどまらず，アセスメント，コ

ンサルテーション，他職種との連携などへ発展し，第5章で述べるように，その活動内容も多彩になってきている。心理学が社会の中でその役割を果たす活動は，教育・商業・工業をはじめとして非常に広いが，心理臨床は社会からの大きなニーズに対応するひとつの領域となってきていると言えよう。

## 臨床心理学はどのように成り立っているか

臨床心理学をかたちづくっている内容を大きく分けて整理してみると，以下のようになる。カッコの中に，本書で関連する箇所が示してあるので，詳しくは各部を参照されたい。また，これらの関係の概念図を図Ⅰ-1に示しておく。

①人格理論・発達理論（第Ⅲ部）：人格の成り立ちと形成過程を知る。臨床心理学のもっとも基礎的な部分である。

②心の病理の理解（第Ⅱ・Ⅳ部）：人格理論や発達理論をもとに，心の問題について分析し，そのメカニズムの理解を深める。

③心理アセスメント（第Ⅳ部）：心理テストや観察をとおしての見立ての理論と技法。

④心理療法（第Ⅴ部）：援助の技術と理論。心理アセスメントと心理療法は臨床心理学の実践的側面の土台となる。

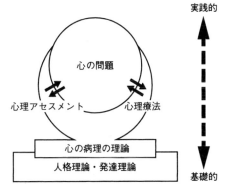

図Ⅰ-1　臨床心理学の成り立ち

## 関係が深い他の学問領域

臨床心理学は心理学の一分野であり，その基礎となる理論は心理学のものが中心となる。しかし，その実践にあたっては，近接の学問領域も重要なかかわりをもつ。それらの中で次にあげる領域は特に関連が深い。

①精神医学：医学の中で，精神的な側面について研究する分野である。精神障害の診断や治療において非常に密接な関連をもつ。また，予防医学としての精神保健の分野も重要な関連をもつ。

②教育学：子どもの問題を考えるとき，学校教育などをはじめとして，教育の理論と実践は，大きな示唆をもたらしてくれる。特に，障害児の発達援助などでは，直接的に関連が深い。

③福祉学：臨床心理学的援助を行うとき，その多くのシステムは社会福祉の観点と密接に関連する。特に，家族の援助・社会復帰・地域への働きかけなどの場面では，福祉の発想は欠くことができないものである。

## 臨床心理学に携わる人

現在，臨床心理学を研究・実践していく人は，心理臨床家もしくは臨床心理士/公認心理師と呼ばれている。わが国では，1988年に「日本臨床心理士資格認定協会」が設立され，臨床心理士の資格が認定されるようになり，現在（2022年）は約40,700名の臨床心理士が認定を受けている。この資格は指定された大学院の修士課程の修了が受験の条件となっており，5年に1回の更新審査を受けなければならないなど，かなり厳しいものとなっている。また，国家資格として2017年に公認心理師法が施行され，現在（2023年）は，約70,700名の公認心理師が登録されている。

# 第2章 「適応」と「治る」

　第1章で見てきたように，臨床心理学は「心の問題」を取り扱って，よりよく生きるための援助をその目的としている。ここではどのようなことを目指しているのかをもう少し詳しく見てみよう。

## 症状は問題のサイン

　人が抱える臨床心理学的問題そのものと症状は深く関連しているが，同じ意味ではない。症状は問題を表すサインであり，そのサインの意味を考えることは大切である。そして，症状の背景となっている問題の理解と解決につなげることができると，何度でも同じような症状に苦しめられることはなくなるであろう。

　たとえて言うと，発熱は症状であり，解熱剤をのめば熱は下がるかもしれないが，その熱は風邪をひいたことによるものなのか，もっと他の病気があるのかなどについては慎重に考えなければならないし，根本的な治療としてはその原因となっている疾患そのものを治療しなければならない，ということと同じことである。

　痛みや不快感などの身体症状や焦燥感や抑うつ感などの精神症状があるときは，本人にしてみれば症状が苦しんでいる直接的原因なのだから，いち早く症状を取り去りたいと願うであろう。しかし，その背景となっている問題を探りながらときほぐしていかなければ，本来的には症状もとれないのである。心の問題は長い間積み重なっていることが多いし，本人の置かれている状況が影響していることも多い。したがって，本人の変化だけでなく周りの環境も変化していかなければならないことなどから，ときほぐすのにも時間がかかるのである。

## 適応と不適応

### （1）　適応とは

　心理学では「適応」ということばをしばしば用いる。「適応」とは置かれた環境で生活しやすいように自らを変容させていくことを言う。

　われわれは気温などをはじめ，生物的環境にも適応しなければならないが，社会の中で生きているかぎりは，社会的環境への適応もきわめて重要なものと言えよう。

　心理学では，さまざまな行動・発達の原理を適応過程と見なしている。すなわち，自らの置かれた自然的環境や社会的環境によりよく適応しようとしながら活動しているとしているのである。

### （2）　外的適応と内的適応

　適応には環境に合わせて外的行動を順応させる過程と，外的適応過程を行っている自分自身を自らの内面に統合していく過程とがある。この2つの過程がかみ合わない場合は，心理的な負担は高くなる。

　たとえば，外的適応ばかり進んで内的適応が伴っていない場合などは，自分自身の整合性が阻害され高いストレスを受けることになる。一見他からは適応的に見える人でも，内面的には少しも適応的ではない場合も想定されるのである。また，内的には安定していても，外的行動が適応的になされていない場合には，かたくなな印象となり，非社会的な状態となるであろう。このような状態は，いきいきとした状態とは言いがたいものとなる。

### （3） 環境との交信行動

また，適応の様式は，環境からさまざまな情報や行動の指針を取り入れていく様式と，自らの内面を重んじて，環境に能動的に働きかけていく様式に分けることもできる。そして，その両者の円環的な活動を通して，さまざまな行動決定をしたり，新しい行動を形成していくのである。この活動は，言い換えると，環境との交信行動ということもできるが，この交信がバランスよく，かつ，円滑に行われる状態は，生命活動が活発で充実した状態と言えよう。

自己を環境に合わせる様式が支配する「過剰適応」の状態や，まったく環境との交信を遮断した「過剰防衛」の状態は望ましくないのである。

## 「治る」ということ

一般に病気になった場合「治る」ということばを使う。臨床心理学的援助も「治る」ことを目標とすると言えるのかもしれない。ここでこの「治る」ということについて考えておく必要があるだろう。

なお，臨床心理学や医学では，治療や援助の結果を「予後」と呼んでいる。

### （1） 「もとどおり」と「治る」

風邪をひいたときなどに「治る」と言うと，ほぼもとどおりの状態になることを意味している。しかし，虫歯の治療となると，われわれが「治った」「治した」というときは，何か詰め物をした場合も含んでいる。この場合は，もとどおりになったのではなくて，食べ物を噛むという機能を回復させたことを意味している。

臨床心理学的援助は，必ずしももとどおりにすることを目指すものではない。このように述べると，消極的な印象があるかもしれない。しかし，臨床心理学援助の目標が「よりよく生きる」もしくは「より適応的に変化する」ことであるとすると，必ずしも消極的とは言えないと考えられる。なぜなら，臨床心理学的問題は，その人がそれまで生きてきたパターンの中で起こっていることが多く，これからのために多かれ少なかれパターンを修正することが必要になるとすれば，「もとどおり」を目指すことは，かえって意味がなくなってしまうからである。臨床心理学的援助は「全人的発達援助」であると言われるのはこういった意味からである。つまり，よりよい方向への変化を輔けるということである。

### （2） 慢性化の問題と目標

また，慢性の病気を抱えている人で，自身の病気をよく管理してうまくつき合いながら日常生活を送っている人のことを考えてみよう。「もとどおり」という意味においては，彼らは「治っていない」のであるが，機能的にはさして問題ない場合も少なくない。

このことから考えると，心の問題でも何かしら残された部分があっても，自己管理が十分できて日常生活が滞りなく送れる状態であればよいのかもしれない。精神的障害が重く慢性化している場合は，こういった目標も成立すると考えられる。医学ではこのような状態を「寛解」と呼んでいる。

### （3） 発達の障害などの場合

何らかの原因で，もともといくつかの機能を獲得できないことが問題となっている場合は，臨床心理学的援助の目標は「治る」というよりも「発達を促す」といった色彩がより濃くなる。したがって，そのための働きかけを積極的に行っていくことになり，教育との関連が大きくなる。もちろん発達の途上では，さまざまな問題行動や症状と呼ばれるものが出現するが，それらが望ましい発達の局面での表れなのか，病理的な発達の表れなのかを区別しながら対応していかなければならない。

# TOPICS 1　脳科学と臨床心理学

　1990年代以降，脳研究は飛躍的な進歩を見せ精神科領域においても治療への応用研究が進められている。ブレインイメージングと呼ばれる脳研究の特徴は，それまでは不可能とされてきた，生きた人間の脳の深部における活動を脳画像にすることができるようになったことである（矢野，2003）。CTスキャン，MRI，fMRIやPETなどを用いた研究は神経伝達物質を分子レベルで測定することも可能になって急速に進んでいる。また近赤外分光法（NIRS）は近赤外光による脳の浅い部分の血流量の変化を測定するもので，身体的な侵襲性が少なく，乳幼児にも安全であることや装置がコンパクトで安価であることから，臨床心理学分野の研究においても使用されることが多くなってきた。

　新聞を賑わせた臨床心理学に関連する研究のひとつとして，脳内ホルモンのひとつであるオキシトシンが自閉症の症状改善に効果があることが，わが国の脳研究から明らかになったという知見もある。オキシトシンと自閉症症状改善に関する研究は世界各国で2005年以降行われているが，これらは脳機能測定法の進歩によるところが大きいと言えよう。

　また「心の病い」をMRIと血液検査で科学的に治療するというクリニックも登場する昨今である。感情や共感など心の土台になる機能が脳のどの部位に関係するのか，あるいは脳のどのような働きから発生するのかということを基礎知識として知っておくことは，これからの臨床心理学においては必要であるかもしれない。しかし，それはあくまでも生物学的基礎知識としての脳科学であって，それによって心理臨床が対象とする「心」とのかかわりのあり方が大きく変容するわけではない。

　脳科学者である大谷（2008）は脳科学で扱う実験対象としての感覚・感じ・心は，実はわれわれが普段興味を抱いている現象としての感覚・感じ・心とは異なるのではないか，と述べている。また科学者である池内（2008）は科学の王道として専門分化が進み要素還元主義による分析的手法が自然や人間を切り刻み，その結果，人間のような原因と結果が単純につながらない複雑系の問題が置き去りにされている，と指摘している。

　こうした科学者自身の内省に耳を傾けつつ，われわれが人とかかわるために必要な事柄は何か，を取捨選択する確かな目がこれからは必要とされるであろう。

# 第3章　援助の対象

　今まで大まかに臨床心理学が対象とする問題について述べてきたが，ここでもう少し詳しく見てみよう。なお，個々の問題の具体的な内容については，第Ⅱ部の実践例で紹介する。

## さまざまな問題

　心の問題といっても，具体的にはどのようなものがあるのであろうか。その診断基準などについては，第Ⅴ部で詳しくふれるが，ここでは大まかに概観してみよう。

### （1）　現実的な問題

　われわれはさほど精神的な障害をもっていなくても，日常のさまざまなストレスやちょっとした問題に直面すると，不安をもったり欲求不満を感じたりする。また，現実生活のうえで決断をしなければならないのに，なかなかできないこともある。

　具体的には，育児についての不安・職業選択や進路についての迷い・職場や家族とのトラブル・慢性の病気や末期の病気に際しての不安などがあげられる。

　こういった場合は，本人が問題意識をしっかりともっており，現実対応的なレベルでのアドヴァイスや，問題の整理を中心に援助することとなる。もちろん，眠れない・食欲がなくなった・イライラするなどの症状が伴うこともあるが，問題が解決されればそれらは自然に消失することが多い。

### （2）　心理的・環境的な問題

　われわれの生活の中で，心理的な負担が継続的にかかる場合も少なくない。また，同じような負担がかかっても，そのことを強く感じたり，なかなか解消できなかったりといった本人の元来の性格もここに異なるものである。

　負担が大きく影響することが続くと，突然強い不安感におそわれたり，無意味だとわかっていることにこだわってしまったり，人前に出るのが怖いと思ったり，身体的には問題がないのに，身体の調子が悪いことが続いたり，気分がふさいで何も手に付かないなどの症状が見られる。

　しかし，それらの症状と抱えている心理的負担は直接的には関連しないので，症状はあるもののその原因などが本人にもあまり明らかでない場合が多い。そのため，背景にある心理的な原因を探りながら，援助をしていかなければならない。また，その負担が本人に起因しているのではなく，周囲の人間関係や経済的環境などからくる場合も少なくない。

### （3）　精神病的な問題

　精神病は，本人の内部的な素質が作用していると言われているが，きわめて早期の発達上の問題を指摘する研究者もいる。さまざまな症状を呈するが，一般には了解しにくい症状を呈する場合が多い。対応としては薬物治療なども必要となる場合が多く，完全に治癒するには時間がかかることとなる。

　妄想や幻覚，思考の錯乱，人とうまくかかわれない，奇妙な行動が見られる，気分のひどい落ち込みや亢進，自殺企図などの症状が見られる。

### （4）　その他の障害

　さまざまな原因による発達の障害や身体の障害の問題があげられる。

　ことばが出ない，集団生活にとけ込めない，身の回りの管理ができない，知的な学習が

困難などさまざまな問題を呈する。

## 誰が誰の何を問題としているのか

　臨床心理学的に問題となる状況について，ここでもうひとつ注意しておかなければならないことがらがある。それは，その問題は誰がどういうときに何を問題としているのかということである。
　問題となる状況を整理すると次のように分類される。
**1）本人が問題と考えている場合**　　本人自身が問題を感じて解決をしたいと考えている場合である。この場合，周囲から見てさほど問題ではないと思われても，本人がそう考えているのであれば，それは大切に取り扱われなければならない。
**2）周囲の人（家族・教師など）が問題と考えている場合**　　問題の存在の認識は，あくまで本人中心が原則であるが，本人はさほど問題を感じていなくても，周囲の人が見ていて問題を感じざるをえない状況もありえるのである。そういった場合は問題としている家族なども含めた援助の体制が必要となる。
　発達の障害があって本人が問題を感じないでいても，その時点や将来的な展望の中で問題としなければならない場合や重い精神障害で，本人が問題を意識できない場合などが含まれる。
**3）社会が問題とする場合**　　1）・2）の場合の他に，本人やその家族らが問題としていなかったり，また，したがらなかったりする場合でも，精神保健的，母子保健的，人権的，社会秩序的観点などから問題としなければならないことも考えられる。
　具体的には，児童虐待や非行で家庭も崩壊しているような場合，母親らの育児が困難な場合などがあげられる。ひとりで在宅していて適切な対処が困難な状態の精神病の人などの場合が含まれる。

## 誰に働きかけるのか——クライエントは誰か——

　臨床心理学では，その援助の対象となる相手のことを「クライエント」と呼ぶ。ただし，その現場によっては「患者」と呼ばれることもある。
　臨床心理学的かかわりは，誰に対してなされるのか，つまり誰をクライエントとするのかについて明確にしておく必要がある。なぜなら，誰をクライエントにしているかは，援助の方針に大きくかかわるからである。
　原則は「目の前にいる相手（相談に来ている人）がクライエント」であるが，場合によっては，問題の核となる相手に対しては働きかけることが困難な場合も想定される。
　たとえば，不登校の子どものケースでは，面接の場面まで本人が出てこないで，親のみが面接に通って来ることも珍しくない。この場合は，親を通して本人に働きかけるのか，それとも"不登校の子どもへの対応に困っている親"を援助の対象とするのかによってクライエントが誰かが決まってくる。
　問題がひとりに絞れないような場合もあるだろう。たとえば，家族関係の問題では，家族全体を対象とする場合もあるし，発達の問題などでは，保育士や保健師などの地域でかかわる人への援助も重要な場合もある。
　いずれにしても，かかわる側が援助の対象と方向性を明確に把握しておくうえからも，クライエントが誰かについて注意を払うことは重要である。

# 第4章　援助のプロセス

　この章では，実際の臨床心理学的な援助がどのように進められるのかについて見てみよう。

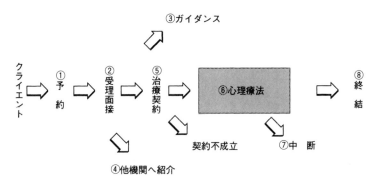

図Ⅰ-2　臨床心理学的援助のプロセス

　図Ⅰ-2には，病院やその他の機関の心理相談室での典型的な臨床心理学的援助のプロセスが図示してある。これらの一つひとつのプロセスについて見ていこう。

### (1)　予　約
　ほとんどの心理相談は，予約制をとっているので，クライエントは直接電話などで予約をとることが必要となる。その際問題の内容が，その相談室の特性に合わないと判断された場合は，他の機関などを紹介される。

### (2)　受理面接
　最初の面接から多くても4，5回までの面接で，現在の問題の内容と経過を中心にして，その機関で援助が行えるかどうかという判断と，当初の方針を検討することを目的とする。
　クライエントとの最初の出会いの場面であるので，非常に重要な意味をもつプロセスである。
　この段階で，ある程度の「見立て（アセスメント：第Ⅳ部参照）」を行う必要がある。すなわち，何が問題で，どのような方向が望まれるのかが，現実の状況と照らし合わせて検討されるのである。

### (3)　ガイダンス
　受理面接を通して，現実的なアドヴァイスを数回行えば問題の解決の進展が期待できると判断された場合は，ガイダンスとして対応される。1回から数回もしくはある程度期間を開けて経過を見るような場合も含まれる。

### (4)　他機関への紹介
　相談室はそれぞれの問題に対して，以下のように内的にも外的にも適合しない場合がある。そういった場合には，他の機関を紹介する場合がある。
(a) その心理臨床家の実践する療法とクライエントの問題が適合しない場合。
(b) 入院が必要なときにその設備がないなど，その機関のシステム自体が問題解決に有効な方針がとれない場合。
(c) クライエントと相談室の時間や距離的な問題が解決できない場合。
(d) クライエントの側から，その機関の雰囲気や心理臨床家の雰囲気に合わない印象が

あった場合。
(e) 既に他の機関で相談が継続中で，そちらの経過を重視する必要があると思われた場合。

### (5) 治療契約

受理面接が終了し，本格的な心理療法に入る前に，方針と通う頻度や料金なども含めて，確認がとられる。ここでも契約が成立しない場合もある。この治療契約は，その後の心理療法で何を目指すのかなどの目標も取り扱われ，援助の効果に重要な意味をもつ。

### (6) 心理療法

この心理療法については，第Ⅴ部で詳しくふれるが，大まかに言語を介して行われるものと，遊びや描画などを用いる非言語的なものとに分かれる。子どもの場合は，言語化能力が未発達なこともあって，あまり言語を用いないことが多い。

また，心理療法の展開によっては，当初の目標を変更する必要が出てくることもあり，場合によっては，治療者の交代や他機関への紹介もありえる。

### (7) 中　　断

心理療法を始めた後で，さまざまな要因から中断してしまうことがある。クライエントの引っ越しや病気などの不可抗力的なものから，クライエントと当初からの目標が共有できなくなってしまうものも含めて，心理療法の失敗といった避けなければならないものも含まれる。

### (8) 終　　結

当初の目標が果たされたとクライエントも心理臨床家も了解できたとき，心理療法は終結を迎える。しかし，心理療法は数ヶ月単位，長い場合は年単位で継続されることもあり，それだけの期間クライエントにとって重要な問題を扱いながらかかわるので，なかなか終結のタイミングは難しいものである。クライエントも自立への不安から，踏み切れないこともあるし，ともすれば，心理臨床家が，身内のように心配をし続けてクライエントを引き留めたくなってしまう誘惑にかられる場合もある。専門家としては，その誘惑に対してきちんと対処できなければならないのである。

# TOPICS 2　ネット社会と心理的問題

　昨今の情報文化の発展はめまぐるしいものがある。情報のやりとりは携帯電話からメールなどに移行し，そしてSNS（Social Networking Service）と呼ばれるシステムへとすごい速さで進展している。道具としての機器は技術の発達に伴ってどんどん進化するし，そのシステムも同様である。しかし，それを使う人間の側がその変化に対応していない側面が見られる。

　現在，ネット社会と言われているが，そのネットにかかわるトラブルが頻繁に発生している。それは，インターネットをとおして起こるもので，意図しない買い物をしたことになっていて請求を突然受けることになったり，オークションなどのインターネット取引でのトラブルや，子どものオンラインゲームをとおしたクレジット・カードの使用などのほか，詐欺もその環境を利用したものが横行している。

　一方，SNSには，mixi，Facebook，LINE，X（旧Twitter）などさまざまなシステムで人と人や，人と社会をつなぐアイテムが用意されている。それらは非常に便利な側面をもっており，その機能がさまざまな社会的活動を活発にしていくものと言えよう。しかしそのことが，自然に人間関係のあり方を変えてしまっていることも明らかである。

　情報のやりとりをする場合，相手の都合や事情を配慮しながらコミュニケーションを行うことは，電話などの場合は不可欠なものであった。しかし，メールはそのことをあまり意識せずに行うことができるし，FacebookやTwitterは不特定多数の世界へ向かって発信するのは自己の自由な側面が大きい。

　そのことで，相手がいることをイメージできず，非常に個人的な情報さえそこに流してしまうことも抵抗が少なくできてしまう。すなわち，自他の境界線が曖昧なまま，全世界とつながってしまうという状況となりかねないのである。自他の境界線が曖昧であることは，心理的な状態としては健康とは言いにくいものである。

　また，相手の迷惑などを考えない，という傾向の延長で，返事が欲しいのになかなか返事をくれない，ということが，相手の事情よりも自己の思いが優先され，怒りの発端となるなどして，いじめにつながるケースも見られる。

　いずれにしても，相手をイメージしながらかかわるといった対人関係の基本が容易に崩れる危険性をはらんでいることは意識しなければならない。そのことがないために，規範のない行動さえも「おもしろければいい」という感覚で行ってしまうこととなる。そして，それがトラブルとなってはじめて気づく場合も少なくないようである。

　ただし，道具としては非常に便利なものであるし，社会の常識となっていれば，その社会的な危険性と心理的な危険性があることを十分に理解して接することが求められる。もちろん，その理解が十分に期待できない年代の子どもには，保護者の監督が必要であることは言うまでもない。

# 第5章　臨床心理学の領域

　臨床心理学はどのような領域で用いられているのであろうか。この章では，臨床心理学が用いられている領域を紹介し，その応用の可能性を見てみよう。

## 心理臨床家はどこで何をしているのか

### （1）　病院での心理療法

　さらに大きく分けて，単科の精神科病院と総合病院とに分かれる。また，最近では精神科に限らず，内科や小児科などの個人開業のクリニックでも臨床心理士/公認心理師が勤務していることも多い。

　単科の精神科病院では，心理テストなどを用いての心理アセスメントと心理療法が主な役割であるが，問題の内容は精神病，人格障害や重い神経症といった医学的に重い精神障害の場合が多く，デイケアのスタッフに加わっていることもある。

　総合病院や開業医院では，小児科や内科など一般の科からの需要も多く，近年臨床心理士/公認心理師を置く機関が増加してきている。職務は精神科病院と重なるが，比較的病理の軽いものが多く，慢性疾患などの心理的ケアも含まれる。また，最近では全人的医療を目指して，末期の患者へのケア（ターミナル・ケア：緩和ケア）や認知症などによる高齢者に対してのかかわりも増加してきている。

### （2）　個人開業の相談室

　近年増加しているのが個人開業の心理相談室である。心理臨床家が個人で開業し，相談にあたっているために，その療法やシステムなどはそれぞれ特徴があって個性的である。

　保健医療が使えない場合もあり，料金は比較的高めであるが，精神科などの病院には抵抗がある場合にも訪れやすいなどの利点もある。

### （3）　公的機関における心理相談

　公的機関の業務の中にも心理臨床家の活動の場がある。

**1）福祉・民生関係の機関**　　児童相談所は児童福祉法によって各県や政令指定都市に設置されているが，そこでは，18歳未満の児童の問題について相談活動や療育手帳の判定などを行っている。相談の内容としては，不登校・障害児の療育・非行などの他，崩壊家庭や虐待などである。

　また，不登校などの児童を入所させる情緒障害児短期治療施設などの児童福祉施設にも多く働いている。

**2）精神保健福祉センター・保健所**　　精神保健福祉センターは「精神保健福祉法」によって各県に設置されている。ここでは個別の心理相談の他，地域社会の精神保健と精神障害者の社会適応を促進する事業を行っている。また，予防的観点も重視されている。

　また，保健所でも精神保健の業務を行っている。たとえば，在宅で社会復帰を目指している精神障害者へのサーヴィスなどは，保健所の業務である。

**3）司法関係の機関**　　少年の非行や犯罪を扱う少年課などの警察関係や，家庭裁判所で少年事件などを担当する調査官，少年鑑別所や少年院などの矯正を目的とした機関でも，心理臨床家は勤務している。

**4）教育関連機関**　　学校などの教育機関や教育委員会に設置された教育相談所では，児童・生徒・学生らとその家族の相談を行っている。大学関係の学生相談もこの分野である。

また，1995年度からスクールカウンセラー（以下SC）制度が導入された。これは各地域の心理臨床家が，学校に配属され，教師らと連携をとりながら，いじめや不登校などの問題にあたることを目的としている。平成25年度では，約24,000ヶ所への配置がなされている。SCは学校で事故や事件があったときの児童・生徒・職員の心のケアのために緊急支援に入る準備もしている。

（4）　企業内相談室

　職場のストレスがよく取り上げられているが，企業の中にも相談室を置くところが見られるようになってきた。職場の対人関係や仕事への不適応などをはじめとして，さまざまな内容の相談が見られるようである。ここでは心理的原因で休職していた職員の復職も重要な仕事である。

（5）　その他

　上記の他にも，さまざまなNPO法人などでも心理的援助が行われている。それらは，不登校などへの対応としてのフリースクール，犯罪被害者支援，虐待へのアプローチ，ひきこもり事例への援助，子育て支援，家庭内暴力（DV）被害者への支援，特別支援教育，など多岐にわたっている。また，度重なる震災などの経験から災害支援も大きな柱となってきている。そこでは，被災者もその対象であるが，支援者へのケアも重要とされている。

## その他の専門家

　心理臨床家ではない専門家の中でも，以下のような職種の専門家の活動と臨床心理学とは非常に深く関連している。

　①医　師：精神科の医師は当然直接的に関係しているし，一部の精神科医は心理療法を中心に活動している。その他内科医や小児科医も心理的ケアを重視する傾向が見られている。

　②看護師：看護師は患者の看護に際して，心理的な側面も重要で，看護教育の中にも臨床心理学が取り入れられてきている。

　③教師・保育者：保育園や学校場面でも臨床心理学的援助の視点は重視されてきている。特に養護教諭は，不登校をはじめとして心理的な養護も主な仕事となってきている。また，特別支援教育の実施についても臨床心理学的視点は重要となる。

　④保健師：地域の精神保健の担い手である保健師にとっても，育児の問題や心身障害児（者）および高齢者とその家族らの心理的ケアは重要な役割である。

　⑤福祉関係従事者：児童相談所の福祉司，社会福祉士，精神保健福祉士や老人などを対象とした介護福祉士にとっても，心理的ケアは欠くことができないものである。さまざまな問題について相談を受けて面接を行うので，知識だけではなく技術そのものの習得も求められる。

## これからの領域の展開

　このようにさまざまな領域や分野で心理臨床家は活動しており，心理的な問題が重視されるようになった今日では，ますます広い分野でのニーズがあるだろう。

　特にこれからの方向性としては，不登校，自殺，災害時への準備，なども含めて予防へ向けた活動の充実が必要となってきている。

　個別の援助の質の向上もさることながら，特に，地域社会を中心として心の問題をもった人とその家族が「よりよく生きる」ことができるような活動が望まれる。

# 第6章 臨床実践と研究

 これまでの章で，臨床心理学は実践の学問であり，心とかかわるための学問であることが理解できたと思う。では，臨床心理学には研究の視点は必要ないのであろうか？ 本章では，臨床心理学研究と実践の関係について考えてみよう。

## 臨床心理学研究の基礎

 臨床心理学は応用心理学のひとつとされ，その大きな特徴は実践の場を有し，実践と研究が密接に結びついた学問であるという点にある。すなわち，実践と研究が車の両輪として位置する学問であり，実践のみでなく研究者としての視点も忘れてはならない。では，臨床心理学における研究方法にはどのようなものがあるのであろうか。このことを考えるには心理学の歴史を振り返る必要がある。

 すなわち心理学の歴史には紀元前のギリシア時代に遡る哲学を淵源とする流れと，19世紀後半に端を発する心への科学的アプローチの流れという2つの大きな潮流があることを知っておくことが大切である。その流れの中で，19世紀の哲学者ヴィンデルバント（Windelband, W.）は，その時代にめざましい発展を見せる自然科学研究における法則定立的接近に対して，人間科学においては個性記述的接近が重要であることを提唱した。つまり，個性記述的接近とは，歴史的に規定された事象の一回的内容をその特殊性と全体的ゲシュタルトから把握しようとする方法であり「世界にひとりだけの個」としての人間存在の意味に重きを置く接近方法と言えるであろう。この2つの視点は，そのまま臨床心理学研究における量的研究と質的研究の底流と考えることができるのである。

## 量的研究

 量的研究とは，仮説を立てて実証的な検証を行う研究であり，普遍的な法則の発見を目的とするものである。すなわち心理学が目指す自然科学を模範とした客観的・科学的な人間の行動や心理の把握を目指すものである。一方，心理学の対象は人間の心であり行動である。個別の実践を特徴とする臨床心理学には，ここで素朴な疑問が生じることになる。対象の一人ひとりの個人差や個性はどのように掬いあげるのだろうか，ということである。

## エビデンス・ベイスト・アプローチ（Evidence-based approach）

 ところで，現代の科学分野において頻繁に聴かれる用語にエビデンスという用語があるが，これは科学的根拠という意味で用いられ，エビデンスがあるかないかということが価値判断の基準とされることも多い。そもそもエビデンス・ベイスト・メディスン（Evidence-based Medicine：EBM）は米国ではサケットとガイヤー（Sackett et al., 1996）が，ほぼ同時期に英国ではグリーンハルとハーウィッツ（Greenhalgh, T. & Hurwitz, B.）が提唱したとされているが，医療における本来のエビデンスの用い方は「個々の患者のケアの決定において，最新で最良のエビデンスを良心的に正しく明瞭に用いること」，つまり，エビデンスという結果をどう解釈し，どう伝えるかという解釈学的な過程であり，主観的作業であると言える（岸本，2007）。

 さらにグリーンハルとハーウィッツ（Greenhalgh, T. & Hurwitz, B.）はクライエントとの対話なくしてはエビデンス・ベイスト・メディスン（EBM）は実行できない，と述べ

ている（齊藤・岸本，2003）。
　臨床心理学におけるエビデンスもまたしかり，研究によって得られたエビデンスを実践においていかに有効に用いるのかについては，かかわる対象との相互の関係性の中で考えられるべきものと言えよう。

## 質的研究
　質的研究とは質的・記述的なデータをとおして，言語的・概念的な分析を行う方法で，量的研究では，誤差や逸脱とされる個人の特徴を貴重なデータとして研究の対象にする方法である。すなわち，人間が「今・ここ」に存在し，人や環境とかかわり合い，そのときどきに生起する感情や行動や言語・非言語の表出といった事象の一回性と個別性を重視し，尊重する方法ということができる。

## ナラティヴ・ベイスト・アプローチ（Narrative-based approach）
　質的研究の流れの中で，エビデンスに対する「ナラティヴ」という用語が用いられることが多い。これは EBM を提唱したグリーンハルとハーウィッツ（Greenhalgh, T. & Hurwitz, B.）が1998年にナラティヴ・ベイスト・メディスン（Narrative-based Medicine：NBM）を発表したことに始まる。ナラティヴの定義は「ある出来事についての記述を何らかの意味ある連関によりつなぎ合わせたもの」とされ，ナラティヴ・ベイスト・アプローチとは，「援助者とクライエントが『クライエントにとってより望ましい物語』の共同執筆者となること」が面接の本質であるとするものである（斎藤・岸本, 2003）。すなわち徹底した個人の一回性と，取り巻く関係や環境との相互交流の意味を重視する立場と言える。
　こうしたナラティヴの視点による研究を含め，質的研究の難しさのひとつは，生成された理論やモデルの妥当性であり，データ収集やデータ分類における主観性をどう考えるかということである。さらに個としての一回性を尊重する視点は，集団としての共通性への視点をともすると見失いがちになることもある。

## 質的研究と量的研究の相補的統合
　このように，量的研究と質的研究は一見対立するものであるかのように見えるが，最近では量的研究と質的研究をいかに連動させるかという議論が盛んになってきた。クイック（Quick, J. C., 1997）は，法則定立か個性記述かという2分法ではなく，両者を重視する対話法の重要性を述べ，いずれの研究方法かではなく，いずれの研究方法も，という立場に立っている。最近では，クレスウェル（Creswell, J. W., 2003）のミックス法（混合研究法）が人間科学における研究方法として特に看護や福祉系の分野において盛んに取り上げられている。すなわちミックス法とは量的かつ質的なデータを集め，分析し，混合することに焦点をあてる研究デザインである。
　このように見てくると，臨床心理学研究は，法則定立的接近と個性記述的接近という2つの大きな潮流を有し，その流れはその時代や社会背景と深く結びつきながら，行きつ戻りつしていると考えることもできる。

## 心理臨床実践と臨床心理学研究
　村上（1992）は，心理学が自然科学のパラダイムに準拠することを目指してきた時代において，そうした科学的方法論の貢献を認めつつも，3人称的接近である科学的方法論のみが強調され過ぎる傾向に対して，それが人間接近への唯一の道であろうかという問いを

投げかけている。すなわち，臨床心理学は「『内なる人間性』そのものへの探求『自らなろうとしてなりいく人間存在』としての人間自体に直接迫ろうとする2人称的接近とか温かい眼の心理学を大切にしていきたい」と述べている。

またゲルソーら（Gelso, C. & Fretz, B. R., 2001）は臨床心理学における科学者かつ実践家モデルについて次のように解説している。すなわち，実践へ向けて開かれている科学とは「カウンセリングの事例に関する哲学的な問いかけや歴史的な分析，思慮深いが非数量的でほとんど統制されない分析も含みこんだ知識や理解を専門的かつ思慮深く探求することである」と述べている。自然科学の方法論にとどまらず，統制されることのない実践そのものに対する哲学的分析まで広く含んだ「科学性」こそが臨床心理学の科学性である，ということであろう。量的研究か質的研究かのいずれかではなく，そのいずれも，という視点は忘れてはならない視点と言える。

実践することを大きな柱とする臨床心理学であるが，その心理臨床実践とは，真摯な「ともにあろうとする」かかわりをとおして，われわれ自身の生きるということを問いかけ続け，そしてともに成長する機会（村上，1992）であるべきと考えられる。そして，その実践を支え，拠って立つ基盤となる臨床心理学の理論や研究の視点をも常に意識しつつ実践活動を行うことが大切なことと言えよう。

## TOPICS 3　学校現場における心の支援

学校現場における心の支援は，臨床心理学実践の大きな柱のひとつである。平成7（1995）年に中学校でのいじめによる被害生徒の自殺問題をきっかけにわが国で始まったスクールカウンセラー制度は，その後文科省が事業拡大し，現在では，一定生徒数以上の公立小中学校（小学校は巡回を含む）には全校にスクールカウンセラーが配置されている。スクールカウンセラーの多くは臨床心理士/公認心理師や学校心理士など心理の専門家である。

スクールカウンセラー制度の当初は，いじめや不登校など生徒の問題の解決の支援が主な目的であったが，その後，制度の拡充や学校での問題が多様になってきたことなどを背景として，次第に心理的な予防教育も重要なスクールカウンセラーの仕事のひとつとされるようになってきた。

石隈（1999）は学校での心理教育的援助サービスを3段階に分類している。すなわち，1次的援助サービス：すべての子どもを対象とした援助で子どもたちのもてる能力の促進を目指す，2次的援助サービス：登校しぶりや学習意欲低下などそのままにしておくと，大きな問題に発展する可能性のある子どもを対象とした援助，3次的援助サービス：不登校，いじめ，発達障害など特別な援助を必要とする子どもを対象とした援助，である。

現在のスクールカウンセラー制度は非常勤形態であり，すべての子どもたちへの援助を実施するには課題も大きいが，このように学校全体に対する心の援助を行うという視点は重要である。

# 第Ⅱ部

# 心理援助の実際にふれる
## ―事例に学ぶ問題の理解とかかわり―

Paul Klee (1940)
重い子供

# 第1章　問題の分類と概説

　この第Ⅱ部では，臨床心理学的問題の個々を援助の実践例とともに見ていくが，第1章では，全体の把握をするために，問題の分類と整理を行う。

## 診断的分類と臨床的アセスメント

　精神科の診断基準としては，世界保健機関（WHO）の「国際疾病分類第10版（ICD-10）」や米国精神医学会の診断基準「診断と統計のためのマニュアル第4版（DSM-Ⅳ）」が用いられてきたが，DSMは2013年と2022年に改訂されて，それぞれDSM-5とDSM-5-TRとなり，本邦でも既に臨床や研究で広く使われている。一方，ICD-10も2022年1月にICD-11として改訂版が発効された。その後，2024年3月現在，翻訳の作業が進められており，正式な日本語病名が決定するのは少し先になる予定である。それに伴う変更については，後に詳しく述べるが，これらはいずれも研究者によってまちまちであった精神医学の体系を組み直し，操作的な診断基準によって精神障害を分類している。これらは統一された診断基準としては有用性が高いので，第2章以降でも機に応じてその基準を紹介する。

　しかし，臨床的にクライエントとかかわっていくためには，並列的に分類を学んでも膨大でそれぞれの関係性が理解しにくい。また，その問題のもつ困難さも援助の際には必要

**表Ⅱ-1　精神的問題の分類**

| | 問題の特徴 | 個々の診断 | 治療の場所 | 療法の差異 |
|---|---|---|---|---|
| 正常 | 健常 | — | — | |
| | 情動的反応 | 適応反応症 | 一般の病院<br>心理相談室* | 心理療法 |
| 神経症的問題 | 行動の問題 | チック<br>嗜癖<br>吃音<br>非社会的行動（内閉など）<br>反社会的行動（暴力など） | 心理相談室<br>精神科<br>一般の病院 | |
| | 身体的あらわれ | 心身症 | 心療内科<br>心理相談室<br>精神科 | |
| | 精神的あらわれ | 不安症<br>強迫症<br>ヒステリー（解離症，変換症など）<br>抑うつ症　など | 精神科<br>心理相談室 | |
| 人格障害 | パーソナリティの問題 | 境界例（ボーダーラインパーソナリティ症）<br>自己愛性パーソナリティ症<br>統合失調型パーソナリティ症<br>演技性パーソナリティ症　など | 精神科<br>心理相談室 | 薬物療法 |
| | 行動の問題 | 食行動症や摂食症　など | 精神科<br>心理相談室 | |
| 精神病 | 自我機能の問題 | 統合失調スペクトラム症 | 精神科 | |
| | 感情の問題 | 双極症 | 精神科 | |
| 器質性障害 | 脳器質の問題 | てんかん<br>認知症 | 精神科<br>脳神経科・神経内科 | |
| | 外因性の障害 | 薬物中毒による精神障害<br>感染などによる精神障害 | 精神科<br>脳神経科・神経内科 | |

＊医師が直接的に関与していない機関を示す。また，精神科においても心理療法は行われている。

な視点となる。まず，表Ⅱ-1のようにまとめて概観した後，その病理的なレベルについても学ぶことが重要と考えられる。

## 病態水準の重さと診断

　病態の重さ（病態水準）は，臨床心理学的問題をそれぞれの症状から見るのみではなく，そのクライエントを支える人格がどのような状態であるのかを明らかにしようとするものである。一見症状は大変そうに見えても，人格の状態がさほど歪んでいなければ，経過は比較的良好であることが期待できるし，反対に症状はさほど強烈ではなくても，人格の形成が不全であれば，その経過も楽観視できないこととなる。もちろん，援助の方針もそれぞれに対応して検討されなければならない。

　このように，臨床心理学的もしくは精神医学的な診断は，個々の診断名をもとに区別するだけではなく，病態水準を見極めることも非常に重要となるのである。

## 自我の状態と病態水準

　病態水準を分類する試みは，精神分析や対象関係論の研究者によって，自我の状態との関連でなされてきた。

　表Ⅱ-2にそれらを簡単にしてまとめて示したが，この表はカーンバーグ（Kernberg, O.F.）の理論をもとに非常に大まかではあるがまとめたものである。カーンバーグ（1976）は特に境界例人格構造の研究の中から，病態水準の違いを説明するのに，自我の防衛機制の質によって説明しようとした。なお，「自我境界の強さ」とは，自己と対象の区別の鮮明さを言い，自我の健康度と関連が深い。

表Ⅱ-2　自我の状態と精神的問題の重さ

| 自我の状態 | 現実検討力 | 自我境界の強さ | 用いられる主な防衛機制 | 対応する精神障害 |
|---|---|---|---|---|
| 健康 | 良 | 強 | 抑圧<br>昇華<br>一時的な退行など | 一時的な心因反応 |
| ほぼ健康 | 良 | 強 | 抑圧・退行<br>合理化・反動形成<br>知性化など | 神経症 |
| 不健康 | 不良 | 弱 | 投影性同一視<br>分裂・否認<br>理想化と価値下げ<br>躁的防衛 | パーソナリティ障害 |
| きわめて不健康 | きわめて不良 | きわめて弱 | あまり機能しない<br>または原始的防衛 | 統合失調症 |

　投影性同一視・分裂・否認・原始的理想化・価値下げ・躁的防衛などは原始的防衛と言われ，発達的に低い段階で用いられる防衛機制である。
①投影性同一視：相手に投映したものに同一化する。
②分　　　裂：「よいもの」と「わるいもの」を切り離す。
③否　　　認：現実を認めないで無視する。
④理想化と価値下げ：相手のすべてを「よいもの」としたり「わるいもの」とする。
⑤躁 的 防 衛：苦しい感情や嫌な感情を過剰な活動やはしゃぎで回避する。

## 医学的診断と臨床心理学的アセスメント

　診断は，治療のために欠かせない作業である。診断があるからこそ治療方針を立てることができるのである。しかし，臨床心理学が対象としている問題は，単に診断に対応した

治療方法を行うだけでは解決しない場合が多い。

症状を確認して診断し，その症状の軽減を目標に行う治療モデルは「医学的モデル」と呼ばれることがある。臨床心理学的援助の場合は，第Ⅰ部でも述べたように，「全人的発達」を目指すものである。したがって，その場合は，単に診断的分類を行うだけではなく，クライエントの知的水準，病理的水準，人間関係や経済的状況など広くアセスメントして，クライエントがどのような方向へ発達していくことが望まれるのか，という観点から援助を行うものである。

## 児童・青年期の問題

幼児や児童・青年期についての問題は，基本は成人と変わらないが，発達の様相が異なることから，若干違った分類が必要となる。

特に大きく違うのは「神経発達症群」がひとつの大きな群をなすことである。「神経発達症」とは，原因はさまざまではあるが，健常な発達が獲得できない障害を総じて指すものである。もちろん，神経発達症群のケースも成人していくから，成人の中にもそういった困難を抱えている人々がいる。したがって，児童青年期特有ということではないが，その問題がこの時期から明らかにされる場合が多いし，学校教育や子育ての中で取り組まれていくことが望まれることからここで取り上げておく。

また，神経発達症群の中にいくつかの分類があるが，子どもが発達していく過程の中で，そのときどきに表す困難は一定でないことも少なくない。たとえば，幼児期は多動傾向が強くあったが，学童期にはいると学習の問題が困難として目立ち，青年期に入ると社会性が問題とされるといった場合である。そして，ひとりの子どもが複数の特性を併せもつ場合もある。図Ⅱ-1には主な神経発達症群の重なりの様子を表した。

情緒的問題においては，成人と同じようなストレスなどの背景があっても，その表れ方が異なることが多い。特に児童・青年期は行動上の問題として表れることも多い。

個々の問題については第2章以降に詳しく紹介したので，ここでは図Ⅱ-2に分類を大まかにあげておく。

なお，この他にてんかん・脳性マヒなどの脳器質的な問題や，代謝障害・染色体異常などの身体的疾患が基礎となって，知的能力障害や行動の問題を呈する場合もあり，その心理的側面の援助も重要な対象となる。

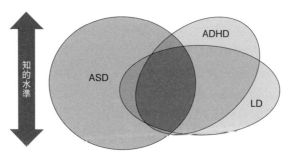

図Ⅱ-1　主な神経発達症群の関係

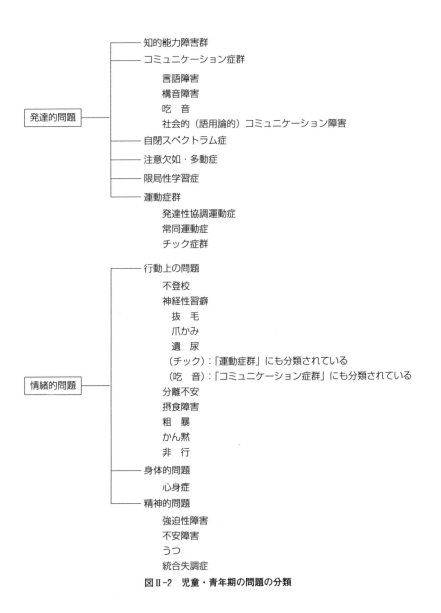

図Ⅱ-2 児童・青年期の問題の分類

# 第 2 章　DSM-5とDSM-5-TRの概要, 改訂のポイント, および日本語表記の変更について

　第2章では, DSM-5（2013年）と, その改訂版であるDSM-5-TR（2022年）について解説する。

　2013年5月にアメリカ精神医学会が1980年のDSM-Ⅲ以来34年ぶりの大幅な改訂となるDSM-5を発表した。DSM-5の主な改訂点は, Ⅰ軸からⅣ軸までの多軸診断が廃止されたこと, 精神障害の分類の構成と配列が変わり, 生涯にわたる発達の軸に沿って類似した症状でまとめられて構成されたこと, などである。

　DSM-5の翻訳にあたって日本精神神経学会は関連する学会との合同作業によって2014年6月にDSM-5 病名・用語翻訳ガイドライン（初版）を発表した。その中で病名・用語を決める際の基本方針として, ①患者中心の医療が行われる中で, 病名・用語はより分かりやすいもの, 患者の理解と納得が得られやすいものであること, ②差別意識や不快感を生まない名称であること, ③国民の病気への認知度を高めやすいものであること, ④直訳が相応しくない場合には意訳を考え, アルファベット病名はなるべく使わないこと, などとしている。さらに特筆すべきことは, 児童の領域を中心に「障害」から「症」へと用語を変更する流れがつくられたことである。その点を少し解説すると, 児童青年期の疾患では, 病名に障害とつくことは, 児童や親に大きな衝撃をあたえるため, 「障害」を「症」に変えることが提案された。不安症およびその一部の関連疾患についても概ね同じような理由から「症」と訳すことが提案された。さらにdisorderを「障害」とすると, disabilityの「障害（碍）」と混同され, しかも"不可逆的な状態にある"との誤解を生じることもあるので, DSM-5の全病名で, 「障害」を「症」に変えた方がよいとする意見も少なくなかった。その一方で, 「症」とすることは過剰診断・過剰治療につながる可能性があるなどの反対の意見もあり, 専門学会の要望の強かった児童青年期の疾患と不安症およびその一部の関連疾患にかぎり変えることとなった。その後, 2022年に改訂されたDSM-5-TRの翻訳では, ほとんどの病名が「障害」から「症」に大幅に変更されることになった。一方, 世界保健機関（WHO）がICD-10からICD-11への改訂作業を終了したが, ICD-11の日本語訳でもDSM-5-TRと同様に, ほとんどの病名で「症」が採用されている。

　以下にDSM-5-TRの病名一覧を呈示する。読者に関連の少ない分野や病名については, 大項目のみ, あるいは主な病名だけを呈示している。

## DSM-5-TR 病名（抜粋）

Ⅰ. Neurodevelopmental Disorders　神経発達症群
Intellectual Disabilities　知的発達症群
　Intellectual Developmental Disorder (Intellectual Disability)　知的発達症（知的能力障害）
　Global Developmental Delay　全般的発達遅延

　Communication Disorders　コミュニケーション症群
　　Language Disorder　言語症

Speech Sound Disorder　語音症
　Childhood-Onset Fluency Disorder (Stuttering)　児童期発症流暢症（吃音）
　Social (Pragmatic) Communication Disorder　社会的（語用論的）コミュニケーション症

Autism Spectrum Disorder　自閉スペクトラム症
Attention-Deficit／Hyperactivity Disorder　注意欠如多動症
Specific Learning Disorder　限局性学習症

Motor Disorders　運動症群
　Developmental Coordination Disorder　発達性協調運動症
　Stereotypic Movement Disorder　常同運動症

Tic Disorders　チック症群
　Tourette's Disorder　トゥレット症
　Persistent (Chronic) Motor or Vocal Tic Disorder　持続性（慢性）運動または音声チック症

Ⅱ．Schizophrenia Spectrum and Other Psychotic Disorders　統合失調症スペクトラム症及び他の精神症群
　Schizotypal (Personality) Disorder　統合失調型（パーソナリティ）症
　Delusional Disorder　妄想症
　Brief Psychotic Disorder　短期精神症
　Schizophreniform Disorder　統合失調様症
　Schizophrenia　統合失調症
　Schizoaffective Disorder　統合失調感情症

Ⅲ．Bipolar and Related Disorders　双極症及び関連症群
　Bipolar Ⅰ Disorder　双極症Ⅰ型
　Bipolar Ⅱ Disorder　双極症Ⅱ型
　Cyclothymic Disorder　気分循環症

Ⅳ．Depressive Disorders　抑うつ症群
　Disruptive Mood Dysregulation Disorder　重篤気分調節症
　Major Depressive Disorder　うつ病
　Persistent Depressive Disorder　持続性抑うつ症
　Premenstrual Dysphoric Disorder　月経前不快気分障害

Ⅴ．Anxiety Disorders　不安症群
　Separation Anxiety Disorder　分離不安症
　Selective Mutism　場面緘黙
　Specific Phobia　限局性恐怖症
　Social Anxiety Disorder　社交不安症
　Panic Disorder　パニック症

Agoraphobia　広場恐怖症
Generalized Anxiety Disorder　全般不安症

Ⅵ. Obsessive-Compulsive and Related Disorders　強迫症及び関連症群
Obsessive-Compulsive Disorder　強迫症
Body Dysmorphic Disorder　醜形恐怖症
Hoarding Disorder　ためこみ症
Trichotillomania (Hair-Pulling Disorder)　抜毛症
Excoriation (Skin-Picking) Disorder　皮膚むしり症

Ⅶ. Trauma- and Stressor-Related Disorders　心的外傷及びストレス因関連症群
Reactive Attachment Disorder　反応性アタッチメント症
Disinhibited Social Engagement Disorder　脱抑制型対人交流症
Posttraumatic Stress Disorder　心的外傷後ストレス症
Acute Stress Disorder　急性ストレス症
Adjustment Disorder　適応反応症

Ⅷ. Dissociative Disorders　解離症群
Dissociative Identity Disorder　解離性同一症
Dissociative Amnesia　解離性健忘
Depersonalization／Derealization Disorder　離人感・現実感消失症

Ⅸ. Somatic Symptom and Related Disorders　身体症状症及び関連症群
Somatic Symptom Disorder　身体症状症
Illness Anxiety Disorder　病気不安症
Functional Neurological Symptom Disorder (Conversion Disorder)　機能性神経学的症状症（変換症）

Ⅹ. Feeding and Eating Disorders　食行動症及び摂食症群
Avoidant／Restrictive Food Intake Disorder　回避・制限性食物摂取症
Anorexia Nervosa　神経性やせ症
Bulimia Nervosa　神経性過食症
Binge-Eating Disorder　むちゃ食い症

Ⅺ. Elimination Disorders　排泄症群
Enuresis　遺尿症
Encopresis　遺糞症

Ⅻ. Sleep-Wake Disorders　睡眠／覚醒障害群
Breathing-Related Sleep Disorders　呼吸関連睡眠障害群
Circadian Rhythm Sleep-Wake Disorders　概日リズム睡眠・覚醒障害群
Parasomnias　睡眠時随伴症群

XIII. Sexual Dysfunctions　性機能不全群

XIV. Gender Dysphoria　性別違和

XV. Disruptive, Impulse-Control, and Conduct Disorders　秩序破壊的・衝動制御・素行症群
　Oppositional Defiant Disorder　反抗挑発症
　Intermittent Explosive Disorder　間欠爆発症
　Conduct Disorder　素行症

XVI. Substance-Related Disorders　物質関連症群

XVII. Neurocognitive Disorders　神経認知障害群
　Delirium　せん妄
　Major Neurocognitive Disorder　認知症
　Mild Neurocognitive Disorder　軽度認知障害

XVIII. Personality Disorders　パーソナリティ症群
　Paranoid Personality Disorder　猜疑性パーソナリティ症
　Schizoid Personality Disorder　シゾイドパーソナリティ症
　Schizotypal Personality Disorder　統合失調型パーソナリティ症
　Antisocial Personality Disorder　反社会性パーソナリティ症
　Borderline Personality Disorder　ボーダーラインパーソナリティ症
　Histrionic Personality Disorder　演技性パーソナリティ症
　Narcissistic Personality Disorder　自己愛性パーソナリティ症
　Avoidant Personality Disorder　回避性パーソナリティ症
　Dependent Personality Disorder　依存性パーソナリティ症
　Obsessive-Compulsive Personality Disorder　強迫性パーソナリティ症
　Personality Change Due to Another Medical Condition　他の医学的疾患によるパーソナリティ変化

XIX. Paraphilic Disorders　パラフィリア症群

## TOPICS 4　自閉症の分類の変遷と ASD

　自閉症研究は，カナーの報告とともに始まったが，その翌年（1944）にオーストリアの小児科医アスペルガーは，自閉的精神病質について報告している。カナーの報告した症例に比べて，アスペルガーの症例は，言語の遅れも通常目立たず，発達上の問題はさほど顕著ではない。そのため，当初はカナーの症例とは異なるものとして，扱われていたが，社会的相互作用の困難・限られたものに対する興味への没頭など類似する側面が注目され始めた。この流れは，自閉症の青年期の研究が進み，青年期での不適応の様相が明らかになるに連れて，その類似性が指摘されるようになった背景もある。

　そして，DSM-IV（1994）では，「アスペルガー障害」として自閉症と同じく，「広汎性発達障害」のひとつとして分類されることとなった。アスペルガー障害は，ことばの遅れや歪みが少ないために，問題の顕在化が遅れる傾向がある。しかし，彼らは，その言語能力や知的能力の水準と比べると，相手の気持ちを理解できないなどの対人関係上の障害を示しているし，言語能力の問題においても，含みのある意味の理解が苦手といった問題も指摘されている。彼らの中には，発達の問題とはとらえられずに成人しているケースも多く，不適応に苦しんでいることも少なくない。

　この DSM-IV の分類によって，広汎性発達障害という自閉症近縁の特性をもったケースの存在が明確化され，わが国でも「発達障害者支援法」の成立や「特別支援教育」の実施につながってきた経緯がある。

　しかし，あらたに DSM-5 が示されて，「広汎性発達障害」の分類はなくなって，「自閉スペクトラム症」に統一されることとなった。このスペクトラムという概念は，ある特性を強くもっているケースから緩やかなケースまで連続的に並んでいるととらえるものである。そして適応度も含めてそれぞれのケースの特性をここに理解する必要性を示唆していると言えよう。

　ただ，DSM-IV において，はっきりとした広汎性発達障害の基準は示さないものの，その傾向が見られるケースを「特定されない広汎性発達障害」と分類していたが，その範囲に属するケースの一部は「自閉スペクトラム症」ではなく，「コミュニケーション症」の中の「社会的コミュニケーション症」に分類されることとなると考えられる。

　このように，自閉症の分類についてはいくつかの変遷があったが，いずれにしてもその本質的な困難は広範囲で，適応に苦慮する側面をもっており，周りのより深い理解と適切なかかわりが求められるものである。

# 第3章　事　例

　この章は，実際の事例にふれて臨床心理学的援助の具体的なイメージをつくることを目的とする。

　それぞれの項では，その障害の診断基準や臨床心理学もしくは精神医学からの知識を見た後で，実際のかかわりの経過を見る。

　自閉症・情緒障害・不登校・神経症については，特に詳しく経過が載せてあるので，かかわりの流れや心理アセスメントや情報の扱い方，などのイメージをつかんでみよう。

　また，ここにあげた事例は，特に児童期から青年期のものが多く，すべてを網羅できているわけではないので，必要に応じて他書にあたりながら学んでほしい。

# 1. 自閉スペクトラム症

## 自閉スペクトラム症（Autism Spectrum Disorder）とは

　自閉スペクトラム症は子どもの障害の中で，その障害の広範囲なこと，症状の多彩さ，社会的関係がとりにくいことなどから，適応に苦労することも多く，教育・保育の現場でもより効果的な対応が望まれる障害である。また，一般社会においては「自閉症」という用語が用いられている場合も多い。

　1943年にアメリカの精神科医カナー（Kanner, L. 1894～1981）によって最初の報告がなされたのが，自閉症研究の第一歩と言われている。その後，脳機能障害説，母子関係原因説，認知・言語障害説など，その原因や本態についてのさまざまな議論がなされてきているが，何らかの中枢神経系に問題があるという理解が一般的となっている。表Ⅱ-3にDSM-5の診断基準を示した。

**表Ⅱ-3　DSM-5による自閉スペクトラム症の診断基準（DSM-5-TRでも内容は変わらない）**

A. 複数の状況で社会的コミュニケーションおよび対人的相互反応における持続的な欠陥があり，現時点または病歴によって，以下により明らかになる（以下の例は一例であり，網羅したものではない）。
　(1) 相互の対人的-情緒的関係の欠落で，例えば，対人的に異常な近づき方や通常の会話のやりとりのできないことといったものから，興味，情動，または感情を共有することの少なさ，社会的相互反応を開始したり応じたりすることができないことに及ぶ。
　(2) 対人的相互反応で非言語的コミュニケーション行動を用いることの欠陥，例えば，まとまりのわるい言語的，非言語的コミュニケーションから，アイコンタクトと身振りの理解やその使用の欠陥，顔の表情や非言語的コミュニケーションの完全な欠陥に及ぶ。
　(3) 人間関係を発展させ，維持し，それを理解することの欠陥で，例えばさまざまな社会的状況に合った行動に調整することの困難さから，想像上の遊びを他者と一緒にしたり友人を作ることの困難さ，または仲間に対する興味の欠如に及ぶ。

B. 行動，興味，または活動の限定された反復的な様式で，現在または病歴によって，以下の少なくとも2つにより明らかになる（以下の例は一例であり，網羅したものではない）。
　(1) 常同的または反復的な身体の運動，物の使用，または会話（例：おもちゃを一列に並べたり物を叩いたりするなどの単調な常同運動，反響言語，独特な言い回し）。
　(2) 同一性への固執，習慣への頑ななこだわり，または言語的，非言語的な儀式的行動様式（例：小さな変化に対する極度の苦痛，移行することの困難さ，柔軟性に欠ける思考様式，儀式のようなあいさつの習慣，毎日同じ道順をたどったり，同じ食物を食べたりすることへの要求）。
　(3) 強度または対象において異常なほど，きわめて限定され執着する興味（例：一般的ではない対象への強い愛着または没頭，過度に限局したまたは固執した興味）。
　(4) 感覚刺激に対する過敏さまたは鈍感さ，または環境の感覚的側面に対する並外れた興味（例：痛みや体温に無関心のように見える，特定の音または触感に逆の反応をする，対象を過度に嗅いだり触れたりする，光または動きを見ることに熱中する）。

C. 症状は発達早期に存在していなければならない（しかし，社会的要求が能力の限界を超えるまでは症状が完全に明らかにならないかもしれないし，その後の生活で学んだ対応の仕方によって隠されている場合もある）。

（日本精神神経学会　日本語版用語監修　高橋三郎・大野　裕監訳　2014　DSM-5精神疾患の診断・統計マニュアル　医学書院　pp.49-50.）

## 一般の「自閉症」のイメージと多彩な症状

　「自閉症」ということばは，一般にも知られている。しかし，筆者らの研究（1993）の結果では，一般には，ひとりで寂しく孤立したイメージが大きいようであるが，上述の診断基準を見ると，そのイメージの違いが分かるであろう。

　また，知的水準や環境要因によって，その症状の様相も大きく異なり，その支援についても柔軟な対応が求められる（Topics 5参照）。

彼らが周りの世界を理解する独特のポイントをよく理解してかかわることがもっとも重要となると言えよう。

## TOPICS 5　自閉スペクトラム症の多彩な症状

　「自閉スペクトラム症」は，DSM-5において新しく示された分類であるが，実際のクライエントの症状は非常に多彩である。この分類には言語獲得や言語発達に困難を示す知的な困難も抱えているケースから，ほとんどそういった問題は顕著ではなく，むしろ非常に高い知的能力を示すものまでが含まれており，本質的な問題は共通していても，その姿はずいぶん違う印象を与える。下の図Ⅱ-3に知的水準による症状の表れ方を示す。

　知的な問題が大きいケースでは，より感覚の問題が大きく，外界への関心も低く，コミュニケーション上の困難も大きい。一方，知的に高くなるにしたがって，他者への関心も高まってくるが，自分自身への不全感も強くなり，不適応感に悩むことも多くなる。うまく他者とかかわる体験がなされると安定するが，周囲との違和感が高まると，被害感を感じたり，抑うつ的になることもある。

　彼らへの理解は進んできているものの，学校を卒業して一般社会に出ると，まだ誤解を受けることも多く，臨機応変な反応や複雑な対人関係への対応が必要な場面などでは，より多くの困難を示すこととなる。

　このように考えると，早期から基本的対人関係の技能を何らかのかたちで学習する機会をつくることの重要さがうかがえるものである。また，思春期・青年期までに大人でもよいから，親密な関係をつくり，その関係を土台として，自己意識の問題に向かえるような体勢も整えておく必要があると言えよう。

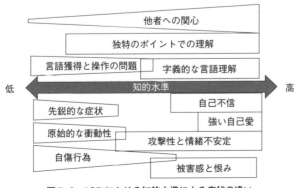

図Ⅱ-3　ASDにおける知的水準による症状の違い

# 事　例　かずや（仮名）　初診時4歳　男児

[主　訴] ことばがうまく出ない。集団活動になじめない。奇妙な癖がある。
[家　族] 会社員の父親と専業主婦の母親，2歳の妹の4人家族である。父親は仕事が忙しく，休日ぐらいしかかずやの相手ができないが，かずやの様子については心配しており，母親と話し合っている。

　母親は，明るい性格ではあるが，かずやのことについては，心配が先立って焦ってしまうことも多いようである。
　きょうだい関係は，お互いにマイペースである。

## 生育歴および現病歴

　かずやは，39週目に3,250gで正常分娩にて生まれる。その後の身体的発育は問題がなかった。3ヶ月スマイルはわずかに見られたものの，あまり笑うことはなかった。この頃のことを母親は「手のかからない子で，ほとんど泣くこともなく，一日中静かにしていた。近所の人の子育てが大変な話は聞いていたが，はじめての子なので『こんなものかな』という感じで，そのままにしていた」と語っている。哺乳は人工乳で哺乳ビンをベッドで与えていたとのことである。
　人見知りや後追いはなく，ひとりで泣くこともなく過ごしていた。ハイハイやつかまり立ちは標準的な時期に始まっているが，始歩（歩き始め）は，1歳半頃とやや遅めであった。トイレに関しての自立は，2歳前にできていた。
　1歳半健診のときにことばが出ておらず，保健師から遅れを指摘される。2歳になっても意味のある単語は出ず，発声も少なかった。3歳になる前に「センプウキ」という単語が出てからは「ジュース」「レイゾウコ」「ソアラ（自動車の名前）」などの単語が増えていったが，「ママ」「パパ」や「イヤ」といった単語や返事などのことばは聞かれなかった。
　遊びはひとり遊びがほとんどで，ミニカーを並べたり，新聞の折り込み広告を飽きることなく目の前にかざすようにして見ていることが多く，母親らがかかわろうとすると払いのける状態が続いた。
　この時期からひとりでどこかへいってしまうことが多くなり，気に入らないことがあると，自分の手をかんだり，飛び跳ねるような動作が見られた。また，ときおり壁や床に自分の頭をゴンゴンとぶつけていることも見られた。
　2歳の段階で保健所の相談を受けた両親は「ことばの教室」へ通い始めるが，人が大勢いる部屋に入るのを嫌がり，耳をふさいでパニックになった。保健所では「自閉症」が疑われることを指摘され，通園施設への入所とともに，専門の病院を受診することを勧められた。
　3歳になると同時に，知的障害児通園施設に通い始め，母親が毎日車で送り迎えをしている。当初は部屋に入れず，下駄箱の上に乗って一日過ごしていたり，施設の外に出ようとする行動が見られたが，半年ほど過ぎた頃から徐々に部屋にいる時間が増えた。
　通園施設に通い始めてから，1年が過ぎたところで両親は，通常の幼稚園への入園を希望し，そのことの相談も含めて病院を訪れた。

## かかわりと経過

**［初回および方針を決めるまで］**

　初回，プレイルームに入ると，かずやは置いてあるオモチャをひととおり触って歩き回っている。治療者がかかわろうとすると身体をかわすようにして避けるが，高いところにあるおもちゃをとってほしいときには，治療者の腕をもってそのおもちゃの方へひいていく。しかし，視線は合わない。また，治療者には聞き取れないことば（テレビのコマーシャルのことばらしい）を独り言のように言いながら，箱庭の砂を手ではねながら，目を手もとに近づけて砂の飛んでいく方向を横目で見ている。

　母親から生育歴と現在の様子を聴く。現在は，通園施設では朝と帰りの会などでは座ってはいるようになったとのことで，先生の指示にしたがって行動することも，増えてきているとのことである。しかし，相変わらず他の子どもに対しては，まったくと言っていいほど関心を示さず，家と同様にひとり遊びがほとんどのようである。

　<u>生育歴</u>と初回の様子などから判断して「自閉スペクトラム症」と思われる。判断の根拠としては，生育歴の中では，乳児期に情緒的反応をほとんど示していないこと，人見知りや後追いなどの母子関係のあり方も希薄であること，言語の遅れと歪み，奇妙な仕草や頭を打ちつけるなどの自傷行為，遊びの様子などがあげられる。また，初回の様子からは，ときおり自閉症の子どもに見られるような，はじめての場面に対しての拒否的態度はないものの，治療者に対して，人ではなく道具のように接するといった対人関係の様子などがあげられる。また，<u>発達検査</u>では，運動機能に比べて，言語と社会性に大きな遅れが見られた。

　両親は，他の健常児と同じように幼稚園に通わせたいこと，通園施設が遠いので通うのに大変であることに加え，就学する前に見知った友達をつくってやりたいことなどから，地域の幼稚園に通わせたいと希望している。既に，幼稚園にかずやを連れて入園のお願いに行ったところ，許可されたとのことである。

　そこで，4月に入園してからは，幼稚園とともに，週に1回のペースで通院し，治療者と1対1のかかわりをとおして，言語も含めて，対人的遊びの発展を目指すとともに，さまざまな問題について母親との相談面接も行っていく方針が決定された。

**［幼稚園時代のかずや］**

　治療場面では数回で治療者とのパターンを覚え，ミニカーやガソリンスタンドを並べて遊ぶようになった。いろいろパターンを治療者が変えると，当初は拒否的ではあるものの，徐々に応じることが見られるようになっていった。

　ことばに関しては，1年目はさほど変化は見られなかったが，2年目になると「〜ちょうだい」「〜とって」などの要求語がオウム返し（反響言語）的ではあるが，見られるようになった。その頃から，家からの飛び出しやパニックは見られなくなった。

　幼稚園では，当初なかなか担任にもなじめなかったようであるが，夏休みが過ぎる頃には，お弁当の時間も自分の席で座っていられるようになってきた。教室から出ていってしまうことは続いたものの，事務室のソファを居場所としてゴロゴロ過ごすようになり，園から飛び出すことはなかった。また，事務室でゴロゴロしながら園長とかかわりをもち始め，それに伴って，学年が変わる頃には教室にいる時間も長くなっていった。

　年長クラスになると，リズム運動など自分の気が向くものには参加するようになり，運動会にも一部ではあるが参加できた。そのことを両親はことのほか喜んだ。

しかし，一方では小学校入学を控えて，両親は再び焦り始めた。治療者は，地域の学校や**特別支援学級**，**特別支援学校**を見学することを勧め，判断の材料として具体的なイメージがもてるように援助した。

　教育委員会の就学指導委員会（教育支援委員会）の答申では，特別支援学校の入学に適するとされたが，両親は特別支援学級を強く希望して，地域の小学校に入学となった。

**[小学校時代のかずや]**
　かずやが入学した小学校の特別支援学級は，全員で8人の生徒が在籍していた。他の生徒は，かずやともうひとりを除いて，普通学級と行ったり来たりしながら過ごしている。かずやは教室を出ていくことはあまりなかったが，入学当初は，席を離れてゴロゴロ過ごすことが多かったようである。

　それでも，担任の指示は他の教師の指示とは違ってよく聞き，学習に取り組む姿勢も，徐々にではあるが見られるようになっていった。もともと文字は読めていたが，カードや本の自分の気に入った箇所を担任に読んでもらいたがって，自分から求めていくことが見られるようになった。

　治療場面でも，同様のかかわりが見られ，それに伴ってオウム返しではない要求語が増え，徐々に遊びも他人を交えてのものに変わっていった。治療者は，かずやの気に入っているパターンは残しながら，なるべくさまざまな場面を設定し，それらを楽しめるように工夫したところ，徐々に柔軟に応じられるようになった。

　現在5年生になったかずやは，ひとりで登下校して，学校でも落ちついて過ごしている。家庭でも気に入った遊びに没頭する時間はあるものの，生活面ではさほど手がかからなくなった。しかし，両親の心配はかずやの将来である。父親は「私たちが死んだ後もひとりで生活していくだけの力はつけてやりたいし，経済的なものを残しておいてやりたい」と一所懸命働いている。また，母親も子ども会や特別支援学級の父兄でつくっているグループの行事などに連れ出して，なるべく多くの経験をさせようと努力している。

## かずやの今後

　これまで自閉スペクトラム症の治療については，幼児期から児童期を中心として論じられることが多かったが，最近の動向としては，知的に高い群の研究の発展とともに，青年期以降の年長化した段階での問題が論じられるようになってきた。

　いったん児童期に適応してきたように見える自閉スペクトラム症児も，思春期を境に抑うつ的になったり，無気力になったり，また，妄想的な傾向を見せる例も見られる。このことは，健常児の思春期の問題と同じようなことが，彼らにも起こっていることを示している。

　すなわち，思春期・青年期になって，自己が問われ，周りとの関係をとることが苦手な部分が，よりあらわになって来るにしたがい，情緒的に不安定な状態となり，精神的機能に問題を見せるようになるのである。

　この傾向は，言語などの障害の少ない知的に高い子どもたちも同様である。

　このように考えていくと，知的な側面や社会性を中心とした能力の獲得を目標とするばかりでなく，自閉症への援助も精神的な側面が重要であることが分かる。

　かずやにしても，このことを忘れては，社会参加は望めなくなるであろう。そして，そのためのかかわりは，乳幼児期からの積み重ねの上に成り立つものである。

## TEA BREAK 1

### 現代のシンドローム(症候群)

現代に生きるわれわれは,価値観の多様化に伴ってさまざまな生き方の選択が可能になってきた。しかしそれと同時に自分の現在の生き方に悩んだり,あるいは社会との摩擦が生じたりするなど,新たな心の問題が増加している。その中でも現代人に特徴的な一連の行動や症状は「～症候群」として,一般的にさえなりつつある。「～症候群」は現代の社会病理や精神病理現象を知るうえで役に立つ概念と言えよう。

以下,随所 TEA BREAK で代表的な症候群を紹介しよう。

## 2. 注意欠如多動症（ADHD）

### 注意欠如多動症とは

注意欠如多動症（ADHD: Attention-Deficit / Hyperactivity Disorder）とは，行動上の特性が顕著な発達障害で，その状態像によっては集団生活への適応が困難であることも多い。知的に非常に高い場合もあり，生産的な活動につながるケースも見られる。

### 診断基準と特徴

もともと落ち着きのない子どもの存在は知られていたが，当初は微細脳損傷（Minimal Brain Damage: MBD）と呼ばれて，特定できないほど微細であるが，何らかの脳機能の問題を抱えていると指摘されていた。その後いくつかの議論を経て，現在のとらえ方となっている。

注意欠如多動症は，不注意症状が中心のタイプ，多動性 - 衝動性症状が中心となるタイプ，またそれらの混合タイプとそれぞれの事例によってその特徴が異なる。その診断基準は表Ⅱ-4に示したとおりである。また，その知的水準によっても状態像は異なるし，年齢に伴う変化も見られることが多い。

### 注意欠如多動症の特性

ADHDの特性は，診断基準に表されているとおりで，その傾向自体も非常に大変な場合が多いが，その特性によってさまざまな問題につながると言えよう。

不注意症状は，そのまま生活上のミスにつながるものであるし，多動 - 衝動性は，ミスを起こしやすいことに加えて，落ち着いて取り組めないので学習のうえで能力を実現できない，衝動的な行為のために集団の中で他者とトラブルを起こしてしまう，といった困難を示すこととなる。そして，本人の意図とは相反するこれらの事態と経験は，本人の自己評価を低めてしまうこととなり，二次的な情緒的問題を喚起することも少なくない。さらに，指示に従えない，約束が守れない，といった傾向のために，養育者や教育者との間でも否定的感情を生起しやすく，そのことでなおいっそう二次的な問題を呈することになりかねない。

神経発達症群においては，どれについても言えることであるが，特にADHDは，その状態像が，年齢によって大きく変化することも多く，また，環境によっても左右される傾向が高い。なお，ADHDに対しては，状態像に応じた服薬も有効な場合もある。

### 注意欠如多動症へのかかわり

上述のような側面があることを踏まえて，彼らへのかかわりとしては以下のような点に留意することが望まれる。

①不注意や多動などによる問題場面で，そのことを叱ることよりも「どうしたらよいか」を伝えることを重視する。
②環境をシンプルにして，注意がそれたり，衝動性が刺激されるような要因をできるかぎり低減する。
③本人が「できる」ことを目標とする。たとえば，短時間しか注意が持続できない場合はその短時間でできる課題から始めるといった工夫が望まれる。
④一貫した継続的な援助が重要である。
⑤うまくいかなかったときや叱らざるをえなかったときのその後のケアを大切にする。

表 II-4　DSM-5による注意欠如多動症の診断基準（DSM-5-TRでもほぼ内容は変わない）

A. (1)および/または(2)によって特徴づけられる，不注意および/または多動性-衝動性の持続的な様式で，機能または発達の妨げとなっているもの：
(1) 不注意：以下の症状のうち6つ（またはそれ以上）が少なくとも6ヶ月持続したことがあり，その程度は発達の水準に不相応で，社会的および学業的／職業的活動に直接，悪影響を及ぼすほどである。
注：それらの症状は，単なる反抗的行動，挑戦，敵意の表れではなく，課題や指示を理解できないことでもない。青年期後期および成人（17歳以上）では，少なくとも5つ以上の症状が必要である。
　(a) 学業，仕事，またはその他の活動中に，しばしば綿密に注意することができない，または不注意な間違いをする（例：細部を見過ごしたり，見逃してしまう，作業が不正確である）。
　(b) 課題または遊びの活動中に，しばしば注意を持続することが困難である（例：講義，会話，または長時間の読書に集中し続けることが難しい）。
　(c) 直接話しかけられたときに，しばしば聞いていないように見える（例：明らかに注意をそらすものがない状況でさえ，心がどこか他所にあるように見える）。
　(d) しばしば指示に従えず，学業，用事，職場での義務をやり遂げることができない（例：課題を始めるがすぐに集中できなくなる，または容易に脱線する）。
　(e) 課題や活動を順序立てることがしばしば困難である（例：一連の課題を遂行することが難しい，資料や持ち物を整理しておくことが難しい，作業が乱雑でまとまりがない，時間の管理が苦手，締め切りを守れない）。
　(f) 精神的努力の持続を要する課題（例：学業や宿題，青年期後期および成人では報告書の作成，書類にもれなく記入すること，長い文書を見直すこと）に従事することをしばしば避ける，嫌う，またはいやいや行う。
　(g) 課題や活動に必要なもの（例：学校教材，鉛筆，本，道具，財布，鍵，書類，眼鏡，携帯電話）をしばしばなくしてしまう。
　(h) しばしば外的な刺激（青年期後期および成人では無関係な考えも含まれる）によってすぐに気が散ってしまう。
　(i) しばしば日々の活動（例：用事を足すこと，お使いをすること，青年期後期および成人では，電話を折り返しかけること，お金の支払い，会合の約束を守ること）で忘れっぽい。
(2) 多動性および衝動性：以下の症状の6つ（またはそれ以上）が少なくとも6ヶ月持続したことがあり，その程度は発達の水準に不相応で，社会的および学業的／職業的活動に直接，悪影響を及ぼすほどである。
注：それらの症状は，単なる反抗的行動，挑戦，敵意の表れではなく，課題や指示を理解できないことでもない。青年期後期および成人（17歳以上）では，少なくとも5つ以上の症状が必要である。
　(a) しばしば手足をそわそわ動かしたりトントン叩いたりする，またはいすの上でもじもじする。
　(b) 席についていることが求められる場面でしばしば席を離れる（例：教室，職場，その他の作業場所で，またはそこにとどまることを要求される他の場面で，自分の場所を離れる）。
　(c) 不適切な状況でしばしば走り回ったり高い所へ登ったりする（注：青年または成人では，落ち着かない感じのみに限られるかもしれない）。
　(d) 静かに遊んだり余暇活動につくことがしばしばできない。
　(e) しばしば"じっとしていない"，またはまるで"エンジンで動かされるように"行動する（例：レストランや会議に長時間とどまることができないかまたは不快に感じる；他の人達には，落ち着かないとか，一緒にいることが困難と感じられるかもしれない）。
　(f) しばしばしゃべりすぎる。
　(g) しばしば質問が終わる前に出し抜いて答え始めてしまう（例：他の人達の言葉の続きを言ってしまう；会話で自分の順番を待つことができない）。
　(h) しばしば自分の順番を待つことが困難である（例：列に並んでいるとき）。
　(i) しばしば他人を妨害し，邪魔する（例：会話，ゲーム，または活動に干渉する；相手に聞かずにまたは許可を得ずに他人のものを使い始めるかもしれない；青年または成人では，他人のしていることに口出ししたり，横取りすることがあるかもしれない）。
B. 不注意または多動性-衝動性の症状のうちいくつかが12歳になる前から存在していた。
C. 不注意または多動性-衝動性の症状のうちいくつかが2つ以上の状況（例：家庭，学校，職場；友人や親戚といるとき；その他の活動中）において存在する。
D. これらの症状が，社会的，学業的または職業的機能を損なわせているまたはその質を低下させているという明確な証拠がある。
E. その症状は，統合失調症，または他の精神病性障害の経過中にのみ起こるものではなく，他の精神疾患（例えば気分障害，不安症，解離症，パーソナリティ障害，物質中毒または離脱）ではうまく説明されない。

（日本精神神経学会　日本語版用語監修　髙橋三郎・大野　裕監訳　2014　DSM-5精神疾患の診断・統計マニュアル　医学書院　pp. 58-59.）

# 事　例　ともき（仮名）　初診時4歳　男児

[主　訴]　落ち着きがない。他児をたたいてしまう。
[家　族]　父親と母親，7歳の兄の4人家族である。父親は自宅での自営業で，子どもとかかわる時間もあるが，ともきの行動には厳しく叱ることも多い。自営業を手伝う母親は，几帳面な性格で，ともきの乱雑な行動は許せないらしく，やはり厳しく叱っている。兄はむしろのんびりした性格で，ともきにも根気よくつきあうところがある。

## 生育歴および現病歴

ともきは，3,120gで正常分娩にて生まれる。その後の身体的発育は速かったが，「とにかくよく動く子で目が離せなかった」と母親は言う。

3ヶ月スマイル，人見知り，後追いなどは通常の範囲で見られ，始歩は1歳ちょうどであった。始語は1歳8ヶ月と遅かったが，その後は順調で，むしろ「おしゃべりだった」という。また，よく動きまわり，よく迷子になったり，転んでケガをしたそうである。

保育園に入園してからは，とにかくじっとしていられなく，保育室を飛び出して行くことも多く，規制するとかんしゃくを起こしていすを放り投げたりした。園での様子を担任から聞き，母親が付き添うことを続けたが，そうしてからは余計にかんしゃくが多くなり，園長の紹介で，病院の心理相談室を訪れた。

## かかわりと経過

治療室でも，ともきはじっとしておらず，おもちゃを次から次へと出していき，ひとつのものに集中して遊ぶことができない。また，手先の不器用さも見られ，ことばの面でも音が乱れたり抜けるといった傾向が認められた。

母親は，しつけができていないと見られることから，自責感を強めており，いっそうともきを叱りながら規制する悪循環に陥っていたようであった。注意欠如多動症と思われることを伝え，ともきの動きを追いかけ回して終始することをやめて，ともきの少しの意識でできることを目標として設定し，肯定的なかかわりが形成できるように促した。保育園への付き添いも中止するように示唆した。

保育園にも同様の見解と取り組みを依頼したところ，かんしゃくの回数は減り，保育室で過ごす時間が増えていった。しかし，まだ他児とのトラブルは起こり，他児からも攻撃を受けることがあった。5歳クラスの担任保育士は，はれ物に触るようにともきを扱うことをやめると同時に，他児にもともきの目標を説明し，応援をしていくようにクラスの雰囲気を形成した。

治療場面でも同様のかかわりが定期的に継続された。一対一であれば，徐々に長い時間ひとつのものに取り組むことができるようになっていき，表情も柔和な印象へと変化していった。

小学校へ入学する頃には，多動性や衝動性は治まって他児とのトラブルは減少していったが，不注意なミスをたびたび繰り返すことが目立ってきている。また，空間認知などが必要な課題は苦手なようである。

今後に向けて，残された問題は少なくないが，学校生活は楽しそうである。

# 3. 学習障害（LD）

## 学習障害とは

　学習障害は，専門家の間でもその定義が非常に限定的なものから，広くとらえようとするものまでさまざまとなっている。文部科学省によれば「学習障害とは，基本的には全般的な知的発達の遅れはないが，聞く，話す，読む，書く，計算する又は推論する能力のうち特定のものの習得と使用に著しい困難を示すさまざまな状態を指すものである。学習障害は，その原因として，中枢神経系に何らかの機能障害があると推定されるが，視覚障害，聴覚障害，知的障害，情緒障害などの障害や，環境的な要因が直接の原因となるものではない」とされている。この定義ではかなり広範囲の神経発達障害のケースが含まれることとなる。一方，DSM-5では，比較的限定的な定義で，限局的学習症として表Ⅱ-5のような診断基準となっている。

　いずれにしても，個々の子どもによって，その障害をもつ領域は異なるが，全体的な発達水準に照らして，ある特定の領域の発達に障害が認められるものである。そして，知的障害や情緒的な原因，教育環境が拙劣なことによるものは含まないものである。

## その他の特徴

　学習障害の主となる状態像は上述のとおりであるが，その他のいくつかの特徴が見られるケースが多い。その代表的な特徴としてあげられるのは，不器用さである。その側面についてDSM-5-TRでは，「運動症群」の中の「発達性協調運動症」として，身体全体の運動や手先の不器用さなどがその特徴としてあげられている。

　その他，空間認知の苦手さや，時間感覚の曖昧さなども見られることが多い。

**表Ⅱ-5　DSM-5による限局性学習症の診断基準（DSM-5-TRでも内容は変わらない）**

A．学習や学業的技能の使用に困難があり，その困難を対象とした介入が提供されているにもかかわらず，以下の症状の少なくとも1つが存在し，少なくとも6ヶ月間持続していることで明らかになる：
　(1) 不的確または速度が遅く，努力を要する読字（例：単語を間違ってまたはゆっくりとためらいがちに音読する，しばしば言葉を当てずっぽうに言う，言葉を発音することの困難さを持つ）
　(2) 読んでいるものの意味を理解することの困難さ（例：文章を正確に読む場合があるが，読んでいるもののつながり，関係，意味するもの，またはより深い意味を理解していないかもしれない）
　(3) 綴字の困難さ（例：母音や子音を付け加えたり，入れ忘れたり，置き換えたりするかもしれない）
　(4) 書字表出の困難さ（例：文章の中で複数の文法または句読点の間違いをする，段落のまとめ方が下手，思考の書字表出に明確さがない）
　(5) 数字の概念，数値，または計算を修得することの困難さ（例：数字，その大小，および関係の理解に乏しい，1桁の足し算を行うのに同級生がやるように数学的事実を思い浮かべるのではなく指を折って数える，算術計算の途中で迷ってしまい方法を変更するかもしれない）
　(6) 数学的推論の困難さ（例：定量的問題を解くために，数学的概念，数学的事実，または数学的方法を適用することが非常に困難である）

B．欠陥のある学業的技能は，その人の暦年齢に期待されるよりも，著明にかつ定量的に低く，学業または職業遂行能力，または日常生活活動に意味のある障害を引き起こしており，個別施行の標準化された到達尺度および総合的な臨床評価で確認されている。17歳以上の人においては，確認された学習困難の経歴は標準化された評価の代わりにしてよいかもしれない。

C．学習困難は学齢期に始まるが，欠陥のある学業的技能に対する要求が，その人の限られた能力を超えるまでは完全には明らかにはならないかもしれない（例：時間制限のある試験，厳しい締め切り期限内に長く複雑な報告書を読んだり書いたりすること，過度に重い学業的負荷）。

D．学習困難は知的能力障害群，非矯正視力または聴力，他の精神または神経疾患，心理社会的逆境，学業的指導に用いる言語の習熟度不足，または不適切な教育的指導によってはうまく説明されない。

（日本精神神経学会　日本語版用語監修　高橋三郎・大野　裕監訳　2014　DSM-5精神疾患の診断・統計マニュアル　医学書院　pp.65-66.）

## 事　例　まもる（仮名）　初回面接時7歳　男児

[主　訴]　漢字が覚えられない。国語の本読みが苦手。
[家　族]　父親と母親，12歳の姉の4人家族である。父親は会社員であるが，休日は積極的に子どもとかかわるし，宿題なども見ている。母親は，父親からは「大ざっぱ」な性格と言われるとのことである。姉は活発で部活のソフトボールを熱心に取り組んでおり，まもるとはあまり接していないそうである。

### 生育歴および現病歴

　まもるは，2,800gで正常分娩にて生まれる。その後の身体的発育は問題が指摘されなかったが，ハイハイも遅めで，始歩も1歳5ヶ月であった。3ヶ月スマイル，人見知り，後追いなどは通常の範囲で見られたが，始語は1歳2ヶ月であった。
　幼稚園に入園するが，ダンスが苦手であったり，お絵描きが苦手であったことが印象に残っているとのことである。
　友達とは仲良く遊んで楽しそうであったが，小学校へ入ってからは漢字など苦手な部分が出てきて，宿題に手間取るといった状況が見られるようになった。最初はそれなりに楽しんで学習をしていたが，徐々に意欲が見られなくなり，1年生の冬休みは，宿題に取りかかるように言っても，まったくやろうとしない状態となり，かかりつけの小児科医から紹介されて来院する。

### かかわりと経過

　母親から情報を聴きながら，まもるとも遊びながらかかわりを開始する。まもるはいろいろなものに興味を示して活動的に遊ぶことができているが，随所にルールの理解の失敗や点数の数え間違いなどが見られる。ただ，まもる自身はそのことをあまり気にしていないように見受けられた。しかし，母親同席の場面で，漢字のことや学校での学習のことなどが話題にされたときには，おもちゃの棚へ行ってしまい，不機嫌な様子となった。
　遊戯療法的にかかわるとともに母親への面接も継続的に行った。遊戯療法場面では，新しい遊びについては消極的であったが，慣れてくると徐々に楽しめるようになり，ちょっとしたズルをして笑うといった様子も見られるようになった。ただ，点数を計算するといった場面が来ると，緊張した面持ちとなっていたが，半年の経過頃からは，分かることについては自分から答えを言う姿も見られるようになった。
　母親はまもるの学習面も気になるが，片付けられなかったり，ものをなくすといった側面へも心配を感じているようであった。そして，つい口うるさくなってしまうことを反省しつつもコントロールに苦労していた。面接ではそういった母親の不安を聴くことを通して，サポートしていく方針で行われた。
　また，母親と本人の了解をとって，学校の担任と情報交換を行い，学習面での援助について相談を行った。まもるのペースを大事にしながらかかわってくれる担任への信頼は厚く，学校生活では楽しめているようであった。
　3年生の現在は，通常学級へ在籍しながら，通級学級へ国語と算数の学習のために通っている。遊戯療法の中でも，「＊＊＊ができるようになった」と嬉しそうに，しかし，ぽそっと報告してくれることがしばしば見られることがある。

# 4. 知的発達症（知的能力障害）

## 知的発達症（知的能力障害）とは

　知的発達症は，知的機能の遅れを言うが，知的機能の遅れは，意志伝達・自己管理・家庭生活や社会的生活の技能・自律性・学習能力・余暇を有効に使うことなどの広い範囲にわたっての適応機能にもいくつかの不全を伴う。そのために場合によっては，その他の神経発達症群との鑑別が難しいこともある。

　診断としては，表Ⅱ-6に基準を示すが，その重症度について従来は，知能検査の結果（知能指数：IQ）をもとに分類されていたが，DSM-5では，「概念的領域」「社会的領域」「実用的領域」における状態像によって，「最重度」「重度」「中等度」「軽度」の4段階に分けられている。

表Ⅱ-6　知的能力障害（知的発達症）の診断基準（DSM-5）（DSM-5-TRでも内容は変わらない）

知的能力障害（知的発達症）は，発達期に発症し，概念的，社会的，および実用的な領域における知的機能と適応機能両面の欠陥を含む障害である。以下の3つの基準が満たされなければならない。

A．臨床的評価および個別化，標準化された知能検査によって確かめられる，論理的思考，問題解決，計画，抽象的思考，判断，学校での学習，および経験からの学習など，知的機能の欠陥。

B．個人の自立や社会的責任において発達的および社会文化的な水準を満たすことができなくなるという適応機能の欠陥。継続的な支援がなければ適応上の欠陥は，家庭，学校，職場，および地域社会といった多岐にわたる環境において，コミュニケーション，社会参加，および自立した生活といった複数の日常生活活動における機能を限定する。

C．知的および適応の欠陥は，発達期の間に発症する。

（日本精神神経学会　日本語版用語監修　高橋三郎・大野　裕監訳　2014　DSM-5精神疾患の診断・統計マニュアル　医学書院　p.33.）

## 知的発達症の原因

　知的発達症の原因としては，特に身体的所見などが見られないものもあるが，代謝障害や染色体異常などの障害が要因となって生起する場合もある。ただし，自閉スペクトラム症や精神病などがある場合は，知的能力障害という診断ではなく，それぞれの診断名で記述されることになっている。

　また，刺激の乏しい環境の中で生活したために，潜在的には資質がありながらも発達が遅れてしまうようなケースも見られる。

## 知的発達症への対応

　知的発達症への対応としては，早期からの発達促進的な療育が基本となる。特に児童期などには学習への関心が周囲から向けられることが多いが，生活能力の獲得を基本としながら，自己の自律と生活を楽しむ側面を忘れてはならない。しかし，知的に遅れていることで，社会生活などの場面で，消極的・無気力・投げやり・回避的・頑固などの情緒的な問題を二次的にもつこともあり，留意する必要がある。

　援助としては，本人自身に対する働きかけも重要であるが，家族へのかかわり方の指導や精神的なサポートも忘れてはならない。また，保育園・幼稚園・学校などをはじめとする地域との連携も重要となる。

# 事　例　まさき　初診時3歳　男児

[主　訴]　ことばが増えない。落ちつきがなく，集団になじめない。
[家　族]　会社員の父親と母親，1歳の妹の4人家族。

## 生育歴および現病歴

　胎生期・周生期ともに問題はない。身体発育も問題がないが，始語が2歳と遅く，その後も語彙数などの増加が遅い。3ヶ月スマイルは見られ，人見知りや後追いは顕著ではなかった。遊びはひとりでミニカーをならべたり，決まったテレビ番組のビデオを見るといったものが多く，近所の同年代の子どもたちとはあまり遊ばなかった。
　3歳になって健診で発達の遅れを指摘され，心理相談室への通所を勧められる。その頃幼稚園に入るが，集団場面では立ち歩きが多く，落ちつきがない。また，集団活動にも関心を示さず，他児と遊ぼうとしないなどの状態が見られた。両親ははじめての子どもで，様子が分からずに戸惑っているが，母親・父親とも本児とよくかかわっている。

## かかわりと経過

　当初，集団へのなじめなさや人への関心の薄さなどから自閉スペクトラム症を疑う意見も健診にかかわった医師からあったが，一対一の関係であれば情緒的な関係がとれそうであることなどから，知的能力障害と判断された。なお，**発達検査**では，言語と社会性の発達の遅れが大きいが，細かい運動など全体的な遅れが見られた。
　本事例に対しては，本児の発達の状態を定期的にかかわりながらアセスメントしていくとともに，母親に対しての相談を行った。また，幼稚園へ訪問したり，教師と電話や手紙で情報を交換しながら，幼稚園でのかかわりについても配慮を行った。
　母親に対する相談の内容は，その都度母親が本児とのかかわり方で迷うことについて取り扱うとともに，障害児を抱えてしまったことによる母親自身の問題も扱うようにした。具体的には，本児へのことばかけ，叱り方といったことや，発達の評価中心であった。
　幼稚園との話し合いでは，本児の行動の意味や発達の評価を伝えるとともに，本児への対応の方法について検討がなされた。
　3歳の段階では，一対一の関係の強化とていねいなことばかけを，家庭でも幼稚園でも心がけていたところ，少しずつ教師や限られた友達への関心が見られるようになった。しかし，ことばはさほど増加せず，集団へは相変わらず参加しない状態であったが，4歳クラスに上がってからは，幼稚園の朝の会や帰りの会などでは，落ちついて座っていられるようになり，秋の運動会にはなんとか参加できた。
　5歳クラスになると，徐々に会話も長くつながるようになり，それに伴って行動もまとまりをもつようになった。また，遊びも簡単なごっこ遊びが楽しめるようになり，少人数であれば，他児ともかかわれるようになってきた。
　通常学級就学後も，学業は他児と同じとはいかないまでも，文字や数などの学習も進み，集団行動では特に問題は指摘されていない。母親は一時学業の遅れが気になって焦っていたが，今は生活面での自立を目標に取り組んでいる。

# TOPICS 6　心の理論

　心の理論とは，相手の意図や感情を理解する能力のことであるが，自閉スペクトラム症の場合は，この能力に問題があるとされている。この指摘はバロン－コーエン（Baron-Cohen, S.）らが行ったものである。

　彼らは自閉症児20名，ダウン症児14名，健常児27名に対して図Ⅱ-4のような課題を行った。この課題は，散歩に出かけてビー玉がアンによって箱に移されていることを知らないサリーは，自分が入れたバスケットを探すであろうという，サリーの心理的事情を推測することができるかどうかを問うている。

　結果は，ダウン症児と健常児の85％が正解を示したのに対して，ほとんどの自閉症児が実際にビー玉が隠されている箱を探すと答えている。この研究以降，自閉症理解の糸口として心の理論が取り上げられている。

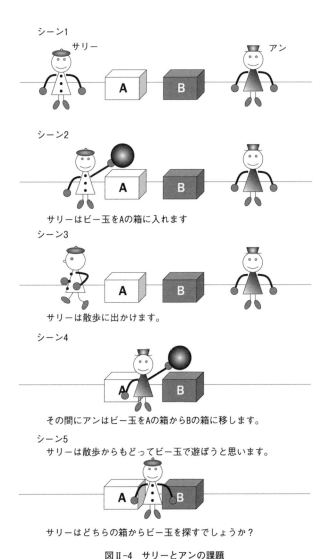

図Ⅱ-4　サリーとアンの課題

## 5. 情緒障害

　情緒障害（emotional disorder）はきわめて曖昧な分類であるが，なんらかの心理的な原因で表れる，精神的および身体的症状を示す場合をさし，一時性・一過性・可逆性をもつ不適応状態と言える。つまり，本人の性格傾向の要因に加えて，環境要因からの影響による場合も多いと言える。成人の場合もそういった状態は多く見られるが，その症状の表れは，幼児期・児童期に特有な形態をとるものを呼ぶことが多い。

### いろいろなかたちで表れる情緒障害

　情緒障害の症状は，具体的には，チック・爪かみ・指しゃぶり・抜毛などの「神経性習癖」と言われるものや，緘黙・遺尿などがあげられる。以下にその代表的な症状を紹介しておく。

　①チック：不随意な筋肉の瞬間的で反復的な運動や発声を繰り返すものである。まばたきや口をすぼめるような細かなものから，全身運動（急に跳び上がるなど）に至るものまで，その程度はさまざまである。ただし，音声チックと運動性チックが同時に長期間見られ，症状の重いものは，トゥレット症と呼ばれ，咳払いなどだけではなく，卑猥なことばを発したりするような場合も見られる。精神的に緊張が強かったり，抑圧的な場合に見られることが多い。強迫的な傾向が見られることも多い。

　②爪かみ・指しゃぶり：一般に幼児が行うような癖の程度から，爪がなくなるまでかんでしまうといった状態となると，情緒障害としてとらえた方がよいようである。抑圧的な場合や，退行的な場合に見られることが多い。

　③抜毛：自分で自分の頭髪などを抜いてしまう。ひどい場合には頭髪がまったくなくなってしまうことがある。やはり緊張が強かったり抑圧的な場合に見られるが，自罰的であったり，攻撃性が内向していることも考えられる。

　④緘黙：家族や親しい友人以外の相手や，慣れない場所などでまったくしゃべらないといった選択性（場面）緘黙と，すべての場面でしゃべらない全緘黙とがある。場合によっては，動作も固まってしまうこともあり，対人緊張が強い場合に見られることが多いようである。

　⑤遺尿：いわゆるお漏らしである。夜間に見られるものを夜尿症といい，昼間に見られるものを昼間遺尿と呼ぶ。いずれも乳幼児期に見られることであるが，本人の全体発達と比較して，整合性がない場合に問題とされる。退行的な反応が背景にあることも多いようである。ただし，泌尿器科的な問題の有無については検討しておく必要がある。

### 情緒障害の診断

　情緒障害ということばは，DSM-5-TRのような診断基準ではまとめられて示されてはいない。そして，チックは「神経発達症群」，抜毛症は「強迫症および関連症群」に分類されているなど，それぞれ異なる分類となっている。そして，その背景や原因論もさまざまな指摘がなされている。しかし，臨床心理学的援助においては，その心理的背景を重視しながらかかわるという点においては共通する部分が多い。

　いずれにしても，情緒障害はそのメカニズムは似ていても，成人の神経症のようにそれぞれ特定の障害としてはっきりと区別しにくいことや，力動的な説明などがつきにくいことも少なくなく，症状から診断名は付されても，その治療については個々のケースのアセスメントが重要となる。

# 事　例　1. こうじ　初回面接時 5 歳　男児

[**主　訴**]　チック
[**家　族**]　会社員の父親と専業主婦の母親，2人の弟，の5人家族である。
　父親は，神経質なところがあり，几帳面である。こうじとはよく遊んでくれる。母親は明るい性格であるが，やはり几帳面で心配性なところもある。

## 生育歴および現病歴

　出産時やその後の発育については，特別なところは見られないが，全般的に早かったようである。特にトイレの失敗はほとんどなかったという。また，反抗期らしいものがなかったとのことである。
　こうじは友達も多く，幼稚園での活動にも積極的で担任も心配するようなことはなかった。絵なども他児と比べて非常にきちんとした絵を描くし，決められたこともこなしていた。家庭でも2人の弟の面倒をよく見る頼りになる兄であった。
　しかし，年長組の6月頃からまばたきと口をすぼめるようなチックが見られるようになった。はじめは母親も気がつかなかったが，たまたま訪れた祖母が気づいたとのことである。母親は単なる癖のように思い，しばらくそのままにしておいたが，なかなか治まらないので担任に相談したところ，担任もはじめて気がついたそうである。
　その時点でこうじは母親に連れられて筆者のもとを訪れた。そのときの印象も非常に元気のいいハキハキとしたものであったが，子どもらしさはあるものの，逆に考えれば年齢相応とは言いにくく，無理があるような印象である。

## かかわりと経過

　当初は礼儀正しく振る舞っていたが，定期的な遊戯療法のなかでこうじは，徐々にわがままをいったり，治療者を相手にズルをしたりするようになっていった。そして，秋の運動会の前後になると，チックは減少したものの，一時的に夜尿が見られるようになった。このことはこうじが退行できていることと解釈し，治療の進展をうかがわせるもの考えられる。母親にもその意味を伝え，家庭でもこうじの退行を受け入れていくよう要請した。
　その後も治療を継続したところ，夜尿も治まりチックも見られなくなった。
　治療継続中に担任と定期的に連絡をとり合っていたが，担任は「そういえば元気はよかったが，自己主張を通すことはあまり見られなかったように思う。気を遣っていたのかしら」と語っている。そして，治療終盤には「この頃，他の子とけんかをするようになった。でも，それは悪い印象ではなく，むしろリラックスして活動している表れのように思う」と報告してくれている。
　しばしば，こうじのように敏感で周囲に気を遣うところがある子は，自らの情緒を抑圧してしまうことがある。その振る舞いは幼児期には大人びて見え，周囲も称賛することが多いであろう。しかし，そのためにより一層きちんとしなければならなくなって，ついには症状を形成しなければならなくなってしまうのである。年齢相応の甘えや自己主張があることはきわめて重要なことと言えよう。

## 2．みきお　初回面接時6歳　男児

[主　訴] 抜毛
[家　族] 会社員の父親と専業主婦の母親，2人の兄との5人家族であるが，近所に父方の祖父母が住んでいる。
　父親は，仕事で忙しくあまり家にいない。母親は，真面目な性格できれい好きとのことである。兄らとはよくケンカをするそうであるが，みきおがいつも泣かされているらしい。父方の家は，旧家で祖父母ともしつけに厳しく，教育熱心である。

### 生育歴および現病歴

　母親によると，上の兄2人は成績も良く行動面でもしっかりしているのに，みきおだけは落ちつかず粗雑とのことである。幼稚園でも，何度注意されても決まりを守れなかったり，活動に集中できないと指摘されているそうである。
　抜毛は，みきおのふとんに髪の毛が落ちていることが多く，気にはしていたが，あるときふと見るとみきおの左側頭部のあたりに円形脱毛のようなあとを発見してあわてて来談したとのことである。母親は皮膚科的な脱毛やいわゆる円形脱毛を考えていたようであるが，それらの診断は除外され，自ら抜いていると考えられると聞いて驚いている。
　生育歴を聞くと，みきおは発達も早く，本来エネルギーの高い子どもで，興味関心もいろいろ強く，じっとおとなしくしていることはもともと苦手だったようである。しかし，家族中「いい子」できちんとしている家庭にあって，そういったみきおの特性は否定されることが多く，みきおは自らが抱えるエネルギーがために自罰的な衝動の表現として抜毛という症状をもつに至ったと考えられる。また，母親も祖父母に気を遣うあまりに，より厳しくなってしまったのかもしれない。

### かかわりと経過

　初回に会ったときも，身体も大きいみきおは落ちつきがなく面接室においてあるおもちゃなどに気をとられて母親に注意を受けている。**バウム・テスト**では，押しつぶされたような身体に似合わない小さく固まった樹木を描いている。
　みきおに対して心理療法室という護られた空間を保証したうえで，みきおのエネルギーを出させて，それをみきお自身に確認してもらうことを目的に，遊戯療法的にかかわったところ，半年ほどして抜毛は見られなくなった。
　遊戯療法でみきおは**箱庭**をつくったが，当初柵や檻で動物を囲ったり，町をつくっても道路標識が目立つ制限やコントロールの強さを表現していたが，後半には飛行場や川下りなどスケールの大きいみきおの本来のエネルギーが表現されていった。
　その間幼稚園の担任とも連絡をとり，所見を伝えて，幼稚園でもみきおの心の解放に協力してもらった。もちろん母親も状況をよく理解して，家庭での対応も改善していったこともみきおにとっては大きな意味をもっていただろう。
　思ったことや感じたことを表現することが認められたみきおは，自分は「悪い子」ではないことを確認できた。その安心感は，みきおのエネルギーをより適応的な方向で表現させる基礎にもなったと考えられる。ときどき起こしていたかんしゃくも見られなくなり，母親は「素直になった」と喜んでいる。

# 6. 不登校

不登校（non-attendance at school）は，以前は「登校拒否（school refusal）」とも呼ばれており，学校現場でも大きな問題として取り扱われている。特に不登校は「起こりうるもの」と文部科学省も指摘しているほど，頻度が高い問題となっている。

### 不登校研究の流れ

不登校の研究が本格的になされ始めたのは，ジョンソン（Johnson, A. M.）ら（1941）の研究に端を発しているが，当初は「学校恐怖症（school phobia）」とされていた。すなわち，恐怖症という神経症的なメカニズムを前提としたものとされていたのである。

その後の研究では，さまざまなタイプの存在が指摘されてきたが，現在不登校は，診断名ではなく「何らかの心理的理由によって，学校へ行かない，もしくは，行くことができない現象」を表すことばであるといったとらえ方が定着してきている。

### 不登校のタイプ

上述のように曖昧な範囲の不登校を類型に分けて整理する試みも多くなされている。古典的ではあるが，図Ⅱ-5に小泉（1988）の分類を示しておく。この中で中核的な不登校（登校拒否）は，「神経症的登校拒否」とされているもので，この中の分離不安型とされているものには，低年齢の事例が多いとされている。この他，文部科学省は，「いじめ」「その他の学校生活に起因するもの」「家庭生活に起因するもの」「本人の問題に起因するもの」などに分けている。

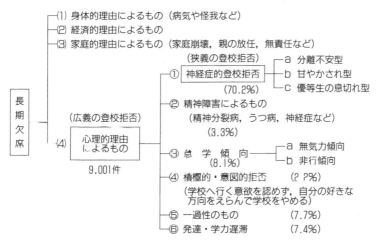

図Ⅱ-5　登校拒否のタイプ（小泉，1988）

### 不登校への対応

これまで見たように，不登校にはさまざまな背景があるため，臨機応変な対応が必要となるが，一般にはむりやり登校させることは好ましくないとされている。しかし，いったん長期に休んだ後の再登校を実現するためには，本人や家族の決断が必要であることも忘れてはならない。

また，不登校への対応としては，学校・家庭・専門機関などの連携は当然であるが，適

応指導教室，保健室への登校，フリースクールなどの柔軟な制度や対応に加え，単位制や通信制の高等学校なども増加しており，さまざまな選択肢が拡がりつつある。

## TOPICS 7 　不登校対応の現状

　不登校児童・生徒の出現率を，図Ⅱ-6に示した。小学校はほぼ横ばいであるが，中学校は変化している。不登校の推移はここに示した以前は，統計のとり方などが異なるので，直接は比較できない側面があるものの，戦後から高度成長期は激減していたが，昭和50年頃を境に増加の一途をたどってきた。平成へ入ってからは増加の速度は鈍り，減少傾向を見せた時期もある。この背景には，社会経済的な要素も深く関与しているとの指摘も少なくない。しかし，最近ではまた高い増加傾向を示している。

　また，本文で述べたような分類が基本であるが，最近の傾向としては，あまり葛藤が明確でない／発達障害が基礎に存在している／いじめが背景にある／家庭機能の問題が想定される，といったケースが目立ってきており，複合的な原因から発生していることも特徴となっている。

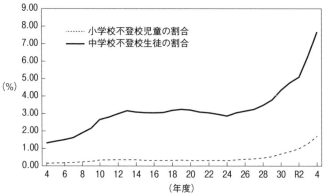

**図Ⅱ-6　不登校児童・生徒の割合の推移**（全児童・生徒数に対する％）（文部科学省，2023より作成）

# 事　例

　ここでの事例は，中学生で対人的問題から不登校となった事例（事例1）と，最近の傾向のひとつである神経症的メカニズムがあまりはっきりしなかった事例（事例2），それに年少児の事例（事例3）を示す。

## 1．はるこ　初回面接時中学1年生　女児

［主　訴］　朝になると腹痛が起きて学校へ行けない。
［家　族］　公務員の父親とパートの母親，3歳下の弟，父方祖父母と同居している。
　父親は，おとなしくまじめな性格である。はることはあまり会話を交わすようなことはないが，心配はしている。母親もおとなしい性格で，口やかましく言うタイプではない。弟とは仲がよく，いろいろな話題で話をよくするらしい。祖父母になついているところがあり，寝込みがちな祖父の世話をする祖母を手伝うことも多い。

### 生育歴および現病歴
　2,550gで出生。始語などは通常の範囲であるが，始歩が1歳4ヶ月とやや遅い。保育園に入る前は目を離すと，どこかへ出ていってしまうところがあった。そのために保育園にあずけられたらしい。そのためか登園をぐずることが多かった。就学後も登校しぶりは続くが，小学校中学年からはその傾向は影をひそめたようである。
　友人は何人かいたようであるが，小学校の頃に，膝を悪くして，そのことで男子にからかわれたこともあったようである。
　中学校へ入って，1学期はよかったものの，夏休みが明けてから，朝になるとお腹が痛い，といった身体症状のため登校できない日が続き始める。当初は近くの開業医に診てもらっていたが，身体医学的には問題がないのに症状が続くため，心理的な原因を疑われて紹介されて来院する。

### かかわりと経過
　初回からポツリポツリと暗い表情ではあるが，語り始める。「教室へ入るのが嫌。友達のペースについていけない。浮いている」というが，面接中の会話はあまりまとまらず，未熟な印象が感じられた。
　いったん休むことを治療者の指示によって周囲も認めたところ，身体症状は消失し，冬休み開けから保健室に登校する。その間，友人に無理に教室に連れていかれて「目がまわった」という。
　新学期になって教室へ登校できるようになるが，6月に入り再び不適応感が強くなる。そのときの訴えでは，特に部活の友人関係の問題が語られる。内容は，一人の友人と親しくしていたのだが，その間にもう一人の友人が「割り込んできて，浮いてしまう」というものである。3者関係となると，うまくこなせないようである。
　その頃実施したロールシャッハ・テストでは，内的な不安が高く，混乱している様子と，対人関係への弱さが見られた。
　なんとか夏休みをはさんで登校できるようになったものの，再度友人らから「縁切

りをされた」ことから，強い抑うつと関係念慮的な訴えで小児科病棟へ入院となる。友人から仲直りの申し出があり，1ヶ月ほどで退院するが，友人から登校の誘いを強く受けるのが「つらい」といって，自ら再度の入院を希望する。この希望は依存的なかたちではあるが，自らを護ろうとした行動ととらえることができる。それまでのはるこが，対人関係の中で不安を抱えて，友人に振り回されているばかりであったことを考えると，未熟ではあるが画期的な変化と言えよう。

　病棟では，自律的な生活を目指して，行動予定を自分で決めて，そのとおりに生活することを試みている。人を求めて相手をしてくれそうな看護師や事務員をつかまえては，ふらふらと病院内を歩き回っていたはるこであるが，徐々に自分の病室に落ちつきはじめた。それに伴って，心理療法の中で自らの内面を，つたないながらもまとめて話しができるようになってきた。

　3年生になって，自分から「行ってみる」と病棟から通学し始める。この頃から，自分の秘密の感情をノートにつけて大切にするなど，自我の成長をうかがわせるようになる。その後，夏休み頃に退院し，通院しながら登校を続け，卒業を機に終結となる。

## はるこの経過を振り返って

　はるこは，**生育歴**を見ると，もともとは活動性が高い子どもであったようだが，母親に受け入れられず，その葛藤を**抑圧**したことが推測される。もちろん母親も意図的にそうしたわけではなく，「よかれ」と思って保育園に入れたのであろうが，はるこにとっては，否定的な体験となったのであろう。

　その体験を機に，はるこは自らの活動性を抑圧するかたちで**適応**するといった**防衛機制**を用いて，対人関係を形成することが多くなり，消極的で抑うつ的になっていったのではないだろうか。

　はるこに対しての心理療法的かかわりとしては，入院してしっかりとした枠組みではるこの自我を護りながら，感情の整理と現実生活での生活技術の形成を目指した。具体的には，いろいろな出来事を話すはるこに対して，その時の感情を一つひとつ確かめるように促しながら，その感情をもつはるこを受容することを中心とした。

　その過程の中で，はるこは両親や友人に対しての複雑な感情を整理し，自己主張も豊かになっていった。しかし，心理療法の中では反発が表せても，それを現実の生活に反映させるのは，恐怖や不安が先に立って躊躇してしまうことが多かった。

　しかし，3年生になることを直前にして，はるこの中で決断がなされた。この背景には，はるこの**アイデンティティ**が明確になって来たことが推測できる。つまり「自分は自分」といった確認ができはじめ，その確かな自己意識がはるこを支える機能をもつに至ったと考えられる。

## 2. ひろし　初回面接時中学2年生　男子

[主　訴]　朝起きると気持ちが悪く，めまいがする。
[家　族]　農業に従事する父親とパートの母親，社会人と高校生の2人の兄と祖父母の7人家族である。
　父親はおとなしい性格でなにも言わないが，母親は口うるさい。きょうだいは仲が良く長兄がドライブに連れて行ってくれたり，次兄と遊びに出かけたりする。

### 生育歴および現病歴

　胎生期，周生期ともに特記すべき点はない。乳幼児期には，肺炎や自家中毒を起こして入院したことが数回あった。第一反抗期は見られなかった。本児が4歳のときに母親がパートに出るようになる。幼稚園では登園拒否的な傾向があったが，小学校の4年生頃まではなくなり，高学年には月に1回程度の欠席であった。
　前年秋頃より現在の症状が出始めたが，欠席は10日ほどであった。本年4月より休みがちとなり，現在はいわゆる五月雨的である。

### かかわりと経過

[初回面接]
　父親，母親，本人と同席で経過を聴く。父親は穏やかで母親も明るい印象である。ひろしもおとなしい印象であるが，さほどものおじする様子もなく話をする。
　症状自体もあまりはっきりとしたものでなく，安定していないのでとりあえず，自分で判断をして登校する方向で様子を見ることとする。<u>バウム・テスト</u>では，感情が表に出ないきわめて平凡な樹木が薄い筆圧で描かれている。また，<u>動的家族画</u>では，母親の存在が大きく力強く描かれ，ひろしも含めて父親や兄たちは，淡々として静かな様子であった。

[第1期]（夏休みまで）
　この期は症状のために登校できない日が連続し始め，休む方針を確認したところから夏休みまでである。
　6月に入って登校できなくなる。症状が続くため，休む方針を確認すると，身体症状は消失する。生活のリズムを保つよう指示するとともに，夏休みの過ごし方についてひろしと話し合う。夏休みは次兄と電車を見に行ったり，ジグソーパズルに取り組んで過ごす。

[第2期]（2学期）
　この時期は，登校を試みるができず，家で過ごす時期である。
　生活リズムは安定しており，身体症状もまったくない。ときどき父親の仕事を手伝ったり，電車のミニチュアで過ごしている。誘われると，父親や長兄の車に乗ってドライブに出かけるといった状況である。
　自分の気持ちについて「わからん」ということが多く，感情の起伏もほとんど示さない。ようやく冬休み前に「学校は小学校の頃から嫌いだった」と語る。

[第3期]（3学期）
　冬休みは夏休みに比べて自分で計画をたてて，新幹線に乗ったりして活発に過ごしていたので父親も期待していたが，冬休み明けの登校には失敗する。

その後，3学期中になんどか登校を試みるが，どうしても玄関を出ることができない。本人は，学校には「行く」というが，なかなか実現できていないし，父親も「まだ無理な感じがする」と語っている。

春休み直前になって，ひろしは「学校はいや。昔から学校にいるときは地獄で帰るときは天国。天国と地獄を行ったり来たりすることが面倒くさい」と語り，表現できなかった感情も言語化できるようになってくる。

[第4期]（中学3年生）

春休みの最後の面接で「絶対行く」と言い，そのとおりに4月から登校し始める。ひろしは「今までの気持ちと違った。1日かぜで休んだけど，つまらなかった」という。

これまで自らの葛藤に対して背を向けて，感情を抑えていたひろしであったが，徐々にではあるが，認識できるようになり，決断して再登校となった。

## ひろしの経過を振り返って

ひろしの身体症状は，なんらかの葛藤の表現としてとらえられるが，その葛藤の内容がなかなか明らかにされず，ひろし自身も「わからん」という。後半になってやっと自分の内面を語りはじめるが，そのことばも短く，洞察は深まらない。

しかし，「天国と地獄を行ったり来たりすることが面倒くさい」ということばは，ひろしが，自分の内面を感じて，ひとつひとつ揺れる不安定さを回避していることがうかがわれた。そして，そのことが言語化できるようになることによって，初めて登校を決断することができたのであろう。葛藤そのものから逃避していたひろしが，その葛藤を受け入れていく気になったのは，大きな進歩と言えよう。

## 3．おさむ　初回面接時小学1年生　男児

[主　訴]　朝起きると吐いてしまい，学校へ行けない。
[家　族]　自営の父親と母親の3人家族である。
　父親は優しい性格であるが，仕事が忙しくなかなか遊べない。母親も優しく，あまり叱るようなことはない。おさむが学校へ行けなくなって戸惑っている。

### 生育歴および現病歴

　出産時の問題はない。発育も早く，歩き始めは11ヶ月であった。幼児期も元気に過ごし，身体も大きかったこともあり，近所ではリーダー的存在であった。
　幼稚園でも同様で，何にでも積極的にかかわっていた。
　小学校へ入学して，夏休みを過ぎてから症状が出始めた。当初はすぐに治るだろうと放っておいたが，なかなか治らないので受診したとのことである。朝，朝食を食べてから吐くことが多いが，昼食頃になると治まっていた。

### かかわりと経過

　母親に伴って来院したおさむは，おそるおそるおもちゃに手を出している。その印象は，近所のリーダー的存在からはほど遠いものであった。しかし，バウム・テストでは，しっかりとした樹木を描き，おさむの本来の力の豊かさが表されていた。
　**遊戯療法**の中では，いろいろなおもちゃやゲームをやりたがるが，少しやってうまくいかなかったり，よく分からなかったりするとすぐにやめてしまう行動が目立った。
　1年生の2学期はまったく学校に行こうともしないで，友達とも遊ぶこともなかった。その姿に母親はどう扱っていいのか分からず，なだめたり叱ったりと一貫しない対応であった。治療者は，母親の不安を受けとめ，おさむに対してはおさむのペースにつきあうことに徹した。
　冬休みに久しぶりに近所の友達と遊ぶ。それが嬉しかったらしく，治療にもその遊びをもち込んでくる。はじめておさむがリーダー的に振る舞って遊びが展開した。それを機に以前放り出してやめてしまったゲームやおもちゃにも手を出すようになる。そして，その使い方を治療者に自然に聞いてきたり，熱心に練習し始める。
　3学期の終業式に登校し，新学期からも続いていった。

### おさむの経過を振り返って

　近所のリーダーだったおさむは，いわば「お山の大将」として過ごしていたのであろう。それが，小学校に入り，見知らぬ大勢の同年代集団の中で，勉強にしろ遊びにしろ失敗できない思いが強くなり，そういった場面から**逃避**したくなったと考えられる。このことは，**フロイト**の言う**エディプス期**のテーマが想定される。この場合は，父親は社会的集団の圧力と置き換えて考えられるが，自分が脅かされるような不安（**去勢不安**）を感じたおさむは，挫折感とともに家に閉じこもることになったのであろう。
　遊戯療法を通して，治療室という護られた空間で，治療者を相手に自分の力を確認できるようになったおさむは，小学校集団の中にはいることへの不安を軽減していったのであろう。また，母親が焦ることが少なくなり，一貫しておさむを支えられるようになったことも大きい要因と考えられる。

# 7. いわゆる"神経症"

## 神経症（neurosis ノイローゼ）とは

　神経症という用語は現在では医療現場で使用されることは少なくなったものの，心理援助のあり方を考える際には非常に役に立つ概念である。DSM-5-TRでは不安症群，強迫症および関連症群，心的外傷およびストレス因関連症群，解離症群，身体症状症および関連症群，など多数の群に分類されている。いわゆる神経症は器質的な原因が除外され，心因性に生じる心身の機能的な障害を総称する疾患群である。しかしいわゆる神経症的と言える人はいくらでもいる。また十分に疾患と認められるほどの重い状態であっても一度も相談機関を受診しないで一生を終わる人もいれば，逆に周囲から見ればとるに足らないような状態であっても，大騒ぎをして受診を繰り返す人もいる。したがって神経症はいわゆる健常と疾患の境界線を引くことが難しいもののひとつである。また上に示したとおり，神経症は多分に本人の自覚的な問題が関与していると言えよう。

## 神経症の原因

　先に述べた心因とは，内因や外因とともに精神的問題の原因を論じる際に使われる概念であるが，"心"に対する心的な外傷体験（個人の生活史の中で起こり負荷をかけるさまざまな出来事）を指している。心因はたとえば地震や火事などのように単発の重大な出来事のこともあれば，母子関係や家庭環境などのように，生活史の一部を通じて断続的あるいは持続的に加わるものもある。前者の結果として生じる精神的問題は心的外傷後ストレス症または急性ストレス症（DSM-5-TR）と呼ばれ，阪神大震災や東日本大震災の際に話題になったものである。しかし臨床場面で神経症の原因として心因という用語を使うときには，後者を想定していることが多く，したがって患者が生活してきた環境全般を指すことになりきわめて曖昧な概念であると言うことができる。

　さて，フロイト理論は主に神経症を対象に論じたもので，その心因を幼児期の心的外傷体験，しかも特に性的な外傷体験に求めたものである。また神経症に対する治療法であり，フロイトと同時期に発表された森田療法も断続的・持続的に加えられた心因（森田はこれを"感動事実"と呼んだ）を重視している。さらにこの2つの代表的な神経症理論では，過去の心因のうえに何らかのきっかけ（機会）が加わって神経症が発症すると唱えた。また，森田理論では個人が生まれながらにもつ素質を重視している。素質とは簡単に言えば，個人がもって生まれた「神経症になりやすさ」というものである。このように神経症が生じる背景として心因だけではなく素質の関与を重んじる考え方は，現在かなり多くの研究者のあいだで一般的に認められているものである。以下に2つの理論を模式的に示す。

　　フロイト理論：神経症＝心因（特に性的な内容）×機会（きっかけ）
　　森田理論　　：神経症＝素質×心因（感動事実）×機会（きっかけ）

## 神経症の分類

　前述したようにDSM-5-TRでは神経症は独立した障害に細かく分類されている。そのためDSM-5の単純な紹介では神経症の概略をつかむことは難しいと考えられる。そこでここでは古くから使用されてきた分類を中心に紹介したい。参考としてそれぞれに該当するDSM-5の診断名を括弧内に示した。

(1)　**不安神経症（パニック症，全般不安症）**
　不安とは後述する恐怖とは異なり，明確な対象をもたない恐れであり，この不安が中心

となるものを不安神経症と呼ぶ。不安は発作的に反復して出現し，パニック発作と呼ぶこともある（パニック症）。不安発作では死や発狂に対する恐怖や，動悸，発汗，震え，息苦しさ，めまい，胸部不快感や嘔気などの自律神経症状を伴う。発作の間欠期にも発作に対する不安が起こることが多く，これを予期不安と呼んでいる。心臓疾患の除外が必要なことが多く，さらにうつ病の身体症状であることも多いため鑑別が重要である。

（2） 強迫神経症（強迫症）

強迫観念と強迫行為に大別され，いずれも観念なり行為が不合理でばかばかしいと分かっていても，持続的・衝動的に繰り返されるものである。統合失調症のさせられ体験（他人から行為をさせられる）や思考吹入（外部から考えを吹き込まれる）とは異なり，患者は自分自身の心の中から起こってきてコントロールできないものであるとして自覚している。患者のほとんどは，その考えや行為を無視したり，抑え込んだり，他のことを考えようとまぎらしたりという努力をしている。

強迫観念は特定の対象に向けられ次項に示す恐怖症の形をとることが多い。強迫行為は，手を洗う，確認する（鍵やガスの元栓，子どもでは授業の予定など），やり直す（並べ直す，字を書き直す，戸を閉め直すなど）などの反復的な行動と，祈りやあることばを繰り返し念じたり，数を数えたり，というように心の中での反復行為とがある。

（3） 恐怖症（限局性恐怖症，社交不安症，広場恐怖症，醜形恐怖症，など）

強迫観念が特定の対象に向けられ恐怖となって出現するものである。日本人に特に多いとされる対人恐怖など表Ⅱ-7に示したようにさまざまな対象に対しての恐怖である。

表Ⅱ-7 主な恐怖症の分類

| 身体に関する恐怖 | | がん恐怖・AIDS 恐怖など |
|---|---|---|
| 物に対する恐怖 | | 不潔恐怖・動物恐怖・尖端恐怖など |
| 状況に対する恐怖 | 物理的状況 | 広場恐怖・閉所恐怖・高所恐怖など |
| | 社会的状況 | 対人恐怖・赤面恐怖・醜貌恐怖など |

対人恐怖の特徴は他人が自分のことをどのように考えているのかを重視するとらわれである。具体的に視線恐怖——自己視線恐怖（自分の視線が他人を不愉快にしているのではないかと気になるもの）と他者視線恐怖（周囲から見られているのではないか，変に思われているのではないかと気になる）——，人前で赤面するために人に迷惑をかけたり，変に思われたりするのではないかと悩む赤面恐怖などがある。自分の臭い（口臭，わきが，肛門から洩れる臭いなど）が気になる自己臭恐怖，鼻や目など顔のかたちが気になる醜貌恐怖なども恐怖症の中に含まれるが，後二者は境界例や統合失調症の部分症状であることもあり特に注意が必要である。

（4） 心気神経症（病気不安症）

自分の身体に過度に注意が集中するため，ささいな体調の変化を重病であるかのようにとらえたり，何らかの重病にかかるのではないかと極端に恐れるものである。基礎には強迫的な傾向が存在することが多く，慢性で持続的な不定愁訴（焦点の明確でない体調不良の訴え）を伴うことが多い。

（5） 抑うつ神経症（持続性抑うつ症）

うつ病とは言えないが，抑うつ的な気分が多少の軽快増悪を繰り返しながら慢性的に続くものである。DSM-5-TRでは内因・心因の概念は用いていないため，抑うつ症群の中に含まれる。

（6） ヒステリー

ヒステリーの項（p.69）を参照のこと。

## 事　例　のりこ　初診時14歳　女児

[主　訴]　他者視線恐怖。注察念慮。抑うつ気分。腹痛。
[家　族]　自営業の父親，専業主婦の母親と兄の4人家族である。両親ともに几帳面，生真面目であり融通性に欠ける。知性優位の家庭である。

### 生育歴および現病歴

　満期産，正常分娩にて出生した。病院から自宅に戻ってしばらくの間は夜泣きが激しかった。6ヶ月まで母乳栄養で以後ミルク栄養であった。始歩が1歳2ヶ月，始語が1歳6ヶ月であり，身体的発達は順調であったが，第1反抗期は認められず，育てやすい子どもであった。幼稚園入園時1ヶ月ほど行きしぶることがあったが，その後は元気に登園し，幼稚園が終わってもすぐには帰宅せず，友達の家に寄って帰ってくることも多かった。両親ともに性格は几帳面，生真面で責任感が強く，子育ては「ともかく人に迷惑をかけない子どもに育てること」を目指していた。
　小学1年生の夏，水泳の授業がある日に登校を一度だけ嫌がって泣いたことがあった。幼稚園のときからスイミング・スクールに通っている子どもが多いなかで，のりこは嫌がって通わなかったために，水に顔をつけることができなく辛い思いをしたことが原因であった。そのときは，母親から事情を聞いた担任教師が「習っていないのだからできないのは当たり前」と話してくれて落ちついた。この頃より，担任の教師からは「頑張り屋」との評価を受け，おとなしく，内向的ではあるが，負けず嫌い，真面目，几帳面で責任感が強い性格傾向が目立っていた。成績は常に上位であり，小学6年生のときに学年で数人しかもらえない賞を受賞し，本人は名誉に思っていた。
　中学2年生のある行事のときにクラスの集団で規則破りがあった。担任教師の追及（用紙を配りクラス全員に事実を書かせる）に本人だけが真面目に答え，偶然他の生徒がそれを見て「告げ口をした」と非難された。それから3ヶ月後，母親が手術のために約1ヶ月間入院したが，その間登校をしぶることが多く見られた。しかし，家族の説得でしぶしぶ登校していた。その後も何とか登校していたが，半年後あたりから「皆が自分をにらんでいるような気がして恐い」と訴え始め，母親に対する依存が徐々に強くなっていった。さらに母方の祖母が入院し，母親がつき添うようになった。そのような状況のなかで登校時の腹痛のために不登校になった。そして，教師から紹介され病院の小児科に受診した。
　初診時，小児科医の診察により特に器質的な異常は認められなかった。臨床心理士の面接により，病前性格，腹痛・頭痛・不眠（入眠困難）などの身体症状や抑うつ気分などから小児のうつ病が疑われた。そこで登校刺激は避け，十分に休養をとらせるように指示された。その結果，次第に身体症状は軽快した。しかし視線恐怖はかなり強く，診察予約（予定）日の半分以上は待合室での視線が気になって来院できない状態が続いた。さらに近所のコンビニエンスストアや本屋などへの外出もまったくできなくなったため，小児科受診から3ヶ月後に筆者のもとに紹介され受診した。

### かかわりと経過

[初回および診断と方針を決めるまで]
　初回，他者視線恐怖と注察念慮が認められたが，小児科初診時の抑うつ的な気分や

その他の症状は認められなかった。症状に対しては「自分の思い過ごしであることはわかっているけれど……」と内省が認められた。

診断の確定をかねて入院に導入したが，他児の視線が気になり自分のベッドからほとんど出られず数日で退院となった。その後同じような状態が外来でも続いたが，次第に本人の治療意欲が高まり，「苦しいからどうしても治療したい」とのことばが聞かれるようになった。

のりこは内向性，敏感，強迫性，要求水準が高く不安準備性が高いという性格傾向に，学校での事件という機会（きっかけ）が加わり神経症が発症したと考えられる。病前の性格傾向は素質もさることながら，両親からの「他人に迷惑をかけない」という確固として，しかも厳格な養育により育まれたものであると推測された。また<u>ロールシャッハ・テスト</u>からも敏感で自信がなく他者の目を気にしやすい傾向が示された。さらに本人にとっては小学校時代が輝いていた時期として認識されており（<u>森田神経質</u>者の多くがこのような時期をもち，"黄金の時期"と呼ばれている），「自分はこんなはずではない」とか「この症状さえなけば自分は人よりも活躍できる」といった意識を強くもっていた。黄金の時期をもつ自分が，こんなはずではなく，この症状さえなければ，と悩みたたずんでいる姿はまさしく森田神経質者の姿であり神経症しかも対人恐怖症（DSM-5-TR では社交不安症）と診断された。

[その後の経過]

14歳という年齢ではあったが，知的にも高く治療意欲も十分に認められたため，親子に対して成人の定型的な<u>森田療法</u>を十分に説明した後，本人の意思で再入院し絶対臥褥（がじょく）から始まる森田療法に導入した。

入院後半年ほど経過した頃から，本人の希望で病棟から中学校に通学を始めた。この頃から「母親と離れて暮らした方が自分のためになる」と母親に対して両価的な感情が語られた。その後は紆余曲折を経て結局，全寮制の高校に入学し寮生活を送り始めた。しかし高校入学後も，視線恐怖の訴えはないものの対人関係において過敏でささいなことで動揺するため種々の問題が生じた。しかし出会ったさまざまな人に支えられて現在はほぼ健康な生活を送っている。

## 子どもの神経症について

本来，森田療法は成人を対象にした治療法であったが，のりこのようないわゆる"森田神経質の子ども版"のような<u>事例</u>に対して，筆者は子どもでも施行している。しかし多くの神経症の子どもは言語化能力に乏しく，容易に行動化や身体化を起こすために患児に寄り添いながらの治療になることが圧倒的に多い。また子どもの強迫神経症（恐怖症）は10歳前後をピークに出現するが，のりこでも見られたように（不安を訴えたり，確認の対象として）母親を巻き込むことが多く，成人のように患者個人だけでなく両親，特に母親をも積極的に支えることが当然必要になる。

子どもの神経症は情緒障害とほぼ同義で使用される場合もある。しかし，成人の神経症の分類とまったく同じではないもの，ほぼその子ども版も存在すると考えてよいと思われる。さらに身体症状や何らかの習癖異常で出現することも多いことや，まだ言語表現さえできない乳幼児期から，子どもの神経症が存在することは心にとどめておきたいことである。

## 8. 母性剥奪症候群および育児をめぐる問題

### 母性剥奪症候群（maternal deprivation syndrome）とは

　1951年にイギリスのボウルビィ（Bowlby, J.）は「乳幼児と母親，またはそれに代わる母性的養育者との人間関係が，親密かつ持続的で，しかも両者が満足と幸福感によって満たされるような状態が精神的健康の基本である」として，こういった母子関係が欠如した状態を「マターナル・デプリベーション」と呼んだ。

　母性的養育の喪失により，乳幼児の身体的・知的・情緒的・社会的・人格的発達にはさまざまな障害が引き起こされることが知られており，それらを総称して母性剥奪症候群と言う。特に，スピッツ（Spitz, R.）は生後6～12ヶ月の乳児が母親から引き離されると，次第に泣きやすく気難しくなり，体重減少，睡眠障害などが発生するが，さらに3ヶ月以上経つと，周囲の状況に対する反応性が減退し，無表情，運動の緩慢化，うつろな目つきなどの状態を呈することを観察した。この3ヶ月後の状態を依存抑うつ（anaclitic depression）と名づけた。こういった抑うつ状態を示すのはそれ以前に少なくとも6ヶ月以上よい母子関係にあった乳児であり，はじめから母性的養育が得られなかった乳児は，より重篤な障害をもたらすことになると報告した。

　マターナル・デプリベーションは，物理的な養育環境の剥奪による影響のみでなく，特に対象関係論の見地からは，内的対象としての母親の喪失がその後の対象関係の発達に深刻な影響を及ぼすことを強調している。

### 現代の母性剥奪

　1950年代のマターナル・デプリベーションは，戦争によって母親を喪失したり，施設に入所したりする子どもが中心であった。一方，現代では，核家族化により1日中子どもと向き合って，狭い住居の中で孤独に育児を行っている母親や，女性の生き方の多様化により，社会参加への欲求をもちながらも，やむをえず育児に専念せざるをえないという状況の母親が増えている。また仕事と両立しながらも心身ともに疲弊している母親や，あるいは母親自身が精神障害である場合なども増えていると言えよう。こういった状況は，すなわち「母親がいても生じる母性剥奪」の可能性をはらんでおり，現代における母性剥奪の問題となってきている。

　現代の母性剥奪は児童虐待をはじめ，親の側の問題や母子関係の問題がクローズアップされてきていると言えるであろう。

### 育児不安と育児をめぐる母親の問題

(1) 育児不安とは

　育児をめぐる母親の不安や悩みは，現在では「育児不安」ということばで一般的に知られているが，このことばが広く用いられるようになったのは，実は1980年代からと比較的最近のことである。「育児不安」の概念はいまだ明確になっていないが，一般には，育児において生ずる子どもの現状や将来，育児方法，母子関係などに関する漠然とした，かつ持続的な不安であると言われている。

(2) 育児不安のタイプ

　川井（1995）によると，育児不安のタイプには二つあり，一つは「不安・抑うつ感」タイプで，母親自身が元来不安，抑うつ傾向にあり，子どもだけでなく母親自身や夫婦関係など，広範囲にわたる不安を抱えていると言う。もう一つは「育児困難感」タイプで，子

どもの現在の心配，気になる行動が少ないにもかかわらず，不安を示すタイプで，育児不安の中核群であると言う。このタイプの母親は，自分は母親として不適格なのではないか，とか，あるいは育児に自信がないなど，母親として育つことの困難さを発生要因とする。

### （3） 育児の困難な母親

「育児不安」は，一般に母親自身が育児をめぐって悩む場合が多く，そのため，問題解決への援助も比較的行いやすいと言える。一方，第三者から見ると，明らかに育児上の何らかの困難を有していると思われるにもかかわらず，その自覚が乏しい母親にも，臨床ではしばしば出会うことがある。こういった母親は自覚が乏しいだけに，たとえ子どもの発達上の遅れが認められていても，継続的な治療が続かず，かなり積極的な介入が必要になってくる。

「育児の困難さ」という概念もそれが自覚的なものか他覚的なものかにより，その内容や援助方法は異なってくる。ここでは松本（1995）の「育児の困難を有する母親」の分類に沿って援助のポイントを紹介する。

①知的障害がある場合：特に中等度以上の精神遅滞が認められる場合は，基本的な養育に欠けることもあり（筆者の経験では離乳食がつくれない母親など），具体的で積極的な指導的援助が必要である。

②統合失調症その他の精神病の場合：①と同様の援助に加えて，母親自身の精神的安定をはかるような治療や援助が大切である。①，②の場合は母親の自覚が乏しいことが多い。

③神経症の場合：たとえば母親自身が強迫神経症で，自分の症状に子どもを巻き込むなどが見られ，母親自身の治療が重要である。

④人格障害の場合：③と同様に母親自身が「育児不安」や「育児の困難さ」を訴えて相談に訪れ，その後母親の問題が露呈する場合が多い。やはり母親自身の心理療法が重要であり，それと並行して子どもの情緒面や人格面での発達を援助することが大切である。

⑤母子間のコミュニケーションが微妙にズレるなど，関係性に問題がある場合：これは子どもに何らかの症状が生ずることで，はじめて母親の問題や母子の関係性の問題が明らかになる場合であり，援助においても母子関係を扱うことが重要である。

以上の①〜⑤のいずれの場合にも虐待は起こりうるとされる。すなわち「育児の困難」という概念は虐待をも含んだより広い概念であり，援助の必要な母親であるか否かといった視点からとらえる場合には，有効な概念と言えよう。

また上述したいずれの場合にも，援助において，まず母親との信頼関係を築く必要があることは言うまでもないことである。さらに，特に①の場合には母親なりの愛情を十分もっており，また自身で養育したいという希望も強いことが多い。母親の養育能力の程度にもよるが，基本的には，母親の養育を「代行」するのでなく「援助」することが優先されるのが望ましい。

## 早期の母子関係の重要性

ボウルビィやスピッツが乳幼児研究を行った時代から，早期の母子関係の重要性は強調されてきた。また人生最初の段階で，母子関係を通して基本的信頼を獲得することの大切さは，エリクソンの発達理論をはじめとして，その他の理論でも同様に強調されていることである。その後，ウィニコットをはじめとする対象関係論が発展してきたことや，時代の流れとともに育児をめぐるさまざまな問題が生じてきたこと，さらには医療テクノロジーの発達に伴って胎児期からの母子関係の研究が可能になったことなどから，1970年代以降早期（胎生期〜2，3歳まで）の母子関係への関心は急速に高まりつつある。

こういった動向の特徴のひとつとして，援助・治療の視点が中心にあることがあげられ

る。1980年には世界乳幼児精神医学会（現在は世界乳幼児精神保健学会）が発足し，2008年にはわが国で「第11回世界乳幼児精神保健学会世界大会」が開催された。わが国においても早期の母子関係をめぐるさまざまな障害とその援助・治療に関する研究は，多くの関連領域が連携しながら，今後ますます盛んになるであろう。

## 事　　例　みちお　初診時2歳3ヶ月　男児

[主　訴] 嘔吐
[家　族] 両親，父方祖父母，妹（1歳）の6人家族。母親は専業主婦である。

### 生育歴および現病歴

　満期産分娩であったが，出生時に心音が遅いと診断され保育器に1週間入った。母乳は出なかったためミルクで育てたが，乳児期より吐きやすい子であった。身体発育に特記すべきことはないが，母親は「ほしがるので」と離乳を行わずほ乳ビンでミルクを与え続けている。2週間前から食事をすると噴水のように嘔吐したり，怒られたり泣いたりしては嘔吐するようになった。

### かかわりと経過

　初診時面接での母親は，サングラス様の眼鏡をかけており，他者と視線を合わせにくいことが気になった。また感情表出に乏しく，子どもに対するかかわり方も事務的で声かけも少なかった。初診時に母親が語ったところによると，みちおの養育を巡って姑との葛藤が絶えず，夜泣きをすると姑が自室に連れていってしまったり，食事は母親と姑が交代で食べさせるなど，嫁姑葛藤にみちおが巻き込まれていることは明らかであった。嘔吐はそういった葛藤状況のなかで生じていた。さらに近所に小さい子がいないのでみちおを外で遊ばせることもないとのことであった。
　一方，みちおは筆者との遊戯（ゆうぎ）場面で視線が合いがたく，情緒的な交流ができず，筆者の存在を無視するかのように，淡々とミニチュアの自動車を床に並べるだけであった。**津守式の発達検査**では運動のみが年齢相応の発達で，探索・操作，社会，食事・排泄・生活習慣，理解・言語の各領域は3ヶ月〜6ヶ月程度の遅れが認められた。
　以上の所見と，身体所見に異常がないことから，以下のような援助方針を立てた。
　①主訴である嘔吐は，状況因によるものであり，みちおを取り巻く養育環境の調整・改善を行う。
　②みちおの精神的・情緒的発達の遅れは，母子関係の希薄さや情緒的な養育の不十分さによるものと考えられる。そこで母親とみちおが「楽しく遊べる」経験を積み重ねるために，1〜2週間に1回，治療者を交えて3人でのプレイルームでの**遊戯療法**を行い，さらに①の問題解決と，母親を支えるために父親面接も同時に並行して行う。
　当初，母親はみちおが一人遊びするのを，離れたところからただ眺めているだけで，かかわろうとしなかった。しかし筆者との3人での遊戯療法を続けることによって，「こんなに子どもと遊んだのはじめてです」ということばが聞かれるようになり，また，それまで筆者の膝に上がっても，母親には近づかなかったみちおが，次第に母親に甘えるようになった。約6ヶ月後には，みちおは母親にべったりとなり，盛んに「これ何？」と問いかける姿が目立つようになった。それと同時に母親にも自信が感じられるようになり，初診時のサングラス様眼鏡ははずされていた。また主訴であった嘔吐は消失していた。母子関係が確立した後，さらにみちおの発達促進のために保育園への入園を勧め，地域の保健所への通所指導に切り換えた。

## 9. 虐　　待

　子育てを巡る問題として，現在のわが国において大きな社会問題のひとつに児童虐待があげられる。さまざまな時代背景や家族環境の変化を要因として，虐待は増加の一途をたどり児童相談所では対応に追われている現状がある。マスコミで不幸な記事を目にすることも少なくない。

### 児童虐待（child abuse）とは

　18歳以下の児童に対し，親または親に代わる保護者が，非偶発的に加える暴力行為で，その結果，児童の健康や福祉が損なわれることを指し，以下の4つに分類される。
　平成25年度の厚生労働省の報告によると，児童相談所における虐待対応件数のうち心理的虐待がもっとも多く38.4％，次いで身体的虐待が32.9％，ネグレクトが26.6％，性的虐待が2.1％となっている。性的虐待は海外に比べわが国では件数としてわずかではあるが，虐待された子どもも恥ずかしさから訴えないなど，発見しがたいという要因もあると思われる。
　①身体的虐待（physical abuse）：殴る，蹴る，首を絞めるなど。
　②心理的虐待（emotional or psychological abuse）：ことばによる脅し，きょうだい間での差別的扱い，子どもの目の前での家族に対する暴力行為（DV）など。
　③性的虐待（sexual abuse）：子どもへの性的行為，性的行為を見せるなど。
　④保護の怠慢ないし拒否（neglect）：子どもに食事を与えない，身辺の世話をしない，など。

### 被虐待児症候群（battered child syndrome）とは

　1961年に米国のケンプ（Kemp, C. H.）により提唱された。ケンプの定義は「親または親にかわる保護者の行為によって生じた子どもの健康問題のすべて」というもので，症候群の内容は骨折，硬膜下出血，軟組織の腫脹，皮膚の打撲，栄養不良，突然死などであり，子どもは死亡したり永久的な障害を残す場合も多い。

### わが国における虐待件数の推移

　児童相談所の児童虐待の相談対応件数（図Ⅱ-7）は，児童虐待防止法（平成11年）を

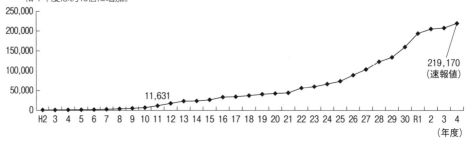

図Ⅱ-7　児童虐待相談対応件数の推移（厚生労働省，2023）
＊平成22年度は，東日本大震災の影響により，福島県を除いて集計した数値。

境に顕著に増加しているが，背景には法律の制定によって，虐待への関心が高まったことや通報の義務化も大きいと考えられる。一方で，虐待発生要因が社会的に大きくなってきたこともあり，2022年度には過去最多の件数となるなど大きな社会問題となっている。

## 虐待の背景

　児童虐待は，ひとつの要因ではなく，虐待者の要因，家族状況や社会的状況および虐待される子どもの要因などが複雑に絡み合って発生することが多いと言われている。以下に主な要因を示したい。
　①虐待者の要因：乳幼児期に自分自身が被虐待経験がある，未熟な性格，知的側面の問題や精神疾患の存在など。
　②被虐待児の要因：未熟児，病弱，発達上の問題などで養育が大変な状況にある，など。
　③家族状況および社会的要因：望まない出産，夫婦関係が悪い，経済的な困難さを抱える，親戚や地域からの孤立，日常的に家庭内に暴力がある，など。
　児童虐待を行う虐待者としては，実母が57％ともっとも多く，次いで実父の29％となっている（厚生労働省，2012）。

## 虐待の兆候

　虐待の兆候としては，次のような行動や態度，様子があげられることが多い。子どもに，これまでと異なる様子が見受けられた場合には，周囲の大人が注意する必要がある。
　虐待を受ける子どもの年齢としては，小学校入学前が約44％，小学生年齢が35％と多くを占めており，特にこの年齢の子どもたちの普段と違う様子には注意が必要であろう。
　①身体的側面：髪や服装が不潔，極端な発達の遅れ，不自然な外傷，虫歯の治療が行われていないなど。
　②行動的側面：親を避ける，家出や家に帰りたがらない，性的逸脱行動，食行動異常など。
　③心理的側面：抑うつ，無気力，気分易変，解離症状，人との距離が不適切など。

## 児童虐待防止法

　最近では，以下のようにいかに虐待を防止するか，早期発見介入するのか，といった視点で制度改正が継続的に行われてきている。
　①児童虐待防止法の制定　平成12年11月：児童虐待を発見したときの通告義務が明記される。
　②児童虐待防止法・児童福祉法の改正　平成16年10月：児童虐待の定義の拡大と通告義務の拡大や市町村の虐待対応の役割の強化が行われた。
　③児童虐待防止法・児童福祉法の改正　平成20年4月：児童の安全確認のための強制的立ち入り調査など被虐待児の保護の強化が行われた。
　④児童福祉法の改正　平成21年4月：児童虐待の防止をはかるための親権制度の見直しが行われた。

## 援　　助

### （1）緊急介入

　生命の危険がある場合には，入院や児童相談所の一時保護などにより，子どもの安全を確保することが何よりも優先される必要がある。

**（2） 被虐待児に対する援助**

　安全が確保され，生活が保障される環境を整えることが第一である。そのうえで，自己肯定感をもち，他者とよい関係がもてるようになることを目標に，プレイセラピーなどの臨床心理学的援助を行うことが重要である。

**（3） 虐待者に対する援助**

　虐待の多くは実親によるものである。虐待の背景には親自身も子ども時代に虐待を受けた体験がある事例も多い。そうした自らの生い立ちや育児，生活の苦労などに共感し受け止めつつ，虐待に繋がる感情を整理し，虐待という行為を防止することが大切である。

### その他の虐待

　虐待は児童のみならず，最近では家族や親族などによる高齢者虐待や介護施設や障害児者福祉施設等での入所者に対する虐待も社会問題となっている。高齢者に対する虐待には身体的暴力のみならず，経済的虐待（合意なしに本人の財産，年金などを使用）や介護・世話の放棄・放任，などさまざまな状況がある。児童虐待と同様に背景には，複数の要因が考えられる場合も多く，早急な対応が望まれている。

## TEA BREAK 2

### ふれあい恐怖症候群

　他人との距離のとり方がわからず，深い人間関係が築けない若い世代の増加により，命名された一群。仕事上の付き合いやあいさつならば問題ないものの，お互いのことを深く知り合うような付き合いになると回避してしまう。そのため，いざというときに周囲の友人や上司に相談したり頼むことができず，トラブルとなることがある。

　現代の日本は核家族化が進んだうえに，テレビゲームやインターネットなど，人とふれ合わずにひとりで過ごすことが多い環境となっている。一方，ふれあい恐怖の中には，実は他者に近づきたいが，嫌われるのではないかという葛藤を抱えているといういわゆる"ヤマアラシのジレンマ"を抱えていることもある。

　最近，大学の食堂で人気がある席に「ぼっち席」というものがあるという。テーブルについ立があり，周囲の視線を気にせずひとりで食事ができる席である。皆とワイワイしながら食べるのは嫌，でもひとりぼっちで食べているのも恥ずかしい，という学生のための席らしい。深い付き合いも嫌だ，ひとりと見られるのも嫌だ，という若者はますます増えていくのだろうか。

## 10. 心身症

### 心身症（psychosomatic disease）とは

　心身症とは，「身体疾患の中で，その発症や経過に心理社会的因子が密接に関与し，器質的ないし機能的障害が認められる病態をいう。ただし神経症やうつ病など，他の精神障害にともなう身体症状は除外する」とされている（日本心身医学会，1991）。

　すなわち心身症は胃潰瘍など器質的な身体的病変がある場合と，心因性発熱など機能障害を呈する場合に大別される。一般に青年期までは機能障害であることが多く，成人期から老年期になるにつれて器質的病変を呈することが多いと言われている。

　表Ⅱ-8，9に成人と小児の主な心身症を示す。

表Ⅱ-8　成人における代表的な心身症

| 領　域 | 心　身　症 |
|---|---|
| 呼吸器系 | 気管支喘息 |
| 循環器系 | 本態性高血圧症，狭心症，心筋梗塞 |
| 消化器系 | 胃潰瘍，十二指腸潰瘍，過敏性大腸症候群，潰瘍性大腸炎，慢性膵炎，神経性食思不振症*，神経性過食症* |
| 内分泌・代謝系 | 糖尿病，単純性肥満症，甲状腺機能亢進症 |
| 神経・筋肉系 | 片頭痛，書痙，筋収縮性頭痛 |
| 皮膚系 | アトピー性皮膚炎，じんましん，円形脱毛症 |
| 泌尿・生殖器系 | 神経性頻尿，心因性インポテンス |
| 産婦人科領域 | 更年期障害，月経前緊張症候群 |
| 耳鼻咽喉科領域 | アレルギー性鼻炎，メニエール症候群 |

＊神経性食思不振症と神経性過食症は他の心身症に比べて心理的因子が強くかつ病態も重い場合があり，その場合は精神障害としての治療が有効である。

表Ⅱ-9　発達段階別に見た主な小児の心身症と心身医学的問題

| 発達段階 | 器官系 | 心身症および心身医学的問題 |
|---|---|---|
| 乳児期<br>（0～2歳） | 呼吸器系 | 憤怒けいれん |
| | 消化器系 | 食欲不振，ミルク嫌い，嘔吐，下痢，便秘 |
| | 神経系 | 睡眠異常（睡眠不足・過剰睡眠・入眠不良など） |
| | その他 | 体重増加不良 |
| 幼児期<br>（3～5歳） | 呼吸器系 | 気管支喘息，心因性咳嗽 |
| | 消化器系 | 周期性嘔吐症，反復性腹痛，再発性臍疝痛，心因性嘔吐，遺糞症，食欲異常（食欲不振・過食・拒食など） |
| | 泌尿器系 | 頻尿，遺尿症，夜尿症 |
| | 神経系 | チック，夜驚症，常同性反復運動 |
| | その他 | 言語発達障害（吃音・言語発達遅延など），爪かみ，指しゃぶり，性器いじり |
| 児童期以後<br>（6歳～） | 呼吸器系 | 気管支喘息，過換気症候群，咽頭神経症 |
| | 消化器系 | 過敏性大腸症候群，消化性潰瘍，神経性食思不振症，心因性腹痛 |
| | 循環器系 | 起立性調節障害，心臓神経症 |
| | 神経系 | チック，睡眠異常，心因性頭痛，めまい，心因性視力障害，心因性発熱 |
| | 皮膚系 | 円形脱毛症，抜毛症，心因性搔痒症，じんましん，アトピー性皮膚炎 |
| | 泌尿器系 | 頻尿 |
| | その他 | 吃音，ヒステリー，不登校 |

## 心身症と性格

**(1) アレキシサイミア**（alexithymia：失感情症と訳される場合もあるが，最近ではアレキシサイミアとそのまま使われることが多い）

---
アレキシサイミアの特徴（Sifneos, P. E., 1973）
①表現力が貧弱で，精神的葛藤を言語化することが困難
②情動を感じること，その言語表現が制限されている
③事実関係をくどくど述べたてるが，それに伴う感情を表出しない
④面接者とのコミュニケーションが困難

---

上記のように自己の感情の認知や表出が困難であるために，身体化にそのはけ口を求めることになる。心身症の中にはこういった心理的特徴をもつ人がしばしば認められる。アレキシサイミアの人は一般には社会適応は良好でむしろ過剰適応の傾向にあり，自らのストレスを自覚していないことが多いと言われている。

さらにその後アレキシソミア（alexisomia）——身体感覚への気づきが鈍い傾向——も心身症患者の特徴として考えられるようになった。

**(2) A型行動パターン**（type A behavior pattern）

1959年，フリードマン（Friedman, M.）とローゼンマン（Rosenman, R.）により提唱された。競争心が強くいつも時間に追われている感じがあり，攻撃的で常に物事を達成する意欲をもっているなどの行動パターンで，こういった傾向は虚血性心疾患（狭心症，心筋梗塞など）の患者に多く見られると言う。

(1)，(2)ともに種々の測定スケールが開発されている。

## 子どもの心身症

子どもの心身症については，自律神経系による臓器支配や内分泌・免疫系の発達が未分化であり，成人のように特定の器官に症状が現れにくいとされている。またストレス反応は身体症状にとどまらず，精神面，行動面での問題行動を伴うことも珍しくない（田中，2009）。

小児心身医学会ではこのような理由から，小児心身医学の範囲に発達障害や小児の精神医学領域なども幅広く含めている（田中，2009）。

小児の心身症の背景には，心理社会的背景として，夜遅い塾生活，ネットによる不眠，食生活の不規則など生活習慣の影響も大きいとされている。

## 心身症の治療と援助

心身症においては，身体的な所見と心理的な情報などを総合したうえで病態を理解することが重要である。そして一般的には身体的治療，発症に関与する心理的因子の解決やパーソナリティの改善を目指した心理療法，生活指導などを並行して行う。

また子どもの心身症の治療において，小児科医の田中（2009）は治療者は子どもと保護者のよき聴き手となること，治療者自身が子どもの良い点を見つけ，高く評価できる心構えを養うこと，学校側の対応が問題であれば積極的な連携を行うこと，などが重要な心構えであるとしている。まさにわれわれ心理臨床家の基本的心構えと一致するものであろう。

# 事 例　あつこ　初診時小学4年生　女児

[主　訴]　発熱, 倦怠感, 元気がない
[家　族]　両親, 高校1年の兄の4人家族。母親はパート勤めをしている。

## 生育歴および現病歴

　出生時, 幼少児期は特記すべきことなし。第一反抗期もあった。性格は元来おとなしく, どちらかというと友人の後をついていく方であった。特に病弱ということもなく, 学校を嫌がったり休んだりすることもなく, 小学校の3年生までは問題なく過ごした。小学校4年生になり, ときどき元気がないこともあったが学校は休まず登校していた。5月の連休明けになって,「身体がだるい」と訴え38度の発熱があり, 近医を受診したところ風邪と診断された。1週間学校を休んだがいっこうに熱は下がる気配がなかった。家では食欲が低下し, 元気がなく一日中ごろごろしているため, 心配になった母親が筆者の勤務する総合病院小児科を受診した。

## かかわりと経過

　小児科医の診察と諸検査からは特に器質的疾患は認められず, 心因性発熱の疑いとして心理相談に依頼があった。初回面接時, あつこは元気なくうつむきがちにイスに座り, どことなく疲れた様子がうかがわれた。バウム・テストを実施したところ元気のないしおれた木を描いた。幹は非常に細く今にも倒れそうであった（図Ⅱ-8）。あつこは, こちらの質問に首をふって答えるのみで, 何も語ろうとはしなかった。
　母親との面接から, 最近夫婦関係が険悪になり, 離婚調停中であること, そのために母親自身が精神的に不安定で, 子どもにかまってやることが少なくなっていたことなどが明らかになった。

図Ⅱ-8

そこで，①身体的な休養と回復，②家庭内の葛藤から分離し，心理的休養と安定をはかる，③母親の精神的安定をはかる，ことを目標として入院治療に導入した。

　入院すると，それまで毎日続いていた38度前後の熱が数日のうちに下がり，同時に食欲も戻ってきた。あつこは病棟の他児とも遊ぶようになり，心理室でも次第に話すようになってきた。面接のなかで筆者とトランプやゲームをしながら，「家がつまらない」「家ではいつもひとりだった」などと語るようになった。約1ヶ月後，あつこから学校へ行きたいと希望し，病院から登校を始めた。あつことの定期的な面接と並行して，母親面接を行い母親を支持しながらあつこの退院後の家庭内の安定をはかった。

　約2ヶ月間の入院ですっかり元気を取り戻して退院した。退院時に描いたバウムは画用紙を縦に置き，幹も太く葉にも勢いが見られた（図Ⅱ-9）。

図Ⅱ-9

## 子どもの心身症

　子どもは心身とも発達の途上であり，機能も成人のようには分化していない。そのため心理的・情緒的葛藤の表現手段として，身体症状を呈することはしばしば認められる。すなわち子どもにとって身体症状は，子どもの気持ちを表す「ことば」として受けとめることが何よりも大切である。たとえ器質的異常がないとしても，それを即座に「仮病」として否定するのではなく，その症状にまずは「耳を傾ける」姿勢がその子どもとの信頼関係を築くうえで大切であろう。

# 11. 摂食障害

## 摂食障害（eating disorder）とは

　摂食障害は拒食・やせが中心である神経性無食欲症（思春期やせ症，拒食症；anorexia nervosa）と過食・嘔吐が中心である神経性大食症（過食症；bulimia nervosa）に大別される。神経性大食症は神経性無食欲症から始まり移行していくことが多い。いずれも摂食行動の異常が表面に出ているものの，根にある基本的な病理は母子のいずれか，あるいは双方の問題から生じた，母親から子どもへの母性（あるいは女性性）の受け渡しの失敗である。したがって本症の9割以上は女性である。女性性が未発達な子どもが思春期になり，第2次性徴を呈し始めた自分の身体の変化を受け入れることができずに成熟を拒否する，というのが教科書的な発症様式である。本症の子どものほとんどは幼少児期から育てやすくよい子で，学校や近所でも優等生であることが多い。希薄な母子関係のなかで，周囲や大人の考えを先取りしながら優等生的に生きてきた子どもが多いと言える。またほぼ全例に強迫性が認められることも特徴のひとつである。このように見ると本症はかなり病態の重い障害であると考えることができ，病態水準としては神経症から統合失調症圏まで広く含まれると考えた方が臨床的には妥当である。参考までに以下にDSM-5の診断基準を示す（表Ⅱ-10）。

**表Ⅱ-10　DSM-5による摂食障害の診断基準（DSM-5-TRでもほぼ内容は変わらない）**

神経性やせ性

A．必要量と比べてカロリー摂取を制限し，年齢，性別，成長曲線，身体的健康状態に対する有意に低い体重に至る。有意に低い体重とは，正常の下限を下回る体重で，子どもまたは青年の場合は，期待される最低体重を下回ると定義される。

B．有意に低い体重であるにもかかわらず，体重増加または肥満になることに対する強い恐怖，または体重増加を妨げる持続した行動がある。

C．自分の体重または体型の体験の仕方における障害，自己評価に対する体重や体型の不相応な影響，または現在の低体重の深刻さに対する認識の持続的欠如

神経性過食症

A．反復する過食エピソード。過食エピソードは以下の両方によって特徴づけられる。
　(1) 他とはっきり区別される時間帯に（例：任意の2時間の間の中で），ほとんどの人が同様の状況で同様の時間内に食べる量よりも明らかに多い食物を食べる。
　(2) そのエピソードの間は，食べることを抑制できないという感覚（例：食べるのをやめることができない，または，食べる物の種類や量を抑制できないという感覚）。

B．体重の増加を防ぐための反復する不適切な代償行動。例えば，自己誘発性嘔吐；緩下剤，利尿薬，その他の医薬品の乱用；絶食；過剰な運動など

C．過食と不適切な代償行動がともに平均して3カ月間にわたって少なくとも週1回は起こっている。

D．自己評価が体型および体重の影響を過度に受けている。

E．その障害は，神経性やせ症のエピソードの期間にのみ起こるものではない。

（日本精神神経学会　日本語版用語監修　高橋三郎・大野　裕監訳　2014　DSM-5精神疾患の診断・統計マニュアル　医学書院　p.332, pp.338-339.）

## 事　例　ふゆみ　初診時16歳　女性

[主　訴] 拒食，るいそう。
[家　族] 両親，妹との4人家族。母親は自分の母親とも関係が希薄であり，あまりかかわってもらった記憶がない。またしつけに対して厳格である。母親は専業主婦であるが，本来は男性的に社会で活躍したいという希望をもっていた。父親はやや女性的で優しい。

### 生育歴および現病歴

　正常・満期産で幼少児期の身体的発達に特に問題は認められなかった。ものごころつく頃からよい子で，第一反抗期も明確ではなくいわゆる"おとなしくて育てやすい子ども"であった。小学校の6年間をとおして成績は優秀で学級委員を務めていた。
　中学校でも成績はトップクラスであり，几帳面で真面目に勉強や仕事をするために皆から信頼されていた。しつけの厳しい親の言うことを守り，周囲からも「頭がよくて礼儀正しく，申し分のない子」というのがふゆみの評価であった。高校は進学校に入学したが，その受験勉強をしている冬頃からダイエットを始めた。「食べないでやせている方が頭が働く」と級友から言われたことがきっかけであった。米飯，肉類や油物はまったく食べず，野菜類，海藻やコンニャクなどのカロリーの低いものばかりを選んで食べるようになった。
　高校進学後も深夜まで勉強し，早朝には起床するといった生活で，朝，夕数百回の縄跳びを欠かさないで行っていた。家族の前では食べないのに，深夜台所の暗がりで冷蔵庫の前に座り込んで食べていることがあった。拒食を両親に注意されると，今までのふゆみでは考えられないほどの剣幕で言い返し，泣き叫ぶといった行動も認められた。やせが著しくなり内科を受診したが，身体的な異常は認められなかったため筆者のもとを受診した。

### かかわりと経過

　受診時，身長155 cm，体重30 kgであり標準体重の−39％のやせであった。4ヶ月前から無月経になっており，全身にうぶ毛が密生し，徐脈（1分間に50以下の脈拍数），低血圧が認められた。衰弱が著しいためまず身体管理のために入院となった。約半年後の退院後も30 kg前半という低体重に加え，頻繁な過食・嘔吐，盗み食いや下剤の濫用などの問題行動が次々と出現した。高校には通学していたが，母親への極端な依存と攻撃が繰り返され，母親は外来で疲れ切った表情で「いつになったらよくなるんですか」と何度も訴えた。そのような母子の姿は，愛憎混沌とした2人がそれでも磁石のように引きつけ合って団子状になり，お互いを傷つけ合っているように見えた。その後，大学進学，ひとり暮らしを経て体重も回復し，「少しお母さんから離れられた」というところでいったん治療を終結にした。
　摂食障害は単なるダイエットの延長では理解できない次元のものである。また患者は拒食ややせなどの問題で治療者に迫ってくるのであるが，治療的かかわりとはそのような表面的な問題の背後にある，深い発達上の障害と気長につき合っていくことであると言える。したがって多くの事例が長期の治療になることが多く，本事例も7年間を要した。

# 12. ヒステリー

## ヒステリー（hysteria）とは

　ヒステリーはいわゆる神経症に含まれる疾患である。一般にヒステリーと言うと，女性が興奮して大騒ぎをするような状態が想起されるが，精神医学や臨床心理学でいうヒステリーとは異なるものである。また，以下に説明するように，症状としてのヒステリーとヒステリー性格とも区別をして用いられる。

### （1）ヒステリー性格

　性格類型あるいは特徴のひとつで，自己顕示が強く，自己中心的で，好き嫌いが激しく，気分屋，負けず嫌い，誇張的（大げさ）といった特徴をもつ性格傾向である。したがって女性だけではなく男性にも数多く存在するものである。極端にこの傾向が高い場合は，不適応となることもあるが，本人が求めるものに能力が伴えばかなりの成功を収めることも可能である。

### （2）ヒステリー

　精神分析では欲求（リビドーとも呼ぶ）が自己防衛機制として抑圧・否認された結果生じるものとされ，フロイトの治療対象は主にヒステリー患者であったことは広く知られている。すなわちフロイトは精神分析療法をとおして，患者が抑圧・否認している（主に幼児期の性的な）欲求を解放しようと試みたのである。現在でも何らかの困難な状況における"疾病への逃避"としてとらえられてはいるが，性的な内容に限定してはいない。ヒステリーは大きく転換ヒステリーと解離ヒステリーに分けられる。

**1）転換ヒステリー（DSM-5-TR では変換症）**　　抑圧・否認され無意識下に潜った欲求が身体的な症状として出現するものである。古典的には運動麻痺（失立，失歩，失声），けいれん（反り返る場合を古くは後弓反張と呼んだ），感覚障害（解剖学的な神経の分布では理解できない形で靴下型，手袋型の感覚障害），ヒステリー球（胃から球のようなものが喉にのぼるように感じる）などが有名な症状であった。現在では上記のような華やかな症状ではなく，心因性の発熱，ヒステリー性の視力障害（視力低下や視野の狭窄であるが，本人から積極的に訴えるのではなく健康診断で発見されることが多い），腹痛，頭痛など軽微な症状であることが多い。いずれにしても内科あるいは小児科的に器質的な疾患がないことを確かめなくてはいけない。

**2）解離ヒステリー（DSM-5-TR では解離性同一症，解離性健忘）**　　精神的な症状として出現するものである。ヒステリー性のもうろう状態（興奮，恐怖，恍惚などが現れ意識が障害された状態），多重人格，ヒステリー性の健忘（生活史における一部あるいは全部の記憶が消失してしまう状態），意識消失発作などがある。この場合もやはり器質的な疾患の除外がまず第一に必要である。

　DSM-5-TR では，転換ヒステリーと解離ヒステリーは，それぞれ異なるカテゴリーに入れられている。これらをヒステリーとしてひとまとめにする立場は従来の視点とも言えるが，臨床的にはヒステリー性格と関連する障害として理解しておくことが有用であると言える。もちろん，ヒステリーになる人が皆ヒステリー性格であるとは限らないし，ヒステリー性格の人が必ずヒステリー症状を呈するわけではないが，そこにはある一定の反応傾向として類型化できるものである。

## 事　例　なつこ　初診時13歳　女子

[主　訴]　咳が止まらない，頭が痛い。
[家　族]　父方の祖父母，両親，妹，弟との7人家族。

### 生育歴および現病歴

　身体的な発達に問題はなかったが，反抗らしい反抗もなく育てやすい子どもであった。幼少時からおしゃべりで比較的明るい方であった。また対人関係に過敏で自分から仲間に加わりにくい一方，勝気な面が見られた。小学4年生の頃から月に1回程度発熱や頭痛を繰り返すようになった。

　中学1年生の9月から咳が止まらなくなり，頭痛も（主に朝から昼頃にかけて）頻繁に見られるようになり，学校も休みがちとなったため10月中旬小児科を受診した。血液・尿検査には異常は認められなかったが，咳嗽が続いていたために精査を目的に11月の1ヶ月間入院となった。入院後，咳嗽・頭痛は軽快し身体的精査においても異常は認められなかった。そのため退院の1週間ほど前に心因性咳嗽の疑いで児童精神科に紹介された。

### かかわりと経過

　母親からの情報で，なつこは中学校入学時の目的が友達を多くつくることであったが，思うようにいかず悩んでいたことが分かった。しかし受診時に「私には友達がたくさんいるから，私が学校を休んでいると皆が寂しくて心配している」「私は誰が一番仲がよいと決められないけど，私のことを一番という人は何人かいるから」と嬉しそうに筆者に話すなど，背景には抑圧・否認の機制が強く感じられた。退院後は当科には1回しか受診せず，入院前と同様咳嗽のために登校したり休んだりの状態が続いていた。

　3ヶ月後，咳嗽による全欠の状態で訪れた。母親は，「身体はどう見ても異常がなく，これは"病気ではない"と思って連れてきた」という。なつこは初診時と同様の発言をした後，筆者の「病気か否か」の質問に対して，「家族は"病気ではない"と思っている，私にはどちらか分からない，ただ病院で検査しても何もないと言われたからそうなんでしょ」と答えた。咳嗽が心理的な問題であることを明確にするために，筆者は次のような課題をなつこに与えた。「自分の咳嗽が，病気であると思ったら咳がおさまるまで学校を休みなさい，病気でないと思ったら咳があっても明日から学校に行きなさい」。その数日後からそれまで続いていた咳嗽は消失し，問題は神経症的な不登校に移った。咳嗽はそれ以後見られなかったものの，不適応感に対するなつこの葛藤は強く，再登校までには3，4ヶ月を要した。

　心因性咳嗽の事例である。古典的な華々しいヒステリーに代わり現在もっとも多く遭遇するヒステリーのひとつである。なつこの場合は最終的に葛藤に直面化させたが，治療の初期は本人の（たとえば）身体症状につき合うことが大切であり，母親では不十分な場合には入院してもらい治療スタッフが徹底的に身体的なかかわりをすることも必要なときがある。

## 13. 同一性障害

### 同一性障害（identity disorder）と同一性拡散（identity diffusion）

同一性障害という概念はDSM-5-TRでも削除されているが，今でも十分に臨床的概念として通用するものである。同一性障害はエリクソン（Erikson, E. H.）の同一性拡散という概念とほぼ同義であると考えてよいので，ここではエリクソンの記述を参考にしながら解説したい。

幼児期から青年期に至るまで自己は所属する各集団のなかで同一化を繰り返しながら発達していく。そのような自己が，青年期になり遭遇しなければならない発達課題は，子ども時代の複数の同一化を，ひとつの新しい同一化に統合していかなければならないことである。自己を過去からの必然的な流れのなかでとらえ，さらに現在の自己と未来の自己をも含めてその連続性を展望することができるようになる過程を同一性の確立と呼んでいる。

同一性の確立＝〈（自己の）過去〉⇔〈現在〉⇔〈未来〉
連続した一つの流れとして展望できる

同一性の確立は青年期の中でもとりわけ青年期後期（ほぼ10歳代後半から20歳代前半）になされると言われているが，同一性を確立していく途上で環境あるいは個体側の要因などから確立する能力を失う状態を同一性拡散と呼んでいる。エリクソンによれば同一性拡散に陥った青年は，①選択の回避と麻痺状態（たとえば自分の進路の選択ができず，あらゆる自己決定が不可能な状態），②時間的展望の拡散（基本的な生活習慣の乱れ，絶望感，希死念慮などを呈する），③勤勉さの拡散（勉学などに集中できず，ある限定された特定の趣味などに没頭する），④否定的同一性の選択（非行グループのようにその社会において反価値的と見られている集団に同一化を試みること）などの状態を呈すると言う。五月病，スチューデント・アパシー，思春期危機などの用語も同義語である。いずれにしても重症の神経症症状を呈し，時には統合失調症との鑑別も困難な場合が多いが，逆に言えば青年期の精神的な障害には多かれ少なかれ同一性の障害が関与していることも確かである。治療は病態水準にもよるが，基本的には丁寧に時間をかけて過去から現在までの自己の同一性の流れを青年とともにたどることである。

DSM-5-TRでは採用されていないが，DSM-Ⅲ-R（1987年）の診断基準を紹介しておく（表Ⅱ-11）。

表Ⅱ-11 DSM-Ⅲ-Rによる同一性障害の診断基準

A. 同一性に関する多様な問題の不確実さについて，主観的に深く苦悩すること，以下のうち3項目以上を含む：
(1)長期的目標　　(2)職業選択　　(3)交友パターン
(4)性的対象志向，および性的行動　　(5)宗教的同一化
(6)道徳的価値体系　　(7)集団への忠誠
B. Aの症状の結果としての社会的または職業的（学業を含む）機能の障害。
C. 少なくとも3ケ月間の障害の持続。

# 事 例　かずお　初診時20歳　男性

[主　訴]　自閉，無気力，不登校。
[家　族]　両親と妹との4人家族。

## 生育歴および現病歴

　幼少児期や児童期の発達は表面的には特に問題を指摘されたことはなかった。第一反抗期も認められず，両親からはおとなしく育てやすい子どもであるという印象をもたれていた。また学校の先生からの評価も"おとなしく真面目な子"という評価であった。小中学校の成績も上位で，「勉強するのは当然」という様子で自分から進んで勉強をしていた。

　高校は進学校に入学したが大学進学を目指し学校や塾の勉強を精力的にこなしていた。大学進学に関しては，教育熱心な両親の希望もあり，ものごころつく頃から暗黙の了解になっていた。かずおは将来の職業などに関して特に希望をもっていたわけではなく，漠然と進学を目指していた。1年間の浪人の後，某国立大学に入学した。偏差値も上位に属し，いわゆる一流大学と評される大学であるため両親は大喜びであった。大学入学後，下宿でのひとり暮らしが始まった。講義にははじめの頃は真面目に出席していたが，6月頃から次第に欠席が目立つようになっていった。先輩に勧められるままに入部した文化系のサークル活動にも顔を出さなくなっていった。心配した同級生が下宿を訪ねれば会話を交わすものの，昼夜が逆転し食事もきわめて不規則になった。外出もほとんどせず，終日部屋の中で読書をしたりビデオを観たりといった生活が続いたため，筆者のもとに両親とともに受診した。

## かかわりと経過

　初診時，かずおは抑うつ的な表情ではあるものの，質問にはしっかりと答えた。問診のなかでかずおは，「講義を受ける気力がなくなってしまい，どうでもいいや，という気分になってしまう」「何のために今の学部に入部したのか分からない，だからこれからどうやって生きていったらよいのかも分からない」「このままではいけない，と思っても自分ではどうにもできない」と語った。無気力で閉じこもり，現在の状態に葛藤をもってはいるものの，なすすべもなくたたずんでいるという印象を受けた。そこで1年間をとりあえず休学して，定期的な面接を半年間ほど続けた。面接の内容は，①今まで自分がどのように生きてきたのか，②これからの自分はどのように生きていきたいのか，③そのためには，現在の自分は何をすべきか，ということが中心であった。特に①に時間を十分費やしたが，そのなかで，大学入学まで"自分"という存在についてしっかり考えることなどなく勉強に没頭してきたこと，そのため進路も周囲の期待を当然のものとして取り入れた結果であったこと，大学に入学し，受験勉強から開放され念願の自由にはなったが，今度は"自分"が実は何をしたいのかを考えたとき混乱し訳が分からなくなったこと，などが語られた。かずおは半年余りの期間，"自分"についてじっくりと見つめ直し，かずおなりの目的をもって復学を果たした。

# 14. パーソナリティ症（境界例）

## パーソナリティ症（personality disorders）

　性格の著しい偏りのために本人あるいは社会が悩むものをパーソナリティ症と呼ぶ。従来は生来性のものであると言われてきたが，現在ではより環境因が重視されるようになってきた。パーソナリティ症の分類ではシュナイダー（Schneider, K.）によるものが有名であるが上記の理由で最近ではあまり一般的ではないため，ここでは DSM-5-TR による分類を紹介する。

　①猜疑性パーソナリティ症：他人の動機を悪意あるものと解釈するといった，広範な不信と疑い深さが<u>成人期早期に始まり，種々の状況で明らかになるもの</u>（下線箇所は他にも共通であるため以下では省略する）。

　②スキゾイドパーソナリティ症：社会的関係からの遊離，対人関係状況での感情表現の範囲の限定などの広範な様式。

　③統合失調型パーソナリティ症：親密な関係で急に気楽でなくなることとそうした関係をもつ能力の減少，および認知的または知覚的歪曲と行動の奇妙さ，の目立った，社会的および対人関係的な欠陥の広範な様式。

　④反社会性パーソナリティ症：他人の権利を無視し侵害する広範な様式。

　⑤ボーダーラインパーソナリティ症：（後半で詳述）

　⑥演技性パーソナリティ症：過度な情緒性と人の注意をひこうとする広範な様式。

　⑦自己愛性パーソナリティ症：誇大性，賞賛されたいという欲求，共感の欠如の広範な様式。

　⑧回避性パーソナリティ症：社会的制止，不適切感，および否定的評価に対する過敏性の広範な様式。

　⑨依存性パーソナリティ症：世話をされたいという広範で過剰な欲求があり，そのために従属的でしがみつく行動をとり，分離に対する不安を感じるもの。

　⑩強迫性パーソナリティ症：秩序，完全主義，精神面および対人関係の統制にとらわれ，柔軟性，開放性，効率性が犠牲にされる広範な様式。

　各障害の名称が，パーソナリティの著しい偏り方・特徴を示していると言ってよい。治療は困難ではあるが，丹念に患者と付き合っていくしかない。各障害に共通する基準を表

表Ⅱ-12　DSM-5によるパーソナリティ障害の全般的診断基準（DSM-5-TR でも内容は変わらない）

A. その人の属する文化から期待されるものより著しく偏った，内的体験および行動の持続的様式。この様式は以下のうち2つ（またはそれ以上）の領域に現れる。
　(1) 認知（すなわち，自己，他者，および出来事を知覚し解釈する仕方）
　(2) 感情性（すなわち，情動反応の範囲，強さ，不安定さ，および適切さ）
　(3) 対人関係機能
　(4) 衝動の制御
B. その持続的様式は，柔軟性がなく，個人的および社会的状況の幅広い範囲に広がっている。
C. その持続的様式は，臨床的に意味のある苦痛，または社会的，職業的，または他の重要な領域における機能の障害を引き起こしている。
D. その様式は，安定し，長時間続いており，その始まりは少なくとも青年期または成人期早期にまでさかのぼることができる。
E. その持続的様式は，他の精神疾患の表れ，またはその結果ではうまく説明されない。
F. その持続的様式は，物質（例：乱用薬物，医薬品）または他の医学的疾患（例：頭部外傷）の直接的な生理学的作用によるものではない。

（日本精神神経学会　日本語版用語監修　高橋三郎・大野　裕監訳　2014　DSM-5精神疾患の診断・統計マニュアル　医学書院　pp.636-637．）

Ⅱ-12に示す。

## 境界例とは

境界例というときには古典的な境界例と，対象関係論から定義される境界例とがある。前者は統合失調症と神経症の境界という意味で使用される概念であり，重症神経症あるいは統合失調症の亜型とも言える状態である。主に1950年代に盛んに論議されたもので，その意味で古典的であると言える。この古典的な境界例はパーソナリティ障害の中のシゾイドパーソナリティ症と統合失調型パーソナリティ症（DSM-5-TR）にほぼ相当する。また前ページの診断基準でも示されているように，かなり長期間持続している状態ではあるが，特に児童・思春期の古典的な境界例では心理的な負荷がかかり過ぎると，容易に統合失調症に発展する危険性を有している状態でもある。したがって治療は支持的な精神療法とともに，薬物療法も併用することがある。

一方，現在では境界例と言えば後者を指すことが多く，下記に示したようにDSM-5では境界性パーソナリティ障害（DSM-5-TRではボーダーラインパーソナリティ症）に分類される。カーンバーグ（Kernberg, O. F.）らが唱えたもので，マーラー（Mahler, M. S.）の言う分離個体化の時期（ほぼ1歳6ヶ月から3歳）に発達上の問題があるとされている。

**表Ⅱ-13　DSM-5による境界性パーソナリティ障害の診断基準（DSM-5-TRのボーダーラインパーソナリティ症とほぼ内容は変わらない）**

対人関係，自己像，情動などの不安定性および著しい衝動性の広範な様式で，成人期早期までに始まり，種々の状況で明らかになる。以下のうち5つ（またはそれ以上）によって示される。
(1) 現実に，または想像の中で，見捨てられることを避けようとするなりふりかまわない努力（注：基準5で取り上げられる自殺行為または自傷行為は含めないこと）
(2) 理想化とこき下ろしとの両極端を揺れ動くことによって特徴づけられる，不安定で激しい対人関係の様式
(3) 同一性の混乱：著明で持続的に不安定な自己像または自己認識
(4) 自己を傷つける可能性のある衝動性で，少なくとも2つの領域にわたるもの（例：浪費，性行為，物質乱用，無謀な運転，過食）（注：基準5で取り上げられる自殺行為または自傷行為は含めないこと）
(5) 自殺の行動，そぶり，脅し，または自傷行為の繰り返し
(6) 顕著な気分反応性による感情の不安定性（例：通常は2～3時間持続し，2～3日以上持続することはまれな，エピソード的に起こる強い不快気分，いらだたしさ，または不安）
(7) 慢性的な空虚感
(8) 不適切で激しい怒り，または怒りの制御の困難（例：しばしばかんしゃくを起こす，いつも怒っている，取っ組み合いの喧嘩を繰り返す）
(9) 一過性のストレス関連性の妄想様観念または重篤な解離症状

（日本精神神経学会　日本語版用語監修　髙橋三郎・大野　裕監訳　2014　DSM-5精神疾患の診断・統計マニュアル　医学書院　p.654.）

## 良い対象と悪い対象

乳児期の子どもにとって母親は，ほぼ欲求を満足させてくれる対象である。すなわち母親は乳児が生まれてきたこと，この世に存在することを祝福し賞賛し，同時に食欲，排泄，抱擁などの基本的な快感を満足させてくれる対象である。これが乳児にとって良い対象（母親）である。しかし種々の事情により，いつも乳児が求めていることを提供できるとは限らないが，多少の欲求不満を経験しながらも，ほぼ満足して過ごすことができれば乳児期は健康に過ごしたと言える。これを基本的信頼感の獲得と言う。そしてこの基本的信頼感の獲得の失敗が，統合失調症の基礎になることが多いという臨床的立場もある。分離個体化の時期にはトイレットトレーニングに代表されるように，幼児にとって母親は快の刺激だけではなく不快な刺激を与える対象となる。これを悪い対象（母親）と呼ぶが，ひとりの母親の中に良い対象と悪い対象が存在することを幼児が認識し，それらを統合する

過程が分離個体化の過程である。この統合に失敗すると母親以外の対人関係でも良い対象と悪い対象が分裂したままの状態となる。これが境界例の対人関係の特徴である。境界例の患者は原始的な防衛機制を用いて"嵐のように"治療者を巻き込んでくるため，治療は中立的で支持的な姿勢が基本となる。また薬物療法を併用することも多い。

## 自己愛性パーソナリティ症とは

　DSM-5による自己愛性パーソナリティ障害の診断基準を表Ⅱ-14に示した。この診断基準は3つの要素にまとめられるとされている。すなわち，①自分はすばらしい人間だと評価する誇大性，②ほめられたい，自分はほめられて当然だという強い欲求，③共感性の欠如である。

**表Ⅱ-14　DSM-5による自己愛性パーソナリティ障害の診断基準（DSM-5-TRでも内容は変わらない）**

誇大性（空想または行動における），賛美されたい欲求，共感の欠如の広範な様式で，成人期早期までに始まり，種々の状況で明らかになる。以下のうち5つ（またはそれ以上）によって示される。
(1) 自分が重要であるという誇大な感覚（例：業績や才能を誇張する，十分な業績がないにもかかわらず優れていると認められることを期待する）
(2) 限りない成功，権力，才気，美しさ，あるいは理想的な愛の空想にとらわれている。
(3) 自分が"特別"であり，独特であり，他の特別なまたは地位の高い人達（または団体）だけが理解しうる，または関係があるべきだ，と信じている。
(4) 過剰な賛美を求める。
(5) 特権意識（つまり，特別有利な取り計らい，または自分が期待すれば相手が自動的に従うことを理由もなく期待する）
(6) 対人関係で相手を不当に利用する（すなわち，自分自身の目的を達成するために他人を利用する）。
(7) 共感の欠如：他人の気持ちおよび欲求を認識しようとしない，またはそれに気づこうとしない。
(8) しばしば他人に嫉妬する，または他人が自分に嫉妬していると思い込む。
(9) 尊大で傲慢な行動，または態度

(日本精神神経学会　日本語版用語監修　高橋三郎・大野　裕監訳　2014　DSM-5精神疾患の診断・統計マニュアル　医学書院　p.661.)

## 自己愛（性）パーソナリティの2つのタイプ

　小塩（2004）は自己愛を2つのタイプに分類する研究を概観し，その共通点として，①自己中心型（無関心型）：誇大的で能動的，自己中心的で他者の反応にあまり関心を示さないタイプの自己愛，②解離型（過敏型）：抑制的でひきこもりがち，他者の反応に敏感な自己愛に分けられる，としている。その中でギャバード（Gabbard, 1989, 1994　引用小塩，2004）は自己愛パーソナリティを"無関心型"と"過敏型"に分類し，カーンバーグの自己愛パーソナリティの典型は"無関心型"にあり，コフートのそれは"過敏型"にあると考えた。自己愛については第Ⅲ部「コフートとカーンバーグの自己愛理論」を参照されたい（101ページ）。

**表Ⅱ-15　Gabbard（1989, 1994）による2種類の自己愛の特徴**（小塩，2004）

| 周囲に気をかけない自己愛的な人<br>（無関心型；The Oblivious Narcissist） | 周囲を過剰に気にする自己愛的な人<br>（過剰型；The Hypervigiant Narcissist） |
|---|---|
| 1．他の人々の反応に気づかない。<br>2．傲慢で攻撃的。<br>3．自分に夢中である。<br>4．注目の的である必要がある。<br>5．「送信者であるが受信者」ではない。<br>6．見かけ上は，他の人々によって傷つけられたと感じることに鈍感である。 | 1．他の人々の反応に過敏である。<br>2．抑制的，内気，表に立とうとしない。<br>3．自分よりも他の人々に注意を向ける。<br>4．注目の的になることを避ける。<br>5．屈辱や批判の証拠がないかどうか他の人々に耳を傾ける。<br>6．容易に傷つけられたという感情をもつ：羞恥や，屈辱を感じやすい。 |

## 事　例　ひさし　初診時17歳　男性

[主　訴]　抑うつ気分，強迫行為，頻回の手首切傷，視線恐怖，虚無感など。
[家　族]　両親と弟との4人家族。母親はうつ病で治療中であるが，もともと不安が強く対人関係もぎこちない方であった。父親はおとなしく女性的な性格である。

### 生育歴および現病歴

　正常，満期産で出生し乳幼児期の発達に特に問題は認められなかった。第一反抗期は認められず，おとなしく育てやすい子どもで，2歳で弟が生まれたときも喜んで可愛がっていた。小学校でも"よい子"で周囲に気をつかい合わせていく方であった。
　小学5年生の1学期に風呂に長く入って体を洗う，手を何度も洗う，などの強迫行為（不潔恐怖）が始まった。最初はそれほど激しくなかったために両親も気づかなかったが，中学2年生頃から増悪したため両親が症状の存在に気づき，近くの精神科を受診した。そこでは強迫性障害と診断され安定剤を投与された。またその頃から勉強に集中できなくなり，他人の視線が気になって次第に登校をしぶり始めた。それでも何とか中学校を卒業し専門学校に入学したものの，視線恐怖のためにまったく登校できず，家に閉じこもるようになった。また抑うつ気分，慢性の虚無感が出現し，自室で手首をカッターで切ることが頻回になった。また家族に生活態度を注意されるなどのほんのささいなことで怒り，家具を壊すなどの行動も出現した。そのため両親が本人を連れて筆者のもとを受診した。

### かかわりと経過

　初診時，ひさしは病院内にもかかわらずサングラスをかけ髪を染めて一種異様な雰囲気であった。強迫行為は激しくないものの，「無性に虚しい，自分なんて最低の存在，でも両親の言動を見ていると腹が立ち暴れたくなる」「人の目が気になるからサングラスをかけている」と語った。手首の切傷に関しては，「イライラして気がつくと切っている」と語り，ある外国の男性歌手に憧れて今の格好をしており，その歌手のようになれれば必ず自分は生まれ変わることができる，と語った。奇異な印象は薄れ，会話は比較的円滑に進んだ。退室時に「先生と話してスッキリした。こんなことははじめてで，聴いてもらえてよかった」と話し次回の約束をした。その後，数回の外来は問題なく経過したが，あるときささいなことで，「先生がそんな人だとは思わなかった」と怒り始めた。その後，外来の突然のキャンセルや突然の来院などが続き，家庭での手首切傷や暴力も続いた。中学校時代の同級生の仲間とのシンナーの吸引も始まった。
　現在，初診から3年が経過しているが易怒性やシンナー依存は治まってきているものの，抑うつ気分，慢性の虚無感や自傷行為は続いている。
　この事例は診断基準の(2)から(8)までの項目を満たす，典型的な境界例の事例である。治療は患者に振り回されず，中立性を保つことに心掛けて進めている。薬物療法も併用しているが，今後かなりの期間のかかわりが必要であると考えられる。

## TEA BREAK 3

### 青い鳥症候群

特　徴
1. 一流大学卒業後，一流企業などに就職したにもかかわらず，自分の才能が正当に評価されていないなどの理由で，転職を繰り返す。
2. 転職の結果，条件は以前より悪くなるために，より不満が募り，周囲との摩擦も生じるが，本人の洞察は乏しい。
3. 高学歴の男性に多い。
4. 性格は，謙虚さに欠け，協調性や忍耐力が乏しい。

　1983年，清水により提唱された概念であるが，1970年代後半からある一群の青年の特徴として認められるようになったと言う。この症候群を生み出した背景にはわが国が学歴偏重社会であること，社会全体に個人のわがままを許容できるだけのゆとりができたことなどをあげている。
　「青い鳥症候群」の命名の由来はメーテルリンクの「青い鳥」の戯曲にある。すなわちチルチルとミチルのきょうだいが幸福の象徴である「青い鳥」を探して世界中を冒険するが，実は青い鳥は自宅の鳥かごの中にいたことに気づく。しかし少し気を許したすきに青い鳥は再び2人の手元から飛び立ってしまうという物語である。

# 15. 統合失調症

### 統合失調症(schizophrenia)とは

統合失調症の概念は,1899年にクレペリン(Kraepelin, E.)が,青年期に発病し慢性,進行性に経過し末期には人格荒廃に陥るものとして早発痴呆と記載したことに始まる。一方,統合失調症という名称は,ブロイラー(Bleuler, E.)が1911年に早発痴呆に替わるものとして命名し一般的に使用されるようになった。統合失調症は原因や根治的な治療法がいまだに見出されておらず,現在でも精神科医にとって遭遇することがもっとも多く,しかも重大な疾患である。以下,統合失調症を理解するための基本的な事項を記載する。

### 頻度と原因

一般人口における出現頻度はほぼ0.8％前後であると言われている。したがって全校生徒1,000人の小学校であれば約8人が将来,統合失調症を発症するということになる。つぎに原因に関しては「脳の病気」であり神経伝達物質のドーパミンやセロトニンなどの異常が関与していることが分かってきている。遺伝的な関与は否定できないが一卵性双生児の一致率(一卵性の1人が発症したときにもう1人が発症する確率)は50％弱であり,遺伝子の関与もその程度の比率であると言える。

このように原因が明らかではないという意味で内因性ということばを使うが,これは主に神経症の原因として使われる心因性や,感染症,代謝障害,薬物中毒などによって引き起こされる精神病の原因である外因性ということばと対比する概念である。内因性の精神病には主に統合失調症と双極性障害(躁うつ病)が含まれる。

### 発症年齢

統合失調症は10歳代後半から30歳代前半で発症することが多い。18歳を過ぎると急激にその数が上昇する。

### 主な症状

陽性症状と陰性症状に大別される。陽性症状は幻覚(主に幻聴),妄想(被害妄想,注察妄想など)などが主なものである。一方,陰性症状は無為・自閉,感情鈍麻,自発性の低下などが中心である。

### 病型

従来は破瓜型,妄想型,緊張型の三型に分けられてきた。破瓜型は思春期に発症し治療抵抗性であり予後不良と言われていた。妄想型は幻覚・妄想を主症状とするもので,発症年齢は比較的高い。緊張型は主に急性の発症で,緊張病性の興奮あるいは昏迷状態(まったく無動・無言となるもの)を呈するものである。

### 治療と予後

治療は心理療法のみでなく薬物療法が重要になる。重症では入院治療も必要になる。予後調査の多くは1/3が増悪,1/3が不変,1/3が軽快・寛解(統合失調症では治癒と呼ばず寛解と呼ぶ)と報告している。現在は薬物療法の進歩などにより軽症化していると言われており,社会生活を営みながら外来治療で寛解を維持している患者が多数いる。

## 児童期の統合失調症

　15歳以下の発症が一般的に児童期の統合失調症と言われているが，成人の診断基準を用いた場合，10歳前後で診断可能となる。児童期の統合失調症の60～70％は幼児期から心身症的あるいは神経症的（強迫症状，多動，不登校，転換・解離ヒステリー，拒食症など）症状を呈し，この時期を前駆期と呼ぶ。前駆期にカウンセリングを求めて来所することがあり病態の見極めが重要となる。発症後は幻覚・妄想が前景に出ることは少ないため，児童精神科医であっても確定診断が困難なことがある。

　参考までに以下にDSM-5による診断基準を紹介する。DSM-5は統合失調症に関してかなり狭くて厳しい診断基準であると言われている。

**表Ⅱ-16　DSM-5による統合失調症の診断基準（DSM-5-TRでもほぼ内容は変わらない）**

A. 以下のうち2つ（またはそれ以上），おのおのが1カ月間（または治療が成功した際はより短い期間）ほとんどいつも存在する。これらのうち，少なくとも1つは(1)か(2)か(3)である。
　(1) 妄想
　(2) 幻覚
　(3) まとまりのない発語（例：頻繁な脱線または滅裂）
　(4) ひどくまとまりのない，または緊張病性の行動
　(5) 陰性症状（すなわち感情の平板化，意欲欠如）

B. 障害の始まり以降の期間の大部分で，仕事，対人関係，自己管理などの面で1つ以上の機能のレベルが病前に獲得していた水準より著しく低下している（または，小児期や青年期の発症の場合，期待される対人的，学業的，職業的水準にまで達しない）。

C. 障害の持続的な徴候が少なくとも6カ月間存在する。この6カ月の期間には，基準Aを満たす各症状（すなわち，活動期の症状）は少なくとも1カ月（または，治療が成功した場合はより短い期間）存在しなければならないが，前駆期または残遺期の症状の存在する期間を含んでもよい。これらの前駆期または残遺期の期間では，障害の徴候は陰性症状のみか，もしくは基準Aにあげられた症状の2つまたはそれ以上が弱められた形（例：奇妙な信念，異常な知覚体験）で表されることがある。

D. 統合失調感情障害と「抑うつ障害または双極性障害，精神病性の特徴を伴う」が以下のいずれかの理由で除外されていること。
　(1) 活動期の症状と同時に，抑うつエピソード，躁病エピソードが発症していない。
　(2) 活動期の症状中に気分エピソードが発症していた場合，その持続時間の合計は，疾病の活動期および残遺期の持続期間の合計の半分に満たない。

E. その障害は，物質（例：乱用薬物，医薬品）または他の医学的疾患の生理学的作用によるものではない。

F. 自閉スペクトラム症や小児期発症のコミュニケーション症の病歴があれば，統合失調症の追加診断は，顕著な幻覚や妄想が，その他の統合失調症の診断の必須症状に加え，少なくとも1カ月（または，治療が成功した場合はより短い）存在する場合のみ与えられる。

（日本精神神経学会　日本語版用語監修　高橋三郎・大野　裕監訳　2014　DSM-5精神疾患の診断・統計マニュアル　医学書院　p.99）

# 事　　例　　しずか　初診時16歳9ヶ月　女性

[主　訴]　幻聴，被害妄想，強迫行為。
[家　族]　父方祖父母，両親，姉，弟との7人家族。親族に複数の統合失調症の負因がある。

## 生育歴および現病歴

　生下時低体重であったため，生後1ヶ月間保育器に入っていた。人工栄養で育てたが，飲みは悪かった。その後の心身の発達に異常は認められなかった。主な養育者は母親であったが，乳児期から幼児期にかけて，抱っこすることや話しかけることはほとんどなく「ひとりで育ってしまったような状況」（母親弁）であった。またしずかからの愛着行動も乏しかった。その後，両親のしつけはきわめて厳しく，そのためか周囲の人からは「誰とでも仲よくできる子」と評されていた。第一反抗期は認められなかった。
　3歳頃から物の位置に固執したり自分のものを他人に触らせないようになり，さらに8歳頃からは，「振り払おうとしても汚いことが頭に浮かんで消えない」状態となった。同じ頃から食欲不振，嘔気，起立性低血圧が出現し小児科で自律神経失調症と診断された。
　10歳5ヶ月のときにささいな頭部打撲から頭痛を訴え始め，上記の症状も改善しないまま数ヶ月後から断続的な不登校となった。不登校時には家で臥床していることが多かったが，登校したときにはひょうきんな態度で皆を笑わせた。14歳頃から強迫的な手洗いが始まり入浴時間もかなり長くなった。さらに15歳6ヶ月の頃から「人の目が恐くて動けない」といって布団にもぐり込み，終日臥床していることが多くなったため筆者のもとを受診した。

## かかわりと経過

　外来での数回に及ぶ面接の中で，「小学校4年生の頃から自分を噂する声が気になっていた。だから気分が重くなり恐くて仕方なかった」とかなり以前から幻聴，被害妄想が存在していたことが聴取された。さらに「（統合失調症の）叔父さんと同じになって親から見離されてしまうと思い，噂の声が気になっていたことを家族に言えなかった」と語った。混乱が強く不穏状態となったために，本人の同意を得て個室に入院してもらい薬物投与を開始した。不穏状態を治めるためにはかなり大量の薬物を必要としたが，数ヶ月を経過した頃から幻聴などの病的体験は軽快し，約10ヶ月後には大部屋へ転室することができた。その後退院し自宅で通信教育を受けているが，軽度の欠陥状態で，手洗い，洗髪の強迫行為は認められるものの外出もでき落ちついた状態で生活している。
　幼児期から強迫症状が出現し，児童期で自律神経症状が強くなり徐々に統合失調症が顕在化した事例である。本例のように本人が語らないまでも，かなり早期（多くは10歳前後）から幻聴などの病的体験が出現している事例は決して珍しくない。本人が問題を抱え切れずに爆発してしまう前に，誰かが気づき治療に導入することが重要である。

# 16. うつ病と双極症（躁うつ病）

## うつ病と双極症（躁うつ病）

　双極症は伝統的には躁うつ病と呼ばれている。どちらも気分の障害を主症状とするが，双極症は躁状態とうつ状態を周期的に繰り返すことが特徴である。統合失調症とともに内因性の精神障害に含まれる。成因は明確にはされていないが，特にうつ病はストレスや生活史上の負の体験などの環境因がかなり関与している。頻度はうつ病は10～15％の人が生涯で経験すると言われており，双極症はその10分の1程度である。発症年齢に関しては双極症が20歳前後から30歳頃，うつ病は20歳代と中年以後に多いとされている。

## 症状と病型

　うつ状態では抑うつ気分（特に朝悪い），不安，制止（行動や思考が進まない，極期には動きや反応がなくなる"昏迷"になる），絶望感，希死念慮，身体症状（食欲不振，便秘，頭重感，動悸，発汗異常，口乾，早朝覚醒を中心とする睡眠障害），妄想（罪業妄想，貧困妄想など）が出現する。一方，躁状態では気分爽快，興奮，観念奔逸（考えが次から次へと浮かび定まらない状態），易怒性，妄想（誇大妄想），行為心迫（次から次へと行動を移し，追い立てられるように動き回ること），尊大な態度，睡眠障害などが出現する。

## 病前性格

　うつ病の病前性格では執着気質（責任感が強く，徹底的，凝り性で熱中しやすい）やメランコリー親和型性格（対他配慮，秩序愛，生真面目で内向的）などがある。たとえば中年以後の会社役員昇進後のうつ病などは執着気質の人が多く，定年や死別など対象を喪失した際に起こりやすいうつ病がメランコリー親和型性格からの発症である。双極症の病前性格は循環気質（明朗，社交的，親分肌，涙もろい，気分が変わりやすい）が多い。

## 治療と予後

　治療はうつ状態では抗うつ薬（選択的セロトニン再取り込み薬・SSRIや三環系抗うつ薬など），躁状態では気分安定薬（炭酸リチウム，バルプロ酸，カルバマゼピンなど）や抗精神病薬の投与が一般的である。
　うつ状態やその遷延化した状態には環境調整や支持的なかかわりも重要な要素になる。経過に関しては，双極症では慢性的な経過をたどりやすく，うつ病も遷延化や慢性化するものが少なくない。

## 新型うつ病（現代型うつ病）

　若年者に多いと言われ，抗うつ薬の効果に乏しく治療抵抗性である。総じて未熟な性格傾向を背景に，職場の対人関係や課題処理でのつまずきを契機に発症することが多い。典型的なうつ病者が内省的で自責的であるのに対して，葛藤に乏しく他罰的になりやすい。休日や病気休暇では趣味を楽しむことができる者もいる。新型うつ病の出現と増加により従来のうつ病の概念が拡大し曖昧になったと言われている。一方的に「怠け」であると決めつけて対応することは解決にはつながらず，本人だけでなく家族や職場も含めた環境調整やカウンセリングが必要である。

## 17. 子どものうつ病

### 子どものうつ病の症状

　子どものうつ病の場合，抑うつ気分，罪責感，希死念慮などの精神症状の言語化は少なく，不眠（成人のように早朝覚醒ではなく，入眠困難，途中覚醒などが多い），全身倦怠感，食欲不振，などの身体症状が前景に立つことや，焦燥（苛立ちや攻撃性のために，暴力や器物破損に及ぶこともある）や制止（心身のエネルギーが低下し思考や行動が緩徐になる状態）などの行動面の障害が目立つことが特徴である。そのため表Ⅱ-17に示されるDSM-5のうつ病（年齢にかかわらず同一の診断基準を使う）の症状の中で「抑うつ気分」は子どもや青年の場合，「易怒的な気分もありうる」とされている。また神経症的な不登校などと異なり，平日に必死に登校し休日に寝込んでいることが多いことも特徴である。発症年齢は現在の診断基準では，10歳未満の診断はきわめて稀であると考えてよい。

**表Ⅱ-17　DSM-5によるうつ病／大うつ病の診断基準（DSM-5-TRでもほぼ内容は変わらない）**

A. 以下の症状のうち5つ（またはそれ以上）が同じ2週間の間に存在し，病前の機能からの変化を起こしている。これらの症状のうち少なくとも1つは(1)抑うつ気分，または(2)興味または喜びの喪失である。
注：明らかに他の医学的疾患に起因する症状は含まない。
　(1) その人自身の言葉（例：悲しみ，空虚感，または絶望を感じる）か，他者の観察（例：涙を流しているように見える）によって示される，ほとんど1日中，ほとんど毎日の抑うつ気分
　　注：子どもや青年では易怒的な気分もありうる。
　(2) ほとんど1日中，ほとんど毎日の，すべて，またはほとんどすべての活動における興味または喜びの著しい減退（その人の説明，または他者の観察によって示される）
　(3) 食事療法をしていないのに，有意の体重減少，または体重増加（例：1カ月で体重の5％以上の変化），またはほとんど毎日の食欲の減退または増加
　　注：子どもの場合，期待される体重増加がみられないことも考慮せよ。
　(4) ほとんど毎日の不眠または過眠
　(5) ほとんど毎日の精神運動焦燥または制止（他者によって観察可能で，ただ単に落ち着きがないとか，のろくなったという主観的感覚ではないもの）
　(6) ほとんど毎日の疲労感，または気力の減退
　(7) ほとんど毎日の無価値観，または過剰であるか不適切な罪責感（妄想的であることもある。単に自分をとがめること，または病気になったことに対する罪悪感ではない）
　(8) 思考力や集中力の減退，または決断困難がほとんど毎日認められる（その人自身の言明による，または他者によって観察される）。
　(9) 死についての反復思考（死の恐怖だけではない），特別な計画はないが反復的な自殺念慮，または自殺企図，または自殺するためのはっきりとした計画
B. その症状は，臨床的に意味のある苦痛，または社会的，職業的，または他の重要な領域における機能の障害を引き起こしている。
C. そのエピソードは物質の生理学的作用，または他の医学的疾患によるものではない。
注：基準A〜Cにより抑うつエピソードが構成される。
注：重大な喪失（例：親しい者との死別，経済的破綻，災害による損失，重篤な医学的疾患・障害）への反応は，基準Aに記載したような強い悲しみ，喪失の反芻，不眠，食欲不振，体重減少を含むことがあり，抑うつエピソードに類似している場合がある。これらの症状は，喪失に際し生じることは理解可能で，適切なものであるかもしれないが，重大な喪失に対する正常な反応に加えて，抑うつエピソードの存在も入念に検討すべきである。その決定には，喪失についてどのように苦痛を表現するかという点に関して，各個人の生活史や文化的規範に基づいて，臨床的な判断を実行することが不可欠である。
D. 抑うつエピソードは，統合失調感情障害，統合失調症，統合失調症様障害，妄想性障害，または他の特定および特定不能の統合失調症スペクトラム障害および他の精神病性障害群によってはうまく説明されない。
E. 躁病エピソード，または軽躁病エピソードが存在したことがない。
　注：躁病様または軽躁病様のエピソードのすべてが物質誘発性のものである場合，または他の医学的疾患の生理学的作用に起因するものである場合は，この除外は適応されない。

（日本精神神経学会　日本語版用語監修　高橋三郎・大野　裕監訳　2014　DSM-5精神疾患の診断・統計マニュアル　医学書院　pp.160-161.）

## 子どものうつ病は増加しているのか？

下記に紹介する児童用抑うつ自己評価尺度を使ったいくつかのアンケート調査の結果から，抑うつに関して高得点を示す子どもの割合がきわめて高いことが示され社会的な関心を集めた。しかしアンケートの結果は，さまざまな病態を含んだ"うつ状態"の子どもが多いことを示したのであって，子どものうつ病の罹病率が同様に高いことを示したものではない。子どものうつ病やうつ状態に細心の注意を払うことは当然，重要であるが，うつ病は子どもであっても成人のそれとかなりの程度，連続性のある病態として考えるべきである。

## うつ状態評価尺度

うつ状態の評価尺度としては，バールソンのDSRS-C（Depression Self-Rating Scale for Children）が知られている。これは18項目（表II-18）の質問項目に0点から2点の3件法で回答し，36点中16点以上が抑うつ状態と評価されるものである。

表II-18　DSRS-C（Birleson et al., 1978；村田訳，1996）

わたしたちは，楽しい日ばかりではなく，ちょっとさみしい日も，楽しくない日もあります。みなさんがこの一週間，どんな気持ちだったか，当てはまるものに○をつけて下さい。良い答え，悪い答えはありません。思ったとおりに答えて下さい。

| | | いつもそうだ | ときどきそうだ | そんなことはない |
|---|---|---|---|---|
| 1 | 楽しみにしていることがたくさんある。 | [ 0 ] | [ 1 ] | [ 2 ] |
| 2 | とても良く眠れる。 | [ 0 ] | [ 1 ] | [ 2 ] |
| 3 | 泣きたいような気がする。 | [ 2 ] | [ 1 ] | [ 0 ] |
| 4 | 遊びに出かけるのが好きだ。 | [ 0 ] | [ 1 ] | [ 2 ] |
| 5 | 逃げ出したいような気がする。 | [ 2 ] | [ 1 ] | [ 0 ] |
| 6 | おなかが痛くなることがある。 | [ 2 ] | [ 1 ] | [ 0 ] |
| 7 | 元気いっぱいだ。 | [ 0 ] | [ 1 ] | [ 2 ] |
| 8 | 食事が楽しい。 | [ 0 ] | [ 1 ] | [ 2 ] |
| 9 | いじめられても自分で「やめて」と言える。 | [ 0 ] | [ 1 ] | [ 2 ] |
| 10 | 生きていても仕方がないと思う。 | [ 2 ] | [ 1 ] | [ 0 ] |
| 11 | やろうと思ったことがうまくできる。 | [ 0 ] | [ 1 ] | [ 2 ] |
| 12 | いつものように何をしても楽しい。 | [ 0 ] | [ 1 ] | [ 2 ] |
| 13 | 家族と話すのが好きだ。 | [ 0 ] | [ 1 ] | [ 2 ] |
| 14 | こわい夢を見る。 | [ 2 ] | [ 1 ] | [ 0 ] |
| 15 | 独りぼっちの気がする。 | [ 2 ] | [ 1 ] | [ 0 ] |
| 16 | 落ち込んでいてもすぐに元気になれる。 | [ 0 ] | [ 1 ] | [ 2 ] |
| 17 | とても悲しい気がする。 | [ 2 ] | [ 1 ] | [ 0 ] |
| 18 | とても退屈な気がする。 | [ 2 ] | [ 1 ] | [ 0 ] |

## うつ病の病因

子どものうつ病の病因については生物学的要因，心理学的要因，社会的要因が複雑に絡み合った結果の発症と考えるのが妥当であり，より詳細な解明は今後の課題と言える。

## うつ病の治療

まず本人と親に対する心理療法と，家族や学校を中心とした環境調整が先決である。具体的には，親子に対して診断とともに，治療によって改善する見通しのある疾患であることを伝え，重症度に応じて，休校，学習・習い事などの負担の軽減，運動の制限，安静，などの指示を出す。その際，両親を中心に疾患の説明を十分に行い理解を深めていただくことが重要である。また，本人と両親の同意を得て，担任教師や養護教諭へセラピストから直接説明することが必要な場合もある。前述した心理・社会的介入を十分に行ったうえで，なおかつ必要な場合に，はじめて薬物療法に導入することになる。

## 18. 重症心身障害児

### 重症心身障害児とは

　重症心身障害児（以下重症児）とは本来法律・行政上の概念であり，その定義は児童福祉法における定義であり「重度の知的障害および重度の肢体不自由が重複した状態の児童のこと」とされている。

　重症児は推計で全国に約38,000名いるとされている。そのうちの27,000名が在宅であり，残りは重症心身障害児施設などに入所・入院している（北海道保健福祉部福祉局障がい者保健福祉課，2014）。

　重症児の原因については，一般に約3分の2が脳性麻痺で，周産期障害（分娩障害，未熟児，新生児黄疸など）によるものが多い。その他，脳炎，けいれん障害，脳症後遺症や髄膜炎などが多い。また医学の進歩により，超低出生体重児や重症の仮死産などが救命されるようになったことも背景に，重症児は増加している。

　また重症児の施設は全国に約130施設があるが，ノーマライゼーションの理念が社会的にも広まりつつあり，障害者総合支援法，児童福祉法の一部改正等によって，重い障害があっても入所施設ではなく，在宅での生活やケアホームなどの地域生活移行に向けた実践が進められている。

### 療　育

　療育とは江草（1982）によれば「環境を整え，理解を深め，本人自身の主体的努力を促す総合的行為である」と言う。すなわち医療，生活，教育という側面を含んだ身体的・心理的発達を援助する行為であると言えよう。こういった療育は集団で行われる場合と個人で行われる場合があり，またその療育の場も施設であったり，学校であったりあるいはもちろん家庭であったりとさまざまである。

　療育において何よりも重要なのは，「どんなに障害が重くても，彼らなりの発達をとげることのできる，発達の可能性を秘めた存在である」（村上，1982）として重症児をとらえる視点である。どのような場で療育が行われようとも，この視点は常に念頭において重症児とかかわることが大切である。

### 重症児と家族を支える共同体

　療育の中心は言うまでもなく重症児本人であるが，彼らを支える家族，特に母親への精神的援助もまた重要な課題である。さらに家族を含めた地域社会へと広がり，重症児を取り巻くすべての人々が，彼らとともに育ち合おうとするような共同体づくりは，もうひとつの療育の究極的課題である，と村上は強調している。

　具体的に，家族を支える窓口としては，市町村の保健所，発達支援センター，子育て支援センターなどの保健福祉施設，医療機関，児童相談所や療育センターなどが窓口となってさまざまな職種や施設が連携し本人と家族に寄り添った支援共同体制をつくることが大切である。

# 19. 認知症

## 認知症とは
　一度獲得された認知機能が，後天的な脳の障害によって持続的に低下し，日常生活に支障をきたした状態で，かつ意識障害がない場合を指す。わが国での認知症の診断基準としてはICD（世界保健機関）やDSM（米国精神医学会）が参考にされていることが多い。
　ICD-10による認知症の診断基準の概要は次のとおりである。
　1．以下の各項目を示す証拠の存在
　　1）記憶力低下
　　2）認知能力低下
　2．周囲に対する認識が基準1を証明するのに十分な期間保たれていること。
　3．次の1項目以上の存在
　　1）情緒易変性
　　2）易刺激性
　　3）無感情
　　4）社会的行動の粗雑化
　4．1の症状が明らかに6か月以上存在すること

## 認知症の症状
症状には次の4つの中核症状と呼ばれるものがある。
①記憶障害：新たな記憶ができない，覚えていたことが思い出せないなど。
②見当識障害：現在の年月や自分がいる場所などが分からなくなる。
③理解・判断力の障害：考えるスピードが遅くなる，複数のことを処理できないなど。
④実行機能障害：計画を立てることができない。
　上記の症状とともに元気がなくなったり，自信を失ったり，悲観的になったりする場合もしばしば見られる。また「物を盗まれた」など被害的な妄想のような精神症状を呈することもある。

## 認知症の鑑別
　認知症には大きく分けて脳血管性認知症と老年認知症の二つがある（表Ⅱ-19）。

## 評価法
①病歴などの情報や行動観察から評価する。
②簡単なスクリーニング法としては，長谷川式簡易知能評価スケール（第Ⅳ部第6章参照）を実施し，さらに正確な評価には知能検査（第Ⅳ部第3章参照）を実施する。
　その他にも，MMSE（Mini Mental State Examination）という簡便な評価スケールや，CDR（Clinical Demantia Rating）という認知症の重症度を測定する検査などがある。

## かかわりにおける注意点
以下にかかわる場合の一般的な注意点をあげる。
①環境（場所，人物など）を急激に変えない。
②受容的にかかわる。
③残存する能力をできるだけ発揮できるような環境をつくる。

表Ⅱ-19 老年期の認知症の鑑別（長谷川，1973に一部加筆）

| | 脳血管性認知症 | 老年認知症 |
|---|---|---|
| 発症時期 | 60～70歳代に多い | 75歳以上に多い |
| 経過 | 緩徐，時に急性，あるいは階段状に進行 | 緩徐かつ潜行性に発症し，常に進行 |
| 主症状 | ①記憶障害が高度である反面，理解力，判断力は残るなどまだら認知症<br>②比較的末期まで人格は保たれる<br>③感情は不安定で情動失禁が認められる<br>④局所的神経兆候や症状（片麻痺，知覚障害，巣症状）が認められる<br>⑤初期には頭痛，めまい，しびれなどの身体症状が先行することが多い | ①重度の記憶障害や時間・場所の見当識障害など全般性認知症<br>②人格の崩壊が著しい<br>③繊細な感情が乏しくなり，子どもっぽい多幸性が前面にでる<br>④認知症が高度になると身辺自立も困難となり，末期には寝たきりの状態で次第に衰弱する場合が多い |
| 病識 | 末期まで保持されることが多い。身体の不自由や記憶力低下を嘆さ，周囲への迷惑を気にするなど | 早期に欠如 |
| 原因 | 脳梗塞や脳出血が原因 | 原因不明 |
| その他 | 多発梗塞性認知症とも呼ぶ。認知症老人の50～60%を占める。女性より男性に多い | アルツハイマー型老年認知症と同義。65歳未満のものは初老期発症型（狭義のアルツハイマー病）として，65歳以上のものと区別される。認知症老人の20～30%を占め，女性に多い |

④身体的・精神的刺激を絶やさないようにする。

⑤徘徊がある場合には，過度の拘束は興奮を誘発しやすく，ある程度自由にできる空間をつくる方がよい。

何よりも大切なことは，心理臨床の基礎と同様にまずは「信頼関係」を築くことにある。

自信の喪失や助けてほしいが言えないという悩み，症状が進行することの不安などさまざまな感情を抱えていることを理解することが大切である。そのうえで，肯定的な感情を大切に扱うことやあくまでも本人のペースに合わせるようにすること，などが認知症とかかわる際のポイントである。

# TOPICS 8　いじめと非行

　いじめは，教育現場において緊急に対応が求められる課題のひとつである。それは，いじめが原因と思われる自殺，不登校などの問題につながる事例が発生していることが大きく関与している。文部科学省ではいじめを「いじめとは，当該児童生徒が，一定の人間関係のある者から心理的，物理的な攻撃を受けたことにより，精神的苦痛を感じているもの」と定義している。そして，発生する場所は，学校の内外を問わないとも注記している。

　図Ⅱ-10に平成18年度からのいじめの認知率の推移についてグラフを示した。平成18年以前は文部科学省はいじめの発生件数をまとめていたが，平成18年度からは認知件数で集計している。この推移を見ると，平成24年度に激増していることが分かる。これは，実際にいじめが多く発生したことに加えて，いじめと認識する感覚が敏感になったことが反映されていると考えられる。

　このいじめの実態のなかで，重大な事案になったケースでは，継続的で執拗な攻撃がなされても，被害者がSOSを出さずに耐えていたことも少なくない。加害者は相手がそれほど苦しんでいたという認識が薄い場合も多く，相手の痛みが感じられず，その逸脱の度合いも理解できていない傾向が見てとれる。こういった広い意味での社会性のなさが，より深刻な事態を生んでいるのではないだろうか。また，いじめには観察の存在も大きく影響する場合もある。

　こういった傾向は，非行の実態にも共通する部分がある。ある程度の社会性をもちながら攻撃性の発現として，その対象も明確な形で行われる非行行為ではなく，「誰でもよかった」といった無差別で対象が曖昧で，未熟な攻撃性や自己顕示が表出したようなケースが多くなっている印象である。

　このように考えると，乳幼児期からの豊かな対人関係や，集団活動を通しての健全な競争や自己主張の体験の重要性が再認識されると言えよう。乏しい対人関係のなかで，孤立していく子どもたちは対人不安を強め，その不全感を埋めるためにいじめをエスカレートさせ，非社会的な非行を繰り返すことになっていくであろう。いじめや非行といった行動のみを取り上げて対策を考えていくだけでは，効果的とは言えないと考えられる。

　家庭教育の問題も含めて，安易な個性重視や自己中心的な主張の許容は，子どもたちの孤立化をまねき，社会的行動の学習がおろそかになってしまう危険性をはらんでいるといった認識をもつ必要性を指摘しておきたい。

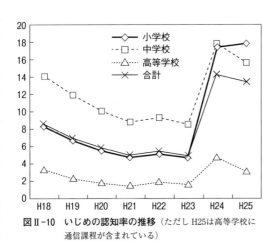

図Ⅱ-10　いじめの認知率の推移（ただしH25は高等学校に通信課程が含まれている）

# 第Ⅲ部

# 心理援助の基礎を学ぶ
## ―発達・人格理論―

Paul Klee (1939)
無題／両手で頬杖をつく天使

# 第1章　基礎理論について——人格理論と発達理論の意義——

　臨床心理学は人間理解を目指すものであるが，その時どきの印象や感覚のみで理解は進められない。そこで，この第Ⅲ部では，臨床心理学的人間理解の助けとなる基礎的な理論を見てみよう。言い換えるとこれらの理論は，人間を臨床心理学的にとらえるための枠組みを提供してくれるものである。

## 人格理論の意味

　人格理論は，人間の精神的な活動をとらえようとするものである。臨床心理学では人間全体の平均値的な姿をとらえるのではなく，個人個人の人となりをよく調べてとらえようとするものである。なぜなら，なぜその人が心の問題を抱えることになったのかを考えるとき，その事情は，個人的なものと考えられるからである。

　したがって，臨床心理学で用いる人格理論は，個性を浮き彫りにすることができるような枠組みをもったものが求められる。その意味で第2章から紹介する理論は，どれも人間のあり方を探求した理論である。

　実際にこれらの理論を用いるときは，観察や面接から得られた情報を，理論的枠組みにあてはめてみて，仮説的に説明がつくものかどうかを吟味するといった作業を繰り返すことになる。ただし，ある側面はある理論で説明し，他の側面はまた違う理論で説明するといったつぎはぎではなく，その人となりが統合的に理解できるように留意することは重要である。

　いずれにしても，目に見えるものではないので，仮説モデル的なものとなるが，臨床心理学的援助の立場からは，整合性をもった説明がつき，問題の理解や援助の方針へ示唆を与えてくれる働きがあれば有用なものと言うことができる。

　なお，ここで取り上げた理論はもっとも代表的なものであり，この他にも数多くの理論があることは言うまでもない。たとえば，第Ⅳ部で取り上げる心理テストは，それぞれのテストごとに特有の人格理論を背景としているのである。

## 発達理論の意味

　人格理論が人となりをとらえようとするものとするならば，発達理論はその人となりがどのように形成されたのかをとらえようとするものである。この発達理論と人格理論は，お互いにバラバラではなく，非常に密接なつながりをもって構成されている。

　ここで紹介するものも含めて，多くの発達理論は発達段階を想定している。そして，それぞれの段階ごとに解決しなければならない課題（発達課題）が想定されている。そして，その課題が乗り越えられると，より成熟した方向へ発達すると言うのである。どのような状態であろうと，生活年齢は増加していくが，質的な発達が伴っていないこともありうるのである。

　われわれは“何も問題のない”発達を遂げることはないと言ってもよく，なにかしら不完全な部分を抱えている。そして，心の問題の多くは，その不完全な部分が生活のなかで影響を及ぼすことから発生すると言えよう。その影響は不完全な側面が直接表れることもあるし，無意識に不完全さを補おうとした結果，奇妙な歪みが生じて表れてくることも少なくない。なお，精神的な健康さ（逆に言うと精神的病理の重さ）と発達の関係について

は，第Ⅱ部第1章を参照されたい。

　人格理論と同様に，ここで取り上げた理論は，代表的なものに限られているが，一般の心理学でも取り扱われることが多いので，特に今回取り上げなかったが，ピアジェ（Piaget, J.）の理論は重要である。彼の発達理論は非常に著名であるが，その内容を十分に理解するのはなかなか困難なものである。しかし，子どもの認知・情緒・知的発達などの把握には欠くことができないものである。発達障害の子どもへの援助の際には，特に有用であるので，他書を参考にされたい。

## 人格理論・発達理論と臨床心理学

　まとめてみると，臨床心理学的理解のためには，今現在の状態はどのようであるかを人格理論からとらえ，どうしてそうなったのかについては，発達理論を基礎にしてみることが必要となる。そういった安定した枠組みでとらえる客観的な態度は，心理療法を進めるうえでも，治療方針が立てやすいのみならず，クライエントとの適切な距離を心理臨床家がとりやすくなる利点がある。

　心理療法では，クライエントの主観的世界に共感しながらかかわっていく側面が重要とされている。しかし一方で，心理療法家に求められるものは，クライエントの主観的世界を客観的な視点からも評価し，よりよく生きることができる方向への変容を援助することである。クライエントの主観的世界にのみ込まれて，心理療法家が主体性を失ってしまった状態では，援助することもままならなくなる。

### TEA BREAK 4

#### アパシー・シンドローム（apathy syndrome 退却神経症）

特徴
1. 本業（学生は学業，会社員は職場）に対する無気力感や目標の喪失感が主症状で，それに対して悩むことはほとんどない。
2. 本業以外の社会生活には支障がなく，趣味などにはむしろ熱中する場合も多い。
3. 病前性格には強迫傾向が認められ，いわゆる「いい子」が多い。
4. 症状は一過性の場合と，長期にわたる場合があり，留年，退学，退職に至ることもある。

　1961年，アメリカのWalters, P. が，student apathy（スチューデント・アパシー）という概念を提唱したのに始まり，1984年に笠原が「退却神経症」と名付けた。当初はアメリカでも日本においても学生に特有の症状と考えられていたが，次第に社会人にも認められるようになり，「アパシー・シンドローム（退却神経症）」という呼び名が一般的となった。

## TOPICS 9　現代日本における自己愛人間

　小此木は1981年の著書で現代人の心理構造として「自己愛人間」論を展開している。そのなかで現代人の「何が自分か」という自己限定はアイデンティティに結びつくような社会性をもった自己定義ではなくなり，現代のモラトリアム人間は「自分はこの程度でいい」というあっさりしてしまうようなところが特徴であるとしている。

　すなわちアイデンティティにつながるような自己選択，自己定義ではなく，モラトリアム人間はもっとパーソナルなレベルでそれぞれの自己愛を満たす人生設計をたてて暮らしているのである。進学，就職，結婚，子育てから老後のことまであくまでも自分中心に考えて，自分のパーソナルな自己愛を自分なりの期待と見通しにかなう範囲で満たすことを求めている。

　小此木はこうした現代人の特徴の背景には社会的な自己のあり方が曖昧になり，不確かなものになってきたことをあげ，人々はこうしたパーソナルな自己愛の幻想的な満足をその代わりにしようとしていると考える。

### 小此木の自己愛人間の類型

　さらに小此木（1981）は現代日本における自己愛人間を次の五つのタイプに分類している。

　①「自己実現型の自己愛人間」
　特別な才能をもち理想自己が高く，エリートコースを進む者。
　②「同調型・画一型の自己愛人間」
　平均的大衆で，現代日本の社会でもっとも安定し，自分，家族，身近な仲間程度の生活範囲のなかで，比較的容易に手に入る消費的な自己愛の満足のなかで暮らす者。社会の側が提供する画一的な理想自己を満たすことで暮らし，みんなと同じかどうかがひとつの生活基準となる。
　③「破滅型の自己愛人間」
　不登校，自殺・自傷行為・非行または逸脱的異性関係などを起こす青年など，自己実現型になるほどの現実能力をもたないために，自己愛が破綻し挫折するタイプ。境界人格障害とされる青年が代表的存在。
　④「シゾイド人間化」
　対人交流を回避し，対人関係につきものの心的葛藤や対象喪失による悲哀・不安を避けようとする者。シゾイド人間も自分の内的空想世界を大切にし，密かに全能感を抱くという点で自己愛人間と言える。
　⑤「はみだし型の自己愛人間」
　自分が落ちこぼれ，はみ出したと感じる人々は，名もない人間としてしか人生が考えられなくなったという自己愛の破綻を背景に，精神的な危機状態となる。

　また小此木は「どんな自己愛人間でもやがては出会うのが老化です。病院や老人ホームに入れば，無名の存在になり，そこでは長い人生の歴史とその人の業績も幸せだった家族との思い出もまったく知られない年老いた無名の老人です。………このような身の上になったとき，どのようにして自己愛を満たし守ることができるのか。自己愛人間にとって人生の究極の課題はこのことにあるようです」と結んでいる。

# 第2章　人格理論―フロイトの精神分析理論―

## 精神分析とは

　精神分析（psychoanalysis）とはオーストリアの医師ジクムント・フロイト（Sigmund Freud, 1856～1939）により創始された人間の心を理解し治療する理論体系である。精神分析の特徴は第一に人間の心的現象における無意識過程を重視したことにある。また心の働きとしての抑圧と抵抗の存在を仮定し，さらに生育歴における幼児期の重視や性的要素を重視したことなどがあげられる。フロイトの理論は医学や心理学のみならず当時の文化や思想にも大きな影響を及ぼした。精神分析理論はユングをはじめ多くの研究者に受け継がれ，また自我心理学や対象関係論などへと発展していった。

　フロイトはパーソナリティを構造論的見地，経済論的見地，力動論的見地，発達論的見地の4つの見地から考えた。

## 構造論的見地

　フロイトは当初，心の図式を「意識（conscious）」，「前意識（preconscious）」，「無意識（unconscious）」の三つの領域に分け，この三つの領域が互いに関連し合いながら機能していると考えていた（局所論）。その後1923年「自我とエス」という論文の中で，心的装置（psychic apparatus）を発表した。すなわち心はエス（Es；イド id），自我（ego），超自我（superego）の3領域から成立するというものである（図Ⅲ-1，表Ⅲ-1）。

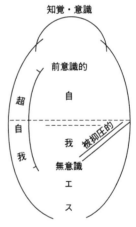

図Ⅲ-1　心的装置

## 経済論的見地

　人にはある一定の心的エネルギー（リビドー）があり，そのエネルギーの自我，エス，超自我への配分によって心の活動を理解しようとする考え方である。

　つまり，ひとつの領域へのエネルギー量が多くなると他の領域は弱くなり，それがパーソナリティの特徴となる。

表Ⅲ-1　こころの三領域

| エス | エスとは意識の外にある"それ"という意味で無意識的なものの代表である。ここには身体より取り入れられたエネルギーが貯蔵され，これをリビドー（libido）と呼ぶ。このリビドーは現実的な秩序や時間などの影響を受けることなく（一次過程），"～がしたい""～がほしい"といった欲求衝動の解放だけを求める（快感原則）ために，エスは「本能衝動の座」とも呼ばれる。 |
|---|---|
| 自我 | 心の中心領域で外界と接触し，知覚，思考，判断，学習，記憶などの現実的思考（二次過程）が機能する。つまり外界を的確に把握し現実に適応する（現実原則）領域である。また外界とエスの仲介をしてパーソナリティを統合する役割であることから「知性の座」とも呼ばれる。 |
| 超自我 | 幼児期の両親のしつけや社会的規範が内在化されてできる領域で，"～してはいけない""～しなくてはならない"といういわゆる良心である。つまり自我に対して道徳的判断を下す部分であるところから「良心と理想の座」とも呼ばれる。 |

表Ⅲ-2　発達論

| 発達段階 | 特　　徴 |
|---|---|
| 口唇期（oral phase）<br>出生～1歳半頃まで | 　この時期は乳児が母親の乳房を吸うという口唇性欲が中心となる。乳幼児が母親の乳房を吸う行為は，栄養を摂取するという生命にかかわる重要な活動であると同時に，母親に抱かれ唇に乳房をくわえて口腔内を乳液で充たすという快感を得るものであり，そこから愛されているという安心感や外界への信頼感が生まれる。<br>　この時期の前半は「吸う」欲動のみであるが，後半になると「嚙む」欲動も生じてくる。これらの欲動が充足されなかったりあるいは過度に刺激されると固着（fixation）が起こり，口唇性格（oral character）が形成される。口唇性格は一般に甘えや依存心が強く，おしゃべり，酒飲みや愛煙家など口唇活動が目立つものである。 |
| 肛門期（anal phase）<br>1歳半～3，4歳頃まで | 　この時期は肛門括約筋を支配する神経が発達し，自分の意思で大便をためたり排泄したりできるようになる。この排泄行為に快感が生じ性感帯である肛門に関心が集中することになる。<br>　この時期に固着があると倹約，几帳面，頑固などの肛門性格（anal character）が形成される。またこの時期の固着は将来，強迫神経症の素因になるとも言われている。 |
| 男根期（phallic phase）<br>3，4歳～5，6歳頃まで | 　この時期は自分の性器への関心が顕著になり，性の区別に目覚める時期である。男の子の場合，母親への愛情や独占欲が強まり，恋敵である父親を憎むようになる。しかし父親に攻撃を向けようとすると自分のペニスを切られてしまうのではないかという不安（去勢不安）が生じる。その結果，母親への愛情をあきらめ父親への敵意も放棄することになる。この過程を経て母親からの心理的分離が達成され，男性としての父親への同一化が始まるのである。またここから超自我が形成される。フロイトは，これをエディプス・コンプレックス（oedipus complex）と名付けた（TOPICS 10参照）。<br>　一方，女の子の場合は，母親に対し自分にペニスを与えてくれなかった憎悪から父親へ愛情欲求を向けるようになる（男根羨望）。しかし母親への依存心も消えず，父親への欲求や母親への憎悪は抑圧される。そして母親への同一化が始まり女らしさを身につける。これをエレクトラ・コンプレックス（electra complex）という。<br>　この時期への固着は，虚栄心，競争心，攻撃性などの男根性格（phallic character）を形成する。 |
| 潜伏期（latency period）<br>5，6歳～11，12歳頃まで | 　この時期はほぼ小学校時代に相当し，小児性欲と呼ばれる性的欲動は，一時的に不活発になる。そして知的発達や社会化が促されることになる。 |
| 性器期（genital phase）<br>11，12歳～ | 　思春期にはいり身体的成熟とともに性的欲求が活発になり，それまでの部分欲動が性器性欲として性器を中心に統合されていく。<br>　この時期は一般に思春期，青年期と呼ばれ，成人としての自我や超自我を確立する時期である。ライヒ（Reich, W., 1987～1957）は成熟したパーソナリティの理想型として性器性格（genital character）をあげ，健康な愛と労働の能力をもった性格としている。 |

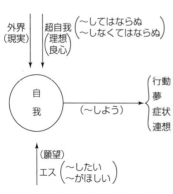

図Ⅲ-2　力動論（前田，1979）

## 力動論的見地

　フロイトは，心の働きは自我，エス，超自我の三者における心的エネルギーの力関係によるものであると考えた（図Ⅲ-2）。すなわち自我がエスからの本能衝動と外界や超自我との関係をどのように調整するかという力動的関係を考えた。

## 発達論的見地

フロイトは，リビドーを性衝動ととらえ，パーソナリティの発達はこのリビドーの発達に関係すると考えた。すなわちリビドーは口唇期・肛門期・男根期・潜伏期・性器期という発達段階に沿った各段階で感覚部位の快感と満足を体験し，そして成人の性愛へと統合される（表Ⅲ-2）。

またフロイトは発達の途上で，ある段階の欲求に対して，過度の満足や不満の状態に陥ると「固着」が起こると考えた。そして何らかの精神的葛藤が生じた場合，固着のある段階まで退行し，それが精神水準を決定する。たとえばよく知られているものに，強迫神経症の肛門期固着がある。

## 防衛機制（defense mechanism）

フロイトは，精神内界の安定を保つための自我の機能として防衛機制という概念を導入した。これはイド，超自我，外界の間の調整がうまくいかずに不安を生じた場合などに用いられる。以下に主な防衛機制をあげる（表Ⅲ-3）。

表Ⅲ-3 主な防衛機制

| | |
|---|---|
| 抑圧（repression） | 不安や苦痛の原因となる欲求や感情などを無意識のなかに抑え込むこと。防衛機制の基礎となる。 |
| 投影（投射 projection） | 抑圧された感情や欲求を他人のものと見なすこと。たとえば子どもが一流大学に入りたがっていると思い込んでいる教育ママは，実は自分のかなえられなかった欲求を子どもに投射している場合がある。 |
| 同一化（identification） | 自分がある対象と似てくるようになること。たとえば尊敬する先輩に態度や言葉づかいが似てくる場合。 |
| 反動形成（reaction formation） | ある欲求が行動化されないようにそれと正反対のことをすること。たとえば憎しみをもつ相手に対して逆に親しげに接近する場合。 |
| 退行（regression） | 早期の発達段階へとあと戻りすること。たとえば排泄自立した子どもが弟が生まれたとたんにおねしょをするようになる場合。 |
| 合理化（rationalization） | 自分の失敗を認められず，何らかの口実をつくるなどして正当化すること。 |
| 昇華（sublimation） | 直接的に表現すると不都合を生ずる欲求や感情を社会的に認められた形で表現すること。たとえば青年期にスポーツに打ち込むのは性欲や攻撃性の昇華であると言われる。 |
| 知性化（intellectualization） | 抑圧されている欲求や感情を知的に客観化すること。たとえば自分の病気に不安をもつ人が医学書を読みふける場合。 |

# TOPICS10　エディプス・コンプレックスの由来

　フロイトはエディプス・コンプレックスという名称をギリシア悲劇であるソフォクレスの「オイディプス王」から命名した。テバイの王ライオスとその妃であるイヨカスタは「みずからの子どもが父を殺し、母を妻とするであろう」という神託により、その子オイディプスを殺すよう家来に命じた。しかし家来はオイディプスを隣国コリントスの家来に預ける。オイディプスは子どものなかったコリントスの王の子として成長する。やがてオイディプス自身も神託を知り、自分の両親と信じるコリントスの王と王妃の元を去り、放浪の旅に出る。その旅先でライオスと出会って言い争いになり、実の父とは知らずに、オイディプスはライオスを殺してしまう。その後、オイディプスはテバイの国に入り当時テバイの民を苦しめていた怪物スフィンクスの謎を解き、英雄として迎えられる。そして未亡人となっていたイヨカスタを実の母とは知らずに妻として迎えることになるのである。しかしやがてテバイの国に次々と災難が起こり始める。災難の原因はライオスを殺した犯人が不明であるためという神託を受けたオイディプスは犯人探しを始め、その結果ライオスを殺したのは自分であり、しかもそれが実の父であったことを知るのである。絶望のあまり、オイディプスは自らの両目を突き刺して盲目となり、イヨカスタは自殺する、という神話である。

　ここからフロイトは、男根期の子どもの両親をめぐる三者関係における無意識の葛藤をエディプス・コンプレックスと命名したのである。

Paul Klee (1939)
お月様の加減が悪くなければ

# 第3章　人格理論―ユングの分析的心理学―

## 普遍的無意識と人間観

　ユング（Jung, C. G., 1875～1961）はもともとフロイトの仲間として，国際精神分析学会の創設期に活躍していた。しかし，フロイトがイドの中心を性的なエネルギー（リビドー）と考えているのに対して，もっと広い意味での心的エネルギーと考えたことなどから訣別することとなった。

　ユングは無意識について，フロイトの言う個人個人の生育史のなかでの経験が抑圧されている「個人的無意識」だけではなく，もっと心の深い層に，人類共通の無意識＝「普遍的無意識（collective unconsciousness）」があることを主張したのである。

　そしてユングは"意識と無意識"というように人間の心に相補的な図式を描いており，これらが統合されて「全体性」を獲得していくことが重要と考えている。この過程は，個々人が自らの無意識の世界にある内容を把握して受け入れていくことで，それぞれが独自性をもった存在として統合されていく過程であり，ユングが「個性化（individuation）」と呼んで，人格の発展と統合の過程としているものである。

## 物語や夢に見られる元型

　ユングは，普遍的無意識は「元型（archetype）」としてとらえられるとした。すなわち「元型」に象徴されるような側面がわれわれの心の中にあると言うのである。「元型」は，われわれの非常に深い無意識に存在しているものが具現化されて表現されているもので，物語や夢などに登場するとしている。そして，無意識の中に表れてくる「元型」を無意識理解の端緒として，自らの中に取り入れていくことが重要としている。

　その「元型」の代表的なものをいくつか紹介しておく。

### （1）ペルソナ

　外的な適応的態度をもった姿を言う。男性であれば社会から要求されているような男性的な態度や行動パターン，女性であれば同様に女性的な態度や行動パターンなどをとる部分を言う。もともとペルソナとはギリシアの古典劇で用いる仮面のことで，つまりは社会的な役割の部分を言う。

　ペルソナは外側に着けた社会的な鎧（よろい）ということもでき，物語の中では文字どおり鎧や衣服で表現されることも多い。ペルソナが優位な人は，社会的な適応はうまくいくかもしれないが，次に示す影の部分を殺しすぎてしまうと，個人の全体性は保てなくなる。

### （2）影

　影とは，個人の意識の中では生きられなかった，受け入れがたいその人の部分を言う。意識化されている個人は一面的であるが，この影の部分が加わることでより深みが増すのである。この影の部分が押しつぶされても，反対にひとり歩きしても個人の統合は破局してしまい，全体性は崩れてしまう。

　現実の中では，同じ仕事をしている仲間でお互い助け合っているのだが，どこかで拒否感が拭えずにいるような相手の中に自分の中の影を見ることがある。そのような相手に反発してどんどん関係が離れていってしまい，お互いにかたくなになっていくことは，影を拒否していくこととなり，ユングの言うような自己実現は遠のいてしまう。相手とどのようなかたちで調和していくのかを慎重に考えることが必要と言えよう。

### （3） アニマ・アニムス

それぞれの社会的な性としてのペルソナに対して，アニマとは男性の無意識の中にある女性像のことを指し，アニムスは，女性の無意識の中にある男性像のことを指す。

アニマは男性にとって創造的な活動を支えるが，非社会的方向へ動かすといった否定的な側面ももつとされている。一方，アニムスは女性にとって強さ——時には頑固さ——を支えるものでもあるが，女性としての自己を破壊しかねない側面も合わせもつとされている。

男性にとって，アニマはその母親像を原型にしている。母親像を発展させて，自分にとっての肯定的なアニマ像を築いていく過程は裏を返せば男性としての成熟にかかわることである。

一方，女性にとっても父親像をもとにしたアニムスをいかに女性としての自己の中に統合していくかが重要と言えよう。

### （4） グレート・マザー

母性には，生み育てるという肯定的な側面と，子どもを抱え込み自立を妨げるという否定的な側面とがあるとされているが，グレート・マザーとは，この両面を含んだ"母なるもの"を意味している。

否定的側面とは，たとえばわが子を心配するあまりに，さまざまな必要な体験をさせようとしなかったり，子どもが逆らって自立しようとすると極端に否定的な感情を向けるような場合である。しかし，母性の裏の一面を強調するとこのようになるが，肯定的な側面の機能が重要であることは忘れてはならないし，それら両面が統合されたものとして「母性」をとらえなければならない。

### （5） 自　己

ユングの考え方では，意識と無意識，ペルソナとアニマ・アニムスなど対極的で相補的な側面が統合されてひとりの全体性をもった個人を形成するわけであるが，その中心となるのが自己である。言い換えれば，自我が意識される個人の中心であるとするならば，自己は意識を補う無意識をも含んだ個人の中心となる。

この自己はそのものとしては意識化されるものではないが，ユングの人間観の中で非常に重要な概念である。

## コンプレックスの本当の意味

ユングの理論の中で重要なものに「コンプレックス」がある。

われわれは日常的にコンプレックスということばをよく使うが，その意味は劣等感といった意味に使われているようである。しかし，ユングによるとコンプレックスとは「個人的無意識の世界に存在する感情によって色づけされた複合体」となる。つまり，個人的な経験の中で抑圧された感情体験を核として，その後に体験した似たような感情が吸収されながら一つのまとまりをもつようになるというのである。そして，外的な刺激を受けてその感情が呼び起こされそうになると，特異な反応を起こしてしまうのである。

もっとも，この感情体験は否定的なことが多いので，多くの場合，表面的には劣等感を刺激された反応と見ることができることが少なくない。しかしコンプレックスには，それが意識化されたときにはより自我を育てる機能をもつこともあり，否定的側面ばかりとは言えないのである。

このコンプレックスについても，その内容をよく把握し受け入れていくことが重要とされている。

# 第4章　人格理論―ロジャーズの自己理論―

　アメリカの心理学者ロジャーズ（Rogers, C. R., 1902～1987）は，わが国では特にクライエント中心療法の創始者として知られている。彼の理論は「人間学的」「現象学的」などと呼ばれ，今日の心理臨床の大きな柱のひとつとなっている。

## ロジャーズの人間観と「自己」

　ロジャーズの理論で特徴的なのは，その人間観である。人間には自己を維持し，強化する方向に全能力を発展させようとする傾向が内在していると言う。この傾向を「実現傾向（actualizing tendency）」と言うが，この人間観は，彼の治療理論（第V部参照）にも反映されている。すなわち，自己を実現させようとする傾向に対しての信頼感が，彼の治療理論の根幹をなしているのである。

　ロジャーズは「自己」について，「自己概念（concept of self）」と「自己構造（self structure）」といった用語を用いている。「自己概念」とは，自己の経験が象徴化した形で表された全体像，とされている。つまり，発達に伴って，さまざまな経験がなされるが，その経験をとおして，①主体的自己と客体的自己についての知覚，②それらが他人の生活とどのようにかかわっているかの知覚，③これらの知覚に付随する価値，といった側面を含んで「自己概念」ができあがってくると言う。

　一方，「自己構造」とは，第三者的に見たときの自己概念，と呼べる。したがって，あくまで本人の知覚を指し示す「自己概念」と区別して用いられる。

## 適応的な状態は「自己」と「経験」が一致の状態

　ロジャーズの理論には，「自己概念」と並んで「経験（experience）」という概念が登場する。「経験」は，前述のように「自己概念」を形成していく源になるが，次のような側面をもっている。

　われわれは，事実としてさまざまな経験をするが，その経験は，必ずしも客観的にありのままとらえられるのではない。経験を自己概念の中に取り入れようとすれば，自ら主観的にならざるをえない。

　また，われわれは実際に体験していることすべてを認識しているわけではない。そこにさまざまなズレが生じることになる。そして，「自己概念」に取り入れにくい「経験」は，歪められてとらえられたり，否認されたりすることになる。

　ロジャーズによると，より適応している状態は，「自己概念」（「自己構造」）と経験とが一致していると言う。この「自己概念」と「経験」とが一致しないことが多いと，不適応の状態となり，実現傾向が生かされない状態となると言うのである。

　このことを図Ⅲ-3によって詳しく見てみる。

　図の中のⅠは，「自己概念」と「経験」とが一致している領域を示している。「経験」したことが，適切に自己の中に取り入れられている部分である。左側のように，この領域が広いほど，適応的であると言うのである。

　Ⅱは，自己の中に「経験」が取り入れられてはいるものの，何らかのかたちで歪められている領域を示している。たとえば，人から批判されたとしよう。その批判が的を射ていても，それを認めることは自身の「自己概念」として取り入れにくい。そこで，批判した

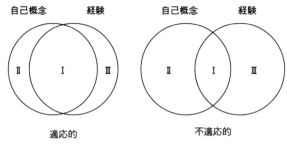

図Ⅲ-3　ロジャーズの「自己」と「経験」

相手が意地悪をしている，ととらえてしまう場合などがこの領域の例としてあげられる。

　Ⅲは，自己の中に取り入れにくい「経験」が，否認されてしまっている領域である。たとえば，非常に成功している人を見ると"妬み"の感情がわく。しかし「そのような感情を感じてはいけない」といった「自己概念」と相容れないので，その人の成功を認めないといった場合があげられる。

### 「経験」は可能性

　図Ⅲ-3で円で表されている「経験」とは，実際に経験したことすべてを表していて，適応的になるためには，この経験をより多く自己の中に取り入れればよいわけである。言い換えると，適応への可能性は既に自身が経験した，もしくは，していることのなかにあると言える。

　ロジャーズの治療理論も，クライエントが自らの経験を自分のこととして，ありのままにとらえていくことを援助するという発想である。その意味で，ロジャーズの治療理論は「クライエント中心療法」と呼ばれているのである。そして，この章の冒頭にも述べたように，人間にはそのように自己を実現していく傾向があるとロジャーズは言っている。

　また，「自己実現（self actualization）」については，マスロー（Maslow, A. H.）やユングもそれぞれの立場から述べているが，いずれにしても，人間が自己の可能性を，より発揮して生きていくことを意味している。

### 人間の本質

　ロジャーズの人間観は，しばしばフロイトのそれと比較されている。すなわちフロイトは，人間は本来，敵意をもつものである，というのに対してロジャーズはそれを否定するものである。それが両者の治療論にも反映されていると言われている。

　ロジャーズは「人間の本質について」という論文において「私の体験では，人間は基本的に信頼できる人類の一員であり，その最深部での特徴は，発達，分化，協力関係，へと向かう傾向であり；彼の生活は，基本的に依存から独立へと向かう傾向があり；彼の衝動は，複雑で変形していく自主規制へと自然に調和していく傾向があり；その全体的な特質は，その人自身および人間という種を維持し，発展させる方向に向かっており，そしておそらくそれをさらに進化させる方向に進んでいくものである」と述べている。この本質が開花する場が，安全感を与え，脅威がなく，ありのままでいられる自由と，何を選んでもよい自由ができるだけ与えられているという特徴をもつ関係の場であり，すなわち治療関係ということになる。

# 第5章 人格理論—コフートとカーンバーグの自己愛理論—

## 自己愛（ナルシシズム，narcissism）とは

　自己愛とは一言で言えば「自分が自分を愛すること」である。日本語でナルシシズムというと否定的なイメージがあるが，フロム（1956）が「愛するということ」の中で「自分を愛することのできない人間に，どうして他者を愛することができようか」と述べたように，それ自体は本来病的なものではない。

　そもそも「自己愛」ということばが心理学・精神医学の中で用いられたのは1899年にネッケ（Näcke, P.）が性倒錯のひとつとして使用したことに始まるとされている。すなわち自分の肉体を性的快感の対象として扱うような状態をナルシシズムと呼んだのである。

## フロイトの自己愛研究

　フロイトは1909年にはじめて自己愛について述べ，その後多くの精神分析学者が自己愛を論じるようになった。

　フロイトは，自己愛を自体愛（自己の身体各部分に対する性的愛着）から対象愛（性本能を外的な一定の愛情対象に向けること）へと進む段階の中間に位置すると考えた。

　さらにフロイトは，自己愛には一次的自己愛と二次的自己愛があると考えた。すなわち一次的自己愛とは，乳児に見られるような外界との関係が成立していない自我とエスの未分化な原初的状態を示すもので，それに対して二次的自己愛とは，自我が外界との間で葛藤に陥り，対象リビドーを自我に撤収し対象に戻れなくなった状態を示し，その結果誇大妄想など，統合失調症の症状の原因になると考えた。

　1914年に著した『ナルシシズム入門』では「自己愛的な対象選択とは私たちが自分に似た人を愛情対象として選ぶ態度のことであり，………対象を愛しているようで実は自分の影を愛しているといった対象選択のあり方を意味している」と述べている。

## カーンバーグの自己愛理論

　フロイト以降多くの研究者が自己愛理論を展開してきたが，なかでも1970年代以降，カーンバーグ（Kernberg, O. F.）とコフート（Kohut, H.）の自己愛理論が中心的な役割を果たしてきた。

　カーンバーグの自己愛理論の特徴は正常な自己愛と病的な自己愛は質的に異なるものである，ととらえた点にある。すなわち正常な自己愛とは，自我構造が完成し対象恒常性を獲得し，外的対象からの満足を得られるような状態を基礎とする。つまり正常な自己愛とは，対象関係の能力を伴う自己愛と言うことができる。

　一方，病的な自己愛には，自己概念の統合の欠如，防衛的な自己肥大に結びつき，他者からの賞賛への極度の依存，共感と愛情の能力の欠陥などが認められる。自己愛パーソナリティ障害は境界例の亜型と考え，分裂，否認，投影性同一視，万能感などの防衛機制が認められるという。すなわち病的自己愛の起源は境界例と同様におよそ15～30ヶ月の幼児期にあると考える。

## コフートの自己愛理論

　コフートは健康な自己愛と病的な自己愛には連続性があると考えた点でカーンバーグとの大きな違いがある。コフートは対象関係の中で自己愛をとらえ，すなわち自己愛とはあくまでも具体的な対象との間で体験されるものであり，人間はそうした対象を一生必要とするものであると言う。岡野（1998）も述べているようにコフートの自己愛理論は対象関係論的であると言える。

　コフートの自己愛理論を発達的に見ると，生後2年までの幼児は2つの自己愛構造体をもつ。すなわち①誇大自己―「自分は偉い」あるいは「偉くなりたい」と思う自己愛で後に「野心の極」となるもの―，②理想化された親イマーゴ―親を理想化してそのイメージを心の中にもつことで，後に「理想の極」となる―，の2つがある。

　3歳頃までに，自己の限界を知るにつれて誇大自己は健全な自尊心や野心などに変容し，さらに5歳頃までに理想化された対象は自己の中に内在化され自我理想などの精神的構造を形成する。こうした健全な自己愛の発達はあくまでも対象が支えてくれることで成立するものであると考える。

　コフートは自己愛パーソナリティ障害を神経症と精神病および境界例との中間の病理とし，およそ18～30ヶ月の幼児期を起源とすると考えた。

　自己愛性パーソナリティ障害については第Ⅱ部「パーソナリティ障害（境界例）」を参照されたい（pp. 73-75）。

# TOPICS11　ナルシシズムの語源

　ナルシシズムということばは1898年，エリス（Ellis, H.）がギリシア神話のナルキッソスと自体愛という性倒錯の患者とを関連づけたことを受けて，ネッケ（1899）が初めてナルシシズムということばを用いた。

　ナルキッソス神話とは次のような内容である。ナルキッソスとはケピススの河神と妖精リリオペの子であり，幼い頃から多くの妖精に愛された。リリオペが預言者ティレアシスから「ナルキッソスはおのれの姿を知らねば長生きするだろう」と告げられた。ナルキッソスはその美しい容姿から多くの乙女が恋心を抱いたが，心を動かすことはなかった。ある日，猟で疲れたナルキッソスが泉の水を飲もうとしたところ，そこに映った自分の姿に魅了され，我が身の美しさに見とれてしまった。ナルキッソスはそうとは気づかず自分自身に恋をしたのである。彼は草の上に腹ばいになったまま，幻の姿を飽くことなく見つめ，ついには肉体も滅び，一輪の水仙の花となってしまった。

# 第6章　発達理論—マーラーの分離-個体化理論—

## 心理的誕生と母子関係

　現在の心理学や精神医学の分野では，乳幼児期の研究が盛んに行われており，以前にも増してこの時期の重要性が学派を問わず強調されている。精神分析学や自我心理学と呼ばれる分野でも多くの卓越した理論が見られるが，いずれにしても誕生してからの人格形成に大きくかかわる重要な時期としていることは変わりない。

　マーラー（Mahler, M. S., 1897～1987）ら（1975）は，子どもは生物学的に誕生しても，心理学的にはまだ一個の独立した人間としては生まれておらず，3歳になる頃までに母親との関係を通して誕生するとしている。この過程を彼女らは「分離-個体化過程」と呼んで次のような段階を設定している。

## 分離-個体化の過程

### （1）　正常な自閉期（誕生から1，2ヶ月）

　生理的側面が優位な時期で，生物的成長の時期である。この時期は外界の刺激に対して反応することはせずに，胎生期の延長のようにとらえられている。しかし，最近の研究では胎生期においても，さまざまな刺激を認知していることが報告されている。

### （2）　共生期（5ヶ月頃まで）

　世話をしてくれる母親をぼんやりと意識し始める時期から，母子一体となって過ごす時期である。対人関係の土台となる非常に重要な時期である。この時期が充足的でないと，以降の「分離-個体化」に大きな影を落とすことになる。

### （3）　分離-個体化期

**1) 分化期（1歳頃まで）**　　共生的母子関係から，まず，身体像の分化が起こる。母親の身体を触ったり，しげしげと眺めるといった行動が見られるようになり，母親と自分との区別がつくようになる。次第に母親と他の人の区別もつくようになり，この頃見られるのがいわゆる「人見知り」である。

　したがって，共生的関係が成立していないときには，はっきりとした「人見知り」は見られない。

**2) 練習期（1歳半頃まで）**　　この段階は運動機能の発達とともにハイハイをするようになって，移動を始める時期である前半と，実際に歩き始めて母親から離れていく後半とに分けられている。この時期は，外の世界に対する興味や関心が高まり，出会うものに新鮮な喜びを感じる時期で，母親があたかもエネルギーの補給基地のように，子どもは母親から離れていっては戻ることを繰り返す。

**3) 再接近期（2歳頃まで）**　　母親から分離することに慣れ始めた子どもは，その楽しさを味わうが，同時に不安も感じるようになる。この時期の子どもの運動機能の発達はめざましいものがあるが，周囲の危険や事態の処理能力は伴っていない。そのため母親は，しばしば子どもの意に添わない制止や禁止の働きかけをしなければならない。もちろん，ここには母親が抱く子どもが分離していくことへの不安も表現される。子どもにしてみれば，それまで自分を援助してくれた母親が，自分とは違う願望をもっていることに気づかされる体験となるわけである。

　その事態になって，子どもは分離不安を高め，再接近危機期が訪れる。つまり，不安の

解消のため再接近しようとするのだが，以前のように共生的には過ごすことができないために，母親との間に葛藤が生じてくる。具体的には，関心を向けることを求めるような行動や言動が多くなり，母親にしがみつくような状態も見られる。この時期に母親が子どもの「分離－個体化」の方向を認め，アンビバレントの克服に向けて，十分に励ましたり援助する一貫性のあるかかわりが必要となる。

**4) 対象恒常性の獲得（それ以降）** 上記の一貫した肯定的な母親のイメージを子どもが内的に取り込んでいく時期である。この課題の達成によってはじめて，子どもは確立した自己を認識することができ，統合された自己イメージの獲得とともに，分離不安の克服が可能となるのである。

　また，この発達段階と他の理論との関連などは，107ページのトピックス12（図Ⅲ－4）を参照されたい。

　この発達論を見ても分かるように，この時期に重要なことは微妙な葛藤を含んだ母子間の交流であると言えよう。また，この「分離　個体化過程」と同様の状況が，思春期から青年期の年代で再燃してくることをブロス（Blos, P., 1967）は，「第二の分離－個体化過程」と呼んで明らかにした。彼によると，乳幼児期では，生理的存在から心理的存在への個としての自立がテーマで，交流の対象が親であったが，思春期では，社会的な存在としての個の自立がテーマとなり，対象が両親から同年代の親友へ移行するとのことである。

## TEA BREAK 5

### ピーターパン・シンドローム

特　徴
1. 自己の男性性に自信がもてず，男性として不全感を抱く。
2. 自律性に乏しく無責任で，かつ不安感や孤独が強い。

　1984年，アメリカのカイリー（Kiley, D.）により提唱された。1970年代後半からアメリカで大人社会へ仲間入りのできない男性が増加したことに対して名付けられた。ピーターパンは大人にならない「ないない島」で遊ぶ永遠の少年であるところからこの名が付けられた。この症候群の背景にはアメリカ社会における，家庭の不安定さや女性の自立が背景としてある。その結果，恋愛・結婚・夫婦関係において未熟な男性が増加したと考えられている。

　一方わが国では男性に限らず「大人になりたくない」という「モラトリアム人間」が増加している。いつまでも社会人としてのアイデンティティを確立せずに，義務や責任を回避し，エリクソンの言う「モラトリアム状態」にとどまることに対して小此木は「モラトリアム人間」と名付けた。

　これは青年に限らず多くの現代人の心理構造であるとされている。

# 第7章　発達理論—ウィニコットの対象関係論—

　ウィニコット（Winnicott, D. W., 1896-1971）はイギリスに生まれ，小児科医としてパンディントン・グリーン病院に40年間勤務しながら，同時に精神分析を学び精神分析家として個人開業を行っていた。小児科医として6万例を超える子どもとその家族に接し，早期乳幼児期の母子関係における発達理論を展開した。ウィニコット自身は自らの母子関係の理論を一者関係と移行期の世界を解明するものとしている。「独立した赤ん坊はいない，いつも母との一対として存在する」ということばは有名であるが，ウィニコットが環境とのかかわりを重視したことがこのことばに表されている。

## 母子関係の発達と主要な概念

### （1）依存の諸段階
　ウィニコットは母子関係の基本は依存（dependency）であるとして，乳幼児期の母子関係を三段階に分け，また6ヶ月〜1歳前後の時期を移行期と命名した（表Ⅲ-4）。

### （2）原初的没頭（primary maternal preoccupation）
　出生前後数週間における母親の特殊な心理状態のこと。この時期母親は病的と言っていいほどの強い感受性をもち，引きこもって自己の一部であるかのように乳児の世話をする。母親は妊娠中に，子宮内の子どもを自己の一部として感じ，同一化を深めるという過程を経る。この同一化が可能になるのは，母親自身が早期乳幼児期に，信頼できる養育体験を受けてきたことによるものである。その結果，乳児の欲求に適切に対応することが可能になるのである。

### （3）holding（「抱きかかえること」または「抱っこ」と邦訳されている）
　物理的侵害からの保護や幼児の感受性に対する配慮などの機能を果たす，環境から与えられるすべての供給を言う。具体的には日常的に繰り返される育児のすべてと言える。これらは，最初の対象関係の確立を可能にし，自己の存在を徐々に体験することができるようになる基盤となる。「-ing」で示される母親のholdingの時間的連続性に支えられて「存在し続ける（going-on-being）本当の自己」が確立していく。

### （4）ほどよい母親（good enough mother）
　どこにでも見られる，ごく自然で普通の献身的な母親という意味。ほどよい母親による母性的かかわりとは，原初的没頭に始まり，発達する子どもの能力や変化するニーズに沿って次第にその母性的なかかわりを減じていくことである。ウィニコットは母親が「自分自身の判断を信じられるときが，母親の最良の状態です」と語っている。

## 移行対象と錯覚・脱錯覚論

### （1）移行対象（transitional object）
　6ヶ月から1歳頃の幼児が肌身離さず持っているぬいぐるみやハンカチ，毛布などのことをいう。子どもは，これは自分の身体の一部ではないことは分かっているが，外界に属しているとも認識されない，いわばその両者にまたがる中間領域のものである。
　絶対的依存期から相対的依存期への移行期には，母親からの自立の第一歩として分離不安が生じる。このとき乳児は，母親の乳房による満足の代理対象として，ぬいぐるみや毛布の端を玩んだり，しゃぶったり，つかんだりすることに夢中になることで分離不安を防

衛するのである。
 **（2） 錯覚（illusion）と脱錯覚（disillusion）**
　乳児には幻想のなかで，母親の乳房をあたかも自分の一部としてつくりだしているという心理過程がある。これがウィニコットの言う錯覚であり，乳児が次第にその錯覚から脱け出す過程が脱錯覚である。いわゆる離乳のプロセスであり，母親の原初的没頭の解消と乳児の現実検討能力の発達に沿ったものである。

## 思いやりの能力の発達

**（1） 環境としての母親（environment-mother）と対象としての母親（object-mother）**
　「環境としての母親」とは，外的対象としての母親であり，不慮の事態を取り除いたり，育児全体のなかでかまってやったり，気を配ったりする母親のことである。「対象としての母親」とは，内的世界における主観的対象としての母親で，幼児の性急な欲求を満たす母親を意味する。
　この2側面の母親が一緒になる（統合）という体験が思いやりの能力につながるとされる。
**（2） 罪悪感と思いやりの能力**
　精神分析理論によると，乳児は生来的に衝動性をもっている。そしてその本能衝動は対象としての母親に向けられ，母親を攻撃し破壊しようとする（罪悪感の発生）のである。しかし母親は「生き残り続け」，さらに環境としての母親が常に付き添い"与える"ことによって，罪悪感の修復が行われるという。これが繰り返されることによって，罪悪感はさらに「思いやり」の能力へと発達するとした。
　すなわち自己の衝動性を母親が受けとめ続けることにより，そういった衝動性をもつ自己が否定的なものではなく肯定的な自己として統合され，そこから思いやりの能力が発達するのである。

表Ⅲ-4　依存の段階

| 段階 | 特徴 |
|---|---|
| 絶対的依存<br>〜6ヶ月頃 | 自他未分化な受身的依存の時期。母親の原初的没頭とholdingが重要な意味をもつ。この時期の母子関係の問題は精神病的障害につながる可能性がある。 |
| 移行期 | 絶対的依存から相対的依存への移行の時期。移行対象の出現や錯覚と脱錯覚の心理過程が見られる。 |
| 相対的依存<br>1歳前後〜 | 自他は分化し，母親と子どもは独立した個人として生きる。「母は必要である」と心の中で知り始める段階で，子どもは依存と独立の葛藤状態にある。 |
| 独立への方向をもった段階<br>3歳前後〜 | 母親の養育がなくてもやっていける手立てをもつ。二者関係から三者関係へ（競争，嫉妬）。社会性や自律性が芽生える時期。思いやりの能力。 |

# TOPICS12　対象関係論（object relation theory）

## 一つの家族に五人の子どもがいれば五つの家族が存在する

　対象関係論とは，精神内界に内在化された対象（他者）（内的対象 internal object）との関係やそれと現実の対人諸関係との相互作用を扱う理論である。実在する外的対象（external object）と同時にこの内的対象関係の発達を人格発達のうえで重視する理論で，1930年代から主にイギリスで発展してきた。フロイトは，超自我の発生を早期の両親（対象）との関係の内在化という視点でとらえたり，転移を過去の対象関係の反復と考えるなど，既にフロイトの時代に対象関係論の素地はできあがっていたと言われている。その後クライン（Klein, M.），フェアバーン（Fairbairn, W. R. D.），ガントリップ（Guntrip, H.），ウィニコットらによって受け継がれていった。

(1) 部分対象と全体対象

　対象関係の発達の初期には，乳児はまだ母親を全体的な対象としてとらえることができずその一部分，たとえば乳房を対象として認識する。あるいは物理的には全体的な認知が可能になっても，「良い母」と「悪い母」をひとりの存在として統合することはできない。これを部分的対象関係と言う。2〜3歳になると統合された全体的な存在としての対象と関係をもつことが可能となり，これを全体的対象関係と言う。

(2) 良い対象，悪い対象

　乳児にとって，自分の欲求を満たしてくれるものは「良い対象（good object）」であり，満たしてくれないときには「悪い対象（bad object）」として体験される。良い対象には自己の良い部分が投影され「理想化された対象」となる。一方悪い対象には，自己の攻撃衝動が投影される結果，自己を破壊しようとする「迫害的対象」となる。両者は良い対象との関係が安定し，対象への愛情が破壊衝動を上回れば次第に統合されていく。しかし両者が分裂（splitting）した状態のままである場合，境界パーソナリティ構造（borderline personality organization）が形成されると言われている。

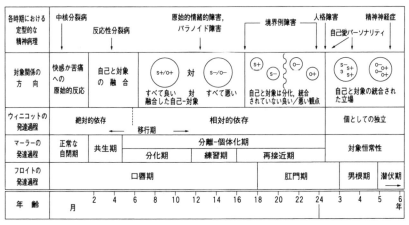

図Ⅲ-4　対象関係の発達と各時期における精神病理（前田，1985より一部引用）

# 第8章　発達理論―エリクソンの心理・社会的発達理論―

## 漸成的発達論

　エリクソン（Erikson, E. H., 1902-1994）は精神分析家であると同時に自我心理学の影響も受け，自我と社会との関係を重視した理論を展開している。彼の理論は漸成的発達論と呼ばれており，以下に主な特徴を示す。

　①個体の発達は常に社会（個体を取り巻く環境）との相互作用のなかで起こるものとして，心理・社会的側面の発達を強調している。

　②生まれてから死ぬまで人間は生涯にわたって発達すると考え，その一生のプロセスをライフサイクル（人生周期，life-cycle）と呼ぶ。

　③漸成発達（epigenesis）とは段階ごとに器官が次々とかたちづくられるという生物学上の概念であり，あるものの上に次が生じるという意味である。人間の発達は前段階の発達課題の達成の上に次の段階へと進むと考えた。

　④人間の一生は8つの漸成的発達段階に分けられ，各段階には固有の発達課題がある（表Ⅲ-5）。この発達課題は解決の成功と失敗の両極端によって記述されているが，そこで表される葛藤をエリクソンは心理・社会的危機（crisis）と呼んだ。この解決については「成功か失敗か」というよりも両極端のバランスが望ましいとされている。

表Ⅲ-5　エリクソンの心理社会的発達の8段階（Erikson, 1963により構成されたもの）

| | 段階 | 心理的危機 | 有意義な対人関係 | 好ましい結果 |
|---|---|---|---|---|
| 1 | 乳児期前期（0～1歳） | 基本的信頼 対 不信 | 母親またはその代わりとなる者 | 信頼と楽観性 |
| 2 | 乳児期後期（1～3歳） | 自律性 対 恥・疑惑 | 両親 | 自己統制と適切さの感じ |
| 3 | 幼児期（3～6歳） | 積極性 対 罪悪感 | 基本的家庭 | 目的と方向：自分の活動を開始する能力 |
| 4 | 児童期（6～12歳） | 勤勉性 対 劣等感 | 近隣；学校 | 知的・社会的・身体的技能の有能さ |
| 5 | 青年期 | 同一性 対 同一性の拡散 | 仲間集団と外集団；リーダーシップのモデル | 自己を独自な人間として統合したイメージをもつこと |
| 6 | 成人期初期 | 親密性 対 孤立 | 親友；性，競争，協同 | 親密で永続する関係を形成し，生涯を託するものを決める |
| 7 | 壮年期 | 生殖性 対 沈滞 | 労働を分けもつことと家事を分けもつこと | 家族，社会，未来の世代への関心 |
| 8 | 老年期 | 統合性 対 絶望 | "人類"；"わが子" | 充足と自分の生への満足感 |

## 各段階の発達課題

### （1）　第1段階（0～1歳頃）

　人生の最早期の発達課題は「基本的信頼 対 不信」である。これから自分が生きていく外界は信頼できるのか，あるいは自分自身は信頼できるのかといった人間の心の発達においてもっとも重要かつ基本となる課題である。乳児は自分の欲求に適切に応えてくれる環境――授乳，おむつ交換，心地よい睡眠の保証など――から身体的安全や精神的安定を得

ることができる。そういった日常の育児，つまり母親との関係をとおして外界への信頼や自己への信頼を築くことができるのである。一方，母親が乳児の欲求を拒否したり，適切に応じることができない場合には，外界や自分自身への不信につながることになる。

(2) 第2段階（1～3歳頃）

この時期のテーマはトイレット・トレーニングを中心とした「しつけ」である。そこには親の命令や禁止を自分のものとして内在化するプロセスが見られる。エリクソンはこの時期の発達課題を「自律性 対 恥・疑惑」として，肛門括約筋を"意思の力で使う"ことを学ぶと述べている。一方しつけなどの外的環境からの規制が強すぎると恥による劣等感や自分の価値に対する疑惑を深める結果となる。

(3) 第3段階（3～6歳頃）

この時期の発達課題は「積極性（自主性）対 罪悪感」である。この年代の幼児の特徴として性器への関心が生じ始め，さらにそれが外界への関心に広がり何事も目新しく映り「なぜ，なに？」と外界を探索し，動き回るのである。つまり「自分から」「積極的に」探索し，創造することの獲得が課題となるのである。一方積極性が他者と衝突し，敗北したり，やり過ぎると「罪悪感」が生じることになる。

(4) 第4段階（6～12歳頃）

いわゆる学童期にあたるこの時期の発達課題は「勤勉性 対 劣等感」である。ここで言う勤勉性とは「生産的なことに熱心になり，有意義な仕事を遂行しようとする熱意」とされている。熱心に学業に努力し，社会的・対人的技能を身につけ，困難な仕事にも取り組み解決していくことで有能感を獲得できる。すなわち自己を信頼し，自己統制の力を信頼し将来の社会的存在としての自己確信へとつながるのである。一方，こういったプロセスが困難である場合，劣等感としての自己意識が決定的なものになるという。

(5) 第5段階（12～19歳頃）

いわゆる思春期・青年期と呼ばれる時期であり，社会人として働き始めるまでの時期と考えてもよい。発達課題は「同一性（identity）対 同一性拡散」であり，エリクソンの理論のなかでも中核的な概念である。

「同一性」とは「自分は何者か」「何者になるか」といった問いに対する答えを中心とするものである。エリクソンの同一性概念の特徴としては，①過去，現在そして将来にわたり自己は一貫し，不変であるという確信がもてること，②自分の理解する自分の姿は他者からも同じように認められ，「自分はほかでもないこの自分である」と思えること，③こういったことが頭による理解ではなく感覚として分かること（自分がどこへ行こうとしているのか，分かっているという感覚），の三点である。エリクソンは「青年期はそれまでのさまざまな経験のなかから見つけだしてきた自分というものを統合する年代」と考えた。そのために社会からの義務や責任を最小限にし，同一性形成のための時期として社会から認められた期間，という意味で「心理・社会的モラトリアム（psycho-social moratorium 猶予期間）」と呼んだ。

一方，同一性形成がうまくいかない場合が「同一性拡散（identity diffusion）」であり，「自分がばらばらになる，自分が分からなくなる」といった状態を言う。

(6) 第6段階（20～30歳頃まで）

この時期の発達課題は「親密性 対 孤立」である。親密性とはすなわち青年期に形成した自分の同一性と他の誰かの同一性を自分を見失うことなく融合できることである。一方こうした親密性を達成できないと人間関係から孤立した人生になる。

(7) 第7段階（30～65歳頃まで）

この時期の発達課題は「生殖性 対 沈滞」である。ここで言う生殖性とは，単に子ども

を産み育てるという意味ではなく，子どもを含めて生産物，芸術，観念など次の世代へと受け継がれるものすべてを責任をもって育て，発展させることを意味する。一方，生殖性への関心を失った場合，発達の沈滞を招くことになる。

### （8） 第8段階（65歳〜）

　生涯の最後となるこの時期の課題は「統合性 対 絶望」である。すなわち次世代を育て信頼し，そして自分の生きてきた生涯を統合することであり，それが人生に対する絶望感を回避することになるのである。

## TOPICS13　就職活動と自我同一性

　学生にとって就職活動は，社会に出るための準備であり，あらたに自分が帰属し生活の糧を得，生活時間の多くを過ごすことになる場を決定する作業であり，その点で心理的にも大きなイベントである。

　遠藤・高木（2013）は，就職の内定した大学4年生と大学院修士2年生を対象として自我同一性との関連を調査している。その結果，自我同一性の高い学生は，自分自身のやりたいことや自分自身の可能性を追求するために職業を選択する傾向が強く，就職活動において自分の志望する企業や職種へのこだわりが強いことが示された，と報告している。また学部生に比べて大学院生の方が，自我同一性下位尺度の「自律性 vs 恥・疑惑」得点と「勤勉性 vs 劣等感」得点が高かったと報告している。つまり，大学院生の方が自分の決断に迷わず，失敗を恥じず，自分で決断する傾向や，自分のやることに専心し，成果を挙げるための努力を惜しまないことなどが明らかになったということである。

　学生時代にさまざまな体験を重ね，自らの志望する方向性を定めること，そしてそれに向けての努力は，自我同一性の点からも重要な青年期の課題と言えるであろう。

# 第Ⅳ部

# 対象を理解する
# ―心理アセスメント―

Paul Klee (1939)
樹と人間との会話

# 第1章　情報の収集と整理

　心理臨床家の主な役割のひとつに，心理アセスメントがある。アセスメントは査定と訳されていることが多いが，具体的にはプレイルームにおける観察，クライエントあるいは家族との面接から得られた情報や心理検査の結果などを総合して，問題の性質やクライエントの性格などを見極めようとする作業である。
　心理検査のそれぞれについては，第2章以降に詳しく紹介されているので，ここでは心理アセスメントの基本的態度と，その他の情報の収集について述べる。

## 心理アセスメントとは

　心理アセスメントとはクライエントに関する情報を面接，観察や心理検査などをとおして収集し，そこからクライエントの抱える問題の背景を理解し，援助方針を立てることを目的とするものである。あるいは面接途中において現在の状態を把握するために心理検査を実施することもある。いずれにしても目的はクライエントの援助に繋がる理解を深めるために行うものである。
　さてその情報収集の方法であるが，アセスメントと言うとイコール心理検査と考える人も多いであろう。しかし，もっとも大切な情報収集の方法は，「面接」である。この面接には，クライエント本人との面接と家族を含め周囲の関係者との面接がある。本人と面接し，いつ頃から何に困っているのか，悩んでいるのか，育ってきた過程や現在の状態，どのような状態になることを望んでいるのか，を面接で聴くことから始まる。家族からも同様に相談したい主訴を巡り，情報を収集する。子どもがクライエントであり，言語表現が十分でない場合には，プレイルームでの遊びを通した行動観察が重要な情報源となる。
　そして，知的な側面や性格など詳細な情報が必要である場合に，心理検査を実施することになるのである。情報収集において，忘れてはならないのが，クライエントの肯定的な側面や心理的に健康な側面，発達の可能性を秘めた側面をアセスメントすることである。われわれはともすると，援助の対象となる問題点や否定的な側面，課題だけに目が向きがちである。しかし，課題の解決に向けて自らのもてる能力や力を発揮できるよう援助することが重要であり，そのための自助資源のアセスメントが重要と言える。
　こうして多面的に収集した情報を統合して，クライエントを理解し，援助の方針を立てることがアセスメントの過程である。

## 心理アセスメントはいつ誰によって行われるか

　心理アセスメントは，上述のような目的で行われるものであるが，その結果によって心理療法の方針を決定するために，心理療法が本格的に始まる前に行われることが多い（第Ⅰ部　第4章参照）。
　しかし，心理療法を開始して，途中で当初の方針を再検討しなければならないことも少なくない。そういった場合には，心理療法の経過の途中でも行われることがある。
　また，心理アセスメントは，基本的には心理療法の担当者が行うが，心理療法の経過途中で行う場合などでは，心理療法の担当者が行わない方がよい場合もありうる。たとえば心理検査を行うことによって，それまで築いてきたクライエントとの関係が混乱することが予想される場合などは，他の者に依頼することが望ましい。

## 心理検査以外の情報の収集

心理検査以外の情報の収集も，心理アセスメントとしては非常に重要な要素である。集める必要がある情報について，以下にまとめておく。

### （1） 家族の情報

われわれは生活していくうえで，さまざまな対人関係を背景としているが，もっとも影響を受けやすいものとして家族関係があげられる。家族成員の性格や，本人との関係のあり方などを具体的に知ることは重要である。特に子どものクライエントにとっては，両親との関係は欠くことのできない情報である。また，遺伝的な問題を把握しておく必要があることもある。

### （2） 生育歴

クライエントがそれまでどのような人生を送ってきたのかによって現在の問題のあり方の理解が変わってくる。幼い頃からの生活の様子や，家族・友人とのかかわり，幼稚園・保育園・学校・職場などの場面での様子などを知ることが必要となる。

また，発達の問題が疑われるような場合には，出産前後の様子やその後の身体的・精神的発達の様子などの情報が必要となる。特に，母子関係・歩き始めの時期と様子・ことばの出始めの時期と内容・人見知り・後追い・トイレットトレーニングの状況・反抗期の有無とその様子・遊びの内容と対人関係などが重要な情報となる。

### （3） 問題の発生と経過（現病歴）

問題としている症状や状態が，いつ頃からどのような様子で発生してきたのか，また，その後の変化などについてとらえておくことが必要となる。

### （4） 観察による情報

実際にクライエントと接して，その観察を通して得られる情報も大きい。表情やしぐさ・服装やことばづかい・その場の全体的な反応の様子などを総合的に観察し，アセスメントを行うものである。

いずれにしても臨機応変に必要な情報が収集できることは，心理療法の成否を左右するほど重要なことであるが，何が必要な情報で，また，得られた情報をどう分析するのかについての判断は，習熟を要するものである。

## 心理療法の立場によって違う情報の収集方法

情報の収集は，多くの場合は面接の中で質問形式で行われることが多い。しかし，心理療法の立場によっては，その方法も異なることがある。たとえば，精神分析的立場では，生育歴などについても，自由連想的にクライエントから話してもらうことがあるし，クライエント中心療法では，過去の様子よりも現在の心の動きに力点が置かれることが多いようである。

また，子どもの場合は，さまざまな情報は母親らから得られることが多いが，その記憶の様子など自体が母親との関係を表現していることもある。

## 心理アセスメントにおける倫理的側面

心理臨床はクライエントの心の奥深くにまでかかわる場合も多いものである。クライエントはこれまで誰にも話さなかった秘密を語ることも珍しくはない。また心理検査の結果も他人には知られたくないものである。面接開始時には守秘義務，面接頻度や時間などの契約を結び，また心理検査実施前には検査目的を伝え，同意を得て，結果のフィードバックの方法について話し合ったうえで実施することが必要である（インフォームド・コンセント）。

こうして面接の場は保護され守られた場であることをクライエントに伝えることで信頼関係を築くことができる。

## TOPICS14　EBM と NBM

　エビデンス・ベイスト・メディスン（Evidence Based Medicine：EBM：根拠に基づく医療）の evidence とは「根拠」という意味であり，疫学などの研究成果や実証的な根拠に基づいた医療の方法論である。
　一方，ナラティブ・ベイスト・メディスン（Narrative Based Medicine：NBM：物語と対話に基づく医療）の narrative とは「物語」という意味であり，理論や仮説や判断などをすべて「一つの物語」として理解し，「患者の病い」と「病いに対する患者の対処行動」を患者の人生と生活世界におけるより大きな物語の中で展開する「物語り」であると見なす（Greenhalgh, T., 1998）ものである。すなわち社会構成主義（社会構築主義）を背景とした医療の方法論と言える。
　医療においては当初 EBM が急速に普及した結果，科学的な側面の重要性のみが強調されてきた。その反動として患者との対話を重視しようとする全人的な医療の流れの中で NBM が注目されるようになってきたという歴史がある。このような流れを見ると，両者は相反する方法論であるかのように見えるが，NBM という概念を1998年に最初に提唱したのは同時に EBM の専門家でもあった英国のグリーンハル（Greenhalgh, T.）とハーウィッツ（Hurwitz, B.）であった。すなわち両者は対立する方法論としてとらえるのではなく，患者中心の医療を実践するための相補的方法論として理解することが重要なのである。斉藤（2003）によると，両者はともに目の前の患者の最大幸福に焦点をあてる医療の方法論である，という。
　こうした医療の流れは臨床心理学においても決して無縁ではなく，Narrative と Evidence の両者を備えた心理臨床実践が社会からは求められていると言えよう。

# 第2章 発達検査

## 発達検査とは

　発達検査とは主に就学前の乳幼児の精神発達や身体運動発達を調べるための検査である。その内容としては主に乳幼児版知能検査と発達診断という二つの流れを汲み，わが国では大きく発達検査法，発達診断法と発達スクリーニング法に分けられる。

## 実施にあたっての留意点

　発達検査はあくまでも現在の発達の状態を把握したり，あるいは発達の遅れを早期発見し早期の援助を行うためのものであり，将来の発達を予測するものではない。
　発達検査を心理相談の資料として行うのか，スクリーニング（一般を対象として検査を行い，問題を発見すること）を目的で行うのかなど，目的に沿った適切な発達検査を選択することは言うまでもなく大切なことである。また，結果を親に伝える場合は，あくまでも援助の一環であることを念頭において行われるべきであろう。

## 発達検査法

　発達の程度やズレなどを把握することを目的とするもので，代表的なものに「新版K式発達検査」（図Ⅳ-1）がある。
　本検査の検査項目は，姿勢・運動，認知・適応，言語・社会の3領域に分類され発達のプロフィールが視覚的に把握できるようになっている。また結果はDA（developmental age 発達年齢）やDQ（developmental quotient 発達指数）で示される。

$$発達指数（DQ）= \frac{発達年齢（DA）}{生活年齢（CA）} \times 100$$

## 発達診断法

　発達障害の早期発見や発達診断を目的とするもので，臨床場面では「乳幼児精神発達診断法」（図Ⅳ-2）が広く利用されている。
　本検査は，0歳～7歳までの乳幼児の日常生活から項目が選定されており，養育者への問診による実施が簡便であり，運動・探索・社会・生活習慣・言語の5領域における発達が発達輪郭表によって概観できるという利点がある。しかし養育者の観察が主観的になりやすくそのため結果が歪められる可能性もあるという点に留意すべきであろう。

## 発達スクリーニング法

　潜在的な発達障害の可能性のスクリーニングを目的とするもので，「乳幼児分析的発達検査法」（図Ⅳ-3），「日本版デンバー式発達スクリーニング検査」などがある。
　「乳幼児分析的発達検査法」は，0ヶ月から4歳8ヶ月までの乳幼児を対象に，移動運動・手の運動・基本的習慣・対人関係・発語・言語理解の6領域における発達診断を行う。実施が簡便であり，短時間に多くの児に実施できることから，健診などに広く利用されている。

京都国際社会福祉センター

# 新版K式発達検査（増補版）　(58.7.1)

第 1 葉



| | | | |
|---|---|---|---|
| 姓 | | | 男 |
| 名 | | | 女 |
| 所属 | | 検査者 | |
| 開始　時　分 | | 終了　時　分 | |
| 検査日　年　月　日 | | | 日 |
| 生年月日　年　月　日 | | | 日 |
| 概算差し引き　年　月　日 | | 精密差し引き | 日 |
| 生活年齢　年　月 | | 換算 | 月 |
| 領域別 | 得点 | 発達年齢 | 発達指数 |
| 姿勢・運動 P－M | | | |
| 認知・適応 C－A | | | |
| 言語・社会 L－S | | | |
| 三領域合計 | | (P－M)＋(C－A)＋(L－S) | |
| 全領域 | | | |

(注) 領域別に発達年齢・発達指数を算出すること

| 領域 | 順序 | 分類 | 0:0超～0:1 (1～30日) | 0:1超～0:2 (31～61日) | 0:2超～0:3 (62～91日) | 0:3超～0:4 (92～122日) | 0:4超～0:5 (123～152日) | 0:5超～0:6 (153～183日) |
|---|---|---|---|---|---|---|---|---|
| 姿勢・運動 (P－M) | 1 | 仰臥位 | T-N-R姿勢優位 U1 | | 腕の対称姿勢有 U3 | 腕の対称優位 U5 | | 寝返り U7 |
| | | | 頭の側転優位 U2 | | 頭を半ば側転 U4 | 頭の中央優位 U6 | | 脚を上げる U8 |
| | 5 | 引き起し | | | | | 頭が遅れない I1 | 頭を上げる I2 |
| | 6 | 座位 | 頭を垂れる I3 | 頭を起す I4 | 頭を前傾 不安定 I5 | 頭を前傾 安定 I6 | | 手をつき座る I8 |
| | | | | | | 頭を直立 安定 I7 | | 座位 3秒 I9 |
| | 17 | 立位 | | | | | | 体重を支える T1 |
| | 18 | 腹臥位 | 頭が垂れる R1 | 頭を水平 R2 | | | | |
| | | | 頭が側転 R3 | 頭が下向き R4 | 肘支持 頭上げ R12 | | 腕支持 頭上げ R13 | 片手首を上げる R15 |
| | | | 頭上げ 領域Ⅰ R5 | 頭上げ 領域Ⅱ R6 | 頭 領域Ⅱに保つ R7 | | 頭 領域Ⅲに保つ R8 | |
| | | | 脚の屈伸 R9 | | 尻を落とす R10 | 両脚 伸ばす R11 | | 指で床をかく R14 |
| 認知・適応 (C－A) | 1 | 仰臥位 | 両手とも握る U9 | | 両手を開く U10 | 両手を触れ合わす U11 | | 顔の布を除く U13 |
| | | | | | | 身体に触れる U12 | | |
| | 2 | 吊り輪 | 視線上で注視 U14 | 遅れて注視 U15 | 直ちに注視 U16 | | | |
| | | | 追視 90° U17 | 追視 90°以上 U18 | | 追視 180° U19 | 腕の運動誘発 U20 | 両手を近寄せる U21 |
| | 3 | ガラガラ | すぐ落とす U23 | 保持 3秒程度 U25 | 保持 5秒以上 U26 | 保持 1分以上 U31 | 片手で振り鳴らす U27 | 両手で振り鳴らす U32 |
| | | | 掌を開く U24 | | 両手に持つ U28 | | 自発的につかむ U29 | |
| | | | | | つかんで離さぬ U30 | | | |
| | 4 | 鐘鳴らし | 身動き止まる U33 | 表情の変化 U34 | | | | 顔を向ける U35 |
| | 7 | 積木 | | | | | 交互に注視 P1 | |
| | | | | | | | 口に運ぶ P3 | 落しても拾う P6 |
| | | | | | 片手に保持 3秒程度 P2 | 掌把握 P4 | 両手に保持 3秒 P8 | 両手に保持 10秒 P9 |
| | 8 | 山積木 | | | | | 触れるとつかむ P15 | 空いた手を伸ばす P16 |
| | 9 | 積木とコップ | | | | | | |
| | 10 | 小鈴 | | | 注視する P37 | | | |
| | 11 | 小鈴と瓶 | | | | | | 瓶に手を出す P46 |
| | 12 | 鐘 | | | | | | |
| | 13 | 紐付き輪 | | | | | | |
| | 14 | 自動車 | | | | | | 玩具(車)の追視 P66 |
| | 15 | はめ板 | | | | | | |
| | 16 | 描画 | | | | | | |
| 言語・社会 (L－S) | 随時 | 鏡 | | | | | 自像に注視 M25 | 自像に発声 M26 |
| | | 対人反応 | 顔を注視 M1 | 微笑 M2 | 刺激に発声 M5 | 引き起し 喜ぶ M7 | 中断で不機嫌 M8 | 「イナイイナイバー」 M9 |
| | | | | 人の追視 M3 | 微笑みかけ M6 | | | 声をかける M10 |
| | | | | 声の方を向く M4 | | | | |
| | | 自発遊び | | | 手を見る M18 | | 顔を覆う M19 | 取ろうとする M23 |
| 参考項目(聴取) | | | | | | | | 半固形物 M30 |
| ※得点 | | | ① 0、0、0〔0〕 | ① 7、6、1〔14〕 | ① 11、10、4〔25〕 | ① 17、17、7〔41〕 | ① 22、22、8〔52〕 | ① 25、29、11〔65〕 |

(注) 参考項目は得点に含めない。　※①は重み、P-M累計得点、C-A累計得点、L-S累計得点、〔全領域累計得点〕

図Ⅳ-1　新版K式発達検査

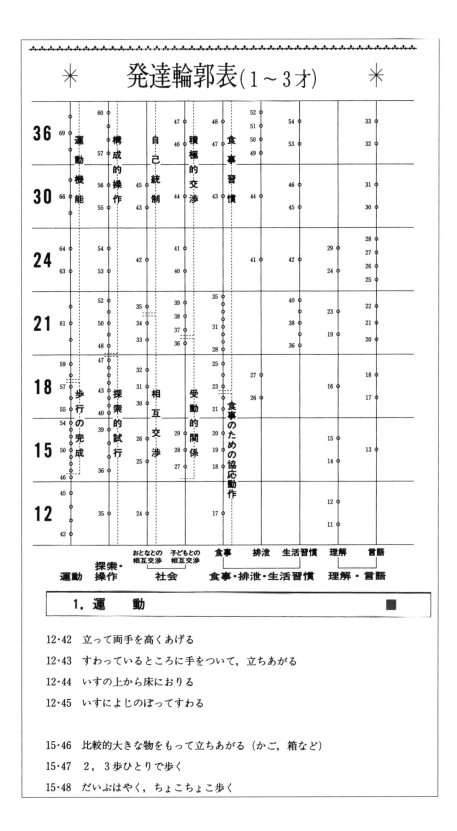

図Ⅳ-2 乳幼児精神発達診断法（質問紙）（1～3歳まで）

118　第2章　発達検査

| 年:月 | | | | | | 移動運動 | 手の運動 | 基本的習慣 | 対人関係 | 発語 | 言語理解 |
|---|---|---|---|---|---|---|---|---|---|---|---|
| 4:8 | | | | | | スキップができる | 紙飛行機を自分で折る | ひとりで着衣ができる | 砂場で二人以上で協力して一つの山を作る | 文章の復唱 (2/3)（子供が二人ブランコに乗っています。山の上に大きな月が出ました。きのうお母さんと買物に行きました） | 左右がわかる |
| 4:4 | | | | | | ブランコに立ちのりしてこぐ | はずむボールをつかむ | 信号を見て正しく道路をわたる | ジャンケンで勝負をきめる | 四数詞の復唱 (2/3)　5－2－4－9　6－8－3－5　7－3－2－8 | 数の概念がわかる（5まで） |
| 4:0 | | | | | | 片足で数歩とぶ | 紙を直線にそって切る | 入浴時、ある程度自分で体を洗う | 母親にことわって友達の家に遊びに行く | 両親の姓名、住所を言う | 用途による物の指示 (5/5)（本、鉛筆、時計、いす、電燈） |
| 3:8 | | | | | | 幅とび（両足をそろえて前にとぶ） | 十字をかく | 鼻をかむ | 友達と順番にものを使う（ブランコなど） | 文章の復唱 (2/3)（きれいな花が咲いています。飛行機は空を飛びます。しょうじに歌をうたいます） | 数の概念がわかる（3まで） |
| 3:4 | | | | | | でんぐりがえしをする | ボタンをはめる | 顔をひとりで洗う | 「こうしていい？」と許可を求める | 同年齢の子供と会話ができる | 高い、低いがわかる |
| 3:0 | | | | | | 片足で2～3秒立つ | はさみを使って紙を切る | 上着を自分で脱ぐ | ままごとで役を演じることができる | 二語文の復唱 (2/3)（小さな人形、赤いふうせん、おいしいお菓子） | 赤、青、黄、緑がわかる (4/4) |
| 2:9 | | | | | | 立ったままでくるっとまわる | まねて○をかく | 靴をひとりではく | 年下の子供の世話をしたがる | 二数詞の復唱 (2/3)　5－8　6－2　3－9 | 長い、短いがわかる |
| 2:6 | | | | | | 足を交互に出して階段をあがる | まねて直線を引く | こぼさないでひとりで食べる | 友達とりんかをすると言いつけにくる | 自分の姓名を言う | 大きい、小さいがわかる |
| 2:3 | | | | | | 両足でぴょんぴょん跳ぶ | 鉄棒などに両手でぶらさがる | ひとりでパンツを脱ぐ | 電話ごっこをする | 「きれいね」「おいしいね」などの表現ができる | 鼻、髪、歯、舌、へそ、爪を指示する (4/6) |
| 2:0 | | | | | | ボールを前にける | 積木を横に二つ以上ならべる | 排尿を予告する | 親から離れて遊ぶ | 二語文を話す（「わんわんきた」など） | 「もうひとつ」「もうすこし」がわかる |
| 1:9 | | | | | | ひとりで一段ごとに足をそろえながら階段をあがる | 鉛筆でぐるぐるまるをかく | ストローで飲む | 友達と手をつなぐ | 絵本を見て三つのものの名前を言う | 目、口、耳、手、足、腹を指示する (4/6) |
| 1:6 | | | | | | 走る | コップからコップへ水をうつす | パンツをはかせるとき両足をひろげる | 困難なことに出会うと助けを求める | 絵本を見て一つのものの名前を言う | 絵本を読んでもらいたがる |
| 1:4 | | | | | | 靴をはいて歩く | 積木を二つ重ねる | 自分の口もとをひとりでふこうとする | 簡単な手伝いをする | 3語言える | 簡単な命令を実行する（「新聞を持っていらっしゃい」など） |
| 1:2 | | | | | | 2～3歩あるく | コップの中の小粒をとり出そうとする | お菓子のつつみ紙をとって食べる | ほめられると同じ動作をくり返す | 2語言える | 要求を理解する (3/3)（おいで、ちょうだい、ねんね） |
| 1:0 | | | | | | 座った位置から立ちあがる | なぐり書きをする | さじで食べようとする | 父や母の後追いをする | ことばを1～2語、正しくまねる | 要求を理解する (1/3)（おいで、ちょうだい、ねんね） |
| 0:11 | | | | | | つたい歩きをする | おもちゃの車を手で走らせる | コップを自分で持って飲む | 人見知りをする | 音声をまねようとする | 「バイバイ」や「さようなら」のことばに反応する |
| 0:10 | | | | | | つかまって立ちあがる | びんのふたを、あけたりしめたりする | 泣かずに欲求を示す | 身ぶりをまねる（オツムテンテンなど） | さかんにおしゃべりをする（喃語） | 「いけません」と言うと、ちょっと手をひっこめる |
| 0:9 | | | | | | ものにつかまって立っている | おもちゃのたいこをたたく | コップなどを両手で口に持っていく | おもちゃをとられると不快を示す | タ、ダ、チャなどの音声が出る | |
| 0:8 | | | | | | ひとりで座って遊ぶ | 親指と人さし指でつかもうとする | 顔をふこうとするといやがる | 鏡を見て笑いかけたり話しかけたりする | マ、バ、パなどの音声が出る | |
| 0:7 | | | | | | 腹ばいで体をまわす | おもちゃを一方の手から他方に持ちかえる | コップから飲む | 親しみと怒った顔がわかる | おもちゃなどに向かって声を出す | 親の話し方で感情をききわける（禁止など） |
| 0:6 | | | | | | 寝がえりをする | 手を出してものをつかむ | ビスケットなどを自分で食べる | 鏡に映った自分の顔に反応する | 人に向かって声を出す | |
| 0:5 | | | | | | 横向きに寝かせると寝がえりをする | ガラガラを振る | おもちゃを見ると動きが活発になる | 人を見ると笑いかける | キャーキャーいう | 母の声と他の人の声をききわける |
| 0:4 | | | | | | 首がすわる | おもちゃをつかんでいる | さじから飲むことができる | あやされると声を出して笑う | 声を出して笑う | |
| 0:3 | | | | | | あおむけにして体をおこしたとき頭を保つ | 頬にふれたものを取ろうとして手を動かす | 顔に布をかけられて不快を示す | 人の声がする方に向く | 泣かずに声を出す（アー、ウァ、など） | 人の声でしずまる |
| 0:2 | | | | | | 腹ばいで頭をちょっとあげる | 手を口に持っていってしゃぶる | 満腹になると乳首を舌でおし出したり顔をそむけたりする | 人の顔をじいっと見つめる | いろいろな泣き声を出す | |
| 0:1 | | | | | | あおむけでときどき左右に首の向きをかえる | 手にふれたものをつかむ | 空腹時に抱くと顔を乳の方に向けてほしがる | 泣いているとき抱きあげるとしずまる | 元気な声で泣く | 大きな音に反応する |
| 0:0 | | | | | | | | | | | |
| (年:月) | 暦年齢 | 移動運動 | 手の運動 | 基本的習慣 | 対人関係 | 発語 | 言語理解 | | | | |
| | | | 運　動 | | | 社　会　性 | | | 言　語 | | |

図IV-3　乳幼児分析的発達検査法（遠城寺式・乳幼児分析的発達検査表（九大小児科改訂版））

# 第3章 知能検査

## 知能とは

　知能（intelligence）に関する研究はフランスのビネー（Binet, A., 1857-1911）に始まりそれ以来多くの学者によって種々の定義がなされてきた。それらは以下の三つに分類することができる。

　①抽象的思考能力：ターマン（Terman, L. M.）に代表されるこの定義は，知能を高次の精神能力ととらえているが，抽象的思考のできない幼児や動物の知能を説明できないなどの不備がある。

　②学習能力：ディアボーン（Dearborn, W. F.）は，知能とは「学習する能力，または経験によって獲得しうる能力である」としており，実際的な定義ではあるが，学習の概念規定がなされていない，などの問題が指摘されている。

　③環境適応能力：シュテルン（Stern, W.）に代表される定義で，知能をより広く解釈し，新しい課題場面での適応性を重視したものである。

　またウェクスラー（Wechsler, D., 1896-1981）は，「個人が目的をもって行動し，合理的に思考し，自らの環境を効果的に処理する総合的，全体的能力」という定義を提唱した。総合的とは，知能が質的に異なった複数の能力因子から成り，全体的というのは性格等の要因も含めた全人格的なという意味である。従来の知能観をより包括的なものにしたと言えよう。

　さらに最近では，知能とは単に環境に適応する能力だけでなく，環境を改良したり，新しい文化を創造する能力でもあると言われている。

　しかし，実際にはこういった理論を的確に反映するような，知能測定の道具が存在するわけではなく，結局「知能とは知能検査によって測定されるもの」という操作的定義も用いられることになる。

## 知能検査

　わが国において臨床場面で主に用いられる知能検査は「ビネー法知能検査」と「ウェクスラー法知能検査」である。

### （1）ビネー法知能検査

　フランスのビネー（Binet, A.）により開発された検査法で，問題が年齢ごとに配列され，結果は精神年齢（MA：mental age）および知能指数（IQ：intelligence quotient）で表示されるため，知能発達の程度や精神遅滞の鑑別診断を行うのに有効な方法とされている。わが国におけるビネー法は「田中・ビネー知能検査法」と「鈴木・ビネー知能検査法」があるが，2003年に「田中・ビネー知能検査法」は「田中ビネー知能検査Ⅴ（ファイブ）」として改訂された。

　改訂の主な内容は検査問題や用具などの現代化に加え，14歳以降では知能を結晶性知能・流動性知能・記憶・論理推理の4因子に分けて分析的に把握できるようにしたことと，精神年齢に代わり偏差知能指数（DIQ）を算出するようにしたことがある。14歳未満では1歳以下の子ども用に発達チェック項目を入れたこと，行動観察の記録や問題への取り組みの様子を客観的に把握できるようにアセスメントシートを改訂したことなどがあげられる（図Ⅳ-4）。

| 番号 | 合 | 否 | 問題 使用用具 [時間] | 合格基準 | 正答数 | 内容および記録 |
|---|---|---|---|---|---|---|
| 25 | | | 語彙（絵）★10,24,37<br>カード2 | 16/18 | | ①ひこうき ②て（手） ③いえ ④かさ ⑤くつ<br>⑥ふうせん ⑦いす ⑧はさみ ⑨とけい ⑩は（葉）<br>⑪りんご ⑫うま ⑬めがね ⑭テーブル ⑮にんじん<br>⑯き（木） ⑰ねこ ⑱きゅうり |
| 26 | | | 小鳥の絵の完成<br>テスティペーパー（P1）<br>鉛筆 | 基準 | | |
| 27 | | | 短文の復唱（A） | 1/2 | | （例）うさぎがいます。<br>①さかなが，およいでいます。<br>②おかあさんが，せんたくをしています。 |
| 28 | | | 属性による物の指示<br>カード1（P4） | 5/6 | | ①鳥　②魚　③たんぽぽ<br>④本　⑤時計　⑥卵 |
| 29 | | | 位置の記憶<br>[制限時間：30秒]<br>道が描いてある絵カード<br>犬・自動車<br>ストップウォッチ | 完全 | | [提示5秒]　　　（被検査者）<br><br>　　　　　　　　　　　　　　　　　　　秒 |
| 30 | | | 数概念（2個）<br>立方体の積木2個<br>円形中チップ赤5個 | 4/4 | | ①積木2個　　　　　　②チップ2個<br>③4個のチップから2個とる<br>④5個のチップから2個とる |
| 31 | | | 物の定義 | 2/3 | | ①帽子<br>②茶わん<br>④本 |

図Ⅳ-4　田中ビネー知能検査Ⅴ

知能指数とは知能の程度を精神年齢と生活年齢（CA：chronological age）の比で表したもので，

$$知能指数（IQ）=\frac{精神年齢（MA）}{生活年齢（CA）}\times 100$$

という公式で算出されるが，生活年齢が上がるにつれ，知能発達も緩慢になり知能指数が小さくなるなどの欠点から，田中ビネーⅤの14歳以降およびウェクスラー法では偏差知能指数が用いられている。

**（2）ウェクスラー法知能検査**

　ウェクスラーは前述した知能の定義に基づいて，質的に異なる知能の諸能力を測定するための知能検査を1940年代から1950年代にかけて開発した。これがWAIS（ウエイス）（Wechsler Adult Intelligence Scale 16歳以上を対象），WISC（ウイスク）（Wechsler Intelligence Scale for Children 5歳〜16歳を対象），WPPSI（ウイプシ）（Wechsler Preschool and Primary Scale for Children 3歳10ヶ月〜6歳を対象）である。

　これらの検査はわが国でも翻訳されて使用されているが，いくつかの改訂がなされて，現在ではWAIS-Ⅳ，WISC-Ⅴ，WPPSI-Ⅱとなっている。このウェクスラー法知能検査の特徴は，各年齢群での偏差値を算出し，それをIQに換算している点である。また，い

くつかの能力を領域に分けて分析することができるために，クライエントの特性を査定するのに適しているので，臨床現場では頻繁に使用されている。

以下にWISC-Vの例を示した。

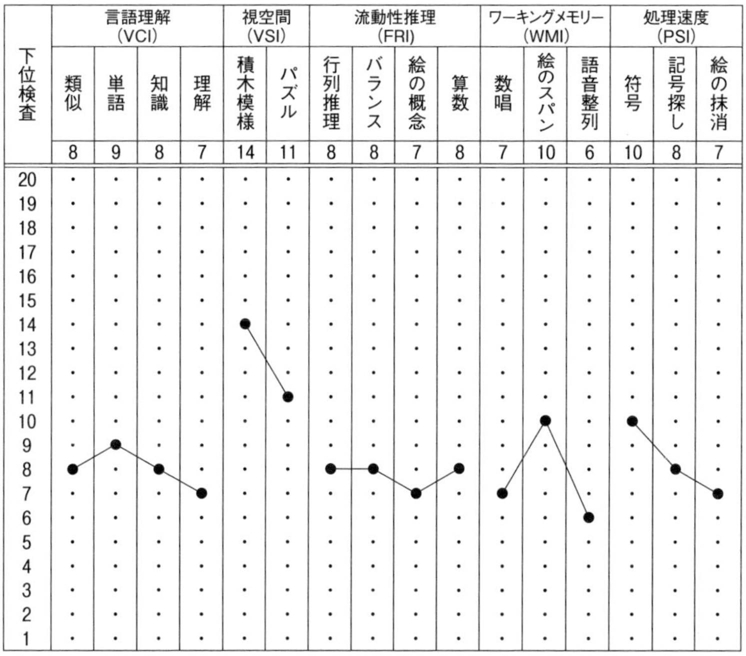

| 下位検査 | 言語理解（VCI） | | | | 視空間（VSI） | | 流動性推理（FRI） | | | | ワーキングメモリー（WMI） | | | 処理速度（PSI） | | |
|---|---|---|---|---|---|---|---|---|---|---|---|---|---|---|---|---|
| | 類似 | 単語 | 知識 | 理解 | 積木模様 | パズル | 行列推理 | バランス | 絵の概念 | 算数 | 数唱 | 絵のスパン | 語音整列 | 符号 | 記号探し | 絵の抹消 |
| | 8 | 9 | 8 | 7 | 14 | 11 | 8 | 8 | 7 | 8 | 7 | 10 | 6 | 10 | 8 | 7 |

図Ⅳ-5　下位検査の評価点プロフィール

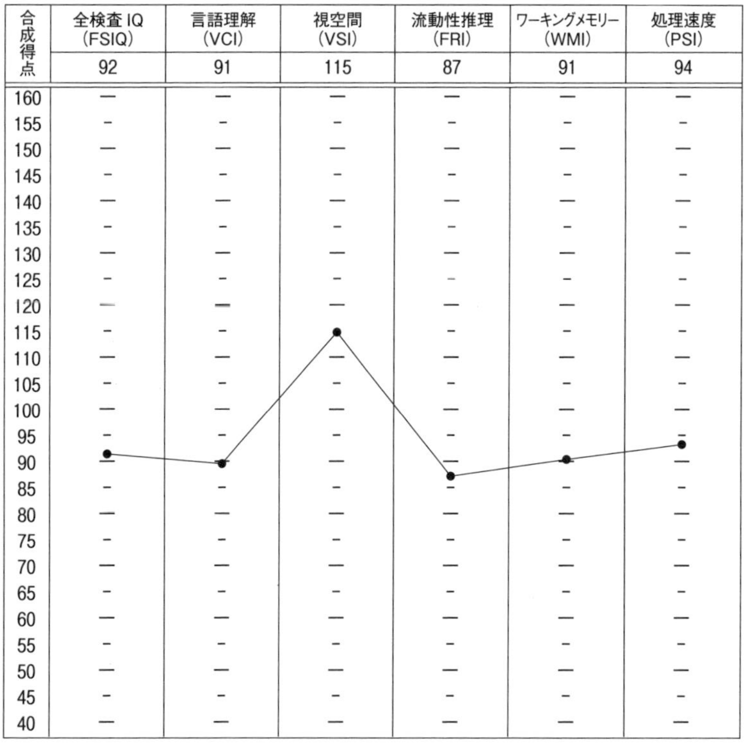

| 合成得点 | 全検査IQ（FSIQ） | 言語理解（VCI） | 視空間（VSI） | 流動性推理（FRI） | ワーキングメモリー（WMI） | 処理速度（PSI） |
|---|---|---|---|---|---|---|
| | 92 | 91 | 115 | 87 | 91 | 94 |

図Ⅳ-6　合成得点のプロフィール（小4男児）

（所見例）

全検査IQが92と平均域ではあるがやや低い値を示している。プロフィールを見ると，全体的に評価点が10より下回っているが，視空間（VSI）に関しては，高い値を示している。また，言語理解（VCI）においては，抽象的概念にかかわる「類似」と社会性にかかわる「理解」が低い。ものの関係性の理解に関する流動性推理（FRI）やワーキングメモリー（WMI），処理速度（PSI）は視覚が関連するもの以外は低い値を示している。

これらのことから，視覚刺激の処理は得意であるが，そのほかの情報の処理や関係性の理解などは苦手なことがうかがわれ，視覚情報を用いた教材を用いるなどしたていねいな支援が必要と考えられる。

### (3) KABC-Ⅱ

　KABCは1983年にカウフマン夫妻（Kaufman, A. S., & Kaufman, N. L.）によって開発された主に認知機能を中心とした知能検査法で，当初はK-ABC（Kaufman Assessment Battery for Children）として広く使われていたが，2004年に改訂されてKABC-Ⅱとなった。

　この改訂により，対象年齢が18歳11ヶ月まで拡大（K-ABCは12歳11ヶ月）され，測定される尺度も計画能力，学習能力など幅広くなった。測定される尺度と下位課題は以下の表Ⅳ-1に示す。

表Ⅳ-1　KABC-Ⅱの尺度と下位検査

| 大きな枠組み | 尺度名 | 下位検査 |
|---|---|---|
| 認知尺度 | 継次尺度 | 数唱 |
| | | 語の配列 |
| | | 手の動作 |
| | 同時尺度 | 顔さがし |
| | | 絵の統合 |
| | | 近道さがし |
| | | 模様の構成 |
| | 計画尺度 | 物語の完成 |
| | | パターン推理 |
| | 学習尺度 | 語の学習 |
| | | 語の学習遅延 |
| 習得尺度 | 語彙尺度 | 表現語彙 |
| | | なぞなぞ |
| | | 理解語彙 |
| | 読み尺度 | ことばの読み |
| | | 文の理解 |
| | 書き尺度 | ことばの書き |
| | | 文の構成 |
| | 算数尺度 | 数的推論 |
| | | 計算 |

# 第4章　人格検査―質問紙法―

## 人格検査の種類

　心理検査の中で，性格に関する側面を把握するためのものを人格検査（パーソナリティ検査，性格検査）と呼ぶ。この検査は大きく分けて「質問紙法」「投影法」（第6章の作業検査法は人格検査に分類される場合と精神運動性検査に分類される場合がある）に分けられる。

　それぞれの検査によって把握できる性格の側面やレベルが異なっており，検査目的に合った検査を実施する必要がある。また多面的で複雑な性格を把握するためには単一の検査のみでは困難であり，一般に臨床場面ではいくつかの検査を組み合わせて使用している。これを「テスト・バッテリー」と呼ぶ。

　4章と5章にわたり主な人格検査を紹介するが，実際の実施にあたっては，まず自分自身が被検者になってみることが，習熟した検査者になる第一歩であろう。

　なお心理学においては性格と人格（パーソナリティ）という用語があり，厳密には性格は情意的側面における個人差を示し，人格は全体的，統一体としての個人の特徴とされるが，同義に用いられることも多い。本章では，より一般的な「性格」や「パーソナリティ」という用語を用いるが意味としては「人格」としてとらえてほしい。

## 質問紙法

　性格に関する質問項目に対して「はい」「いいえ」「どちらでもない」などで自己評定し，その結果から性格特徴を把握する方法である。この方法では意識的なレベルでの性格を把握することができる。質問紙法の利点は集団実施が可能であり，採点も容易で客観的な結果が得られることにある。そのため臨床場面に限らず，学校・職場など多くの機関で利用されている。しかしこの方法の欠点として，意識的に回答を操作できるということがあり，被検者が正直に答えなければその結果は信頼性の低いものになる点に注意すべきである。

### （1）　YG性格検査（矢田部‐ギルフォード性格検査）　成人・小・中・高校生用

　性格特性を12の尺度に分けて各尺度には10項目の質問があり計120項目となっている。結果は図Ⅳ-7のようなプロフィールとして表され，判定の方法としては尺度レベル，因子レベル，プロフィール・レベル（表Ⅳ-2）の三つの方法がある。

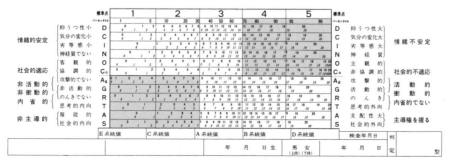

図Ⅳ-7　YG性格検査

表Ⅳ-2　YG性格検査プロフィール5類型（辻岡，1976に一部加筆）

| 典型 | 英　語　名 | 形による名称 | 因子 情緒安定性 D C I N | 因子 社会適応性 O Co Ag | 因子 向　性 G R T A S |
|---|---|---|---|---|---|
| A型 | average type | 平　均　型 | 平　均 | 平　均 | 平　均 |
| B型 | blast type（Blacklist type） | 右寄り型 | 不安定 | 不適応 | 外　向 |
| C型 | calm type | 左寄り型 | 安　定 | 適　応 | 内　向 |
| D型 | director type | 右下がり型 | 安　定 | 適応又は平均 | 外　向 |
| E型 | escape type（Eccentric type） | 左下がり型 | 不安定 | 不適応又は平均 | 内　向 |

### （2）エゴグラム　成人・児童用

　交流分析理論に基づくもので，人格は大きく三つの自我状態（さらにその中を分けて計5つに区分）から成り（表Ⅳ-3，図Ⅳ-8），それぞれの自我に配分された心理的エネルギーの量を視覚化したものがエゴグラムである。結果は図Ⅳ-9のようなプロフィールで示される。実施方法や採点が非常に簡便であることと結果が分かりやすいことなどから，さまざまな場面で自己分析の手段として利用されている。

表Ⅳ-3　3つの自我状態

| P（Parent） | 親の自我状態<br>自分を育ててくれた親またはその役割をとった人から取り入れた部分。親の自我状態はさらに2つに分けられる。<br>CP（Critical Parent）　批判的親の状態<br>NP（Nurturing Parent）　養育的親の状態 |
|---|---|
| A（Adult） | 大人の自我状態<br>客観的事実をもとにものごとを判断する部分。知性や理性と深く関連する。 |
| C（Child） | 子どもの自我状態<br>生まれもった本能的な直感や情緒に深くかかわり，幼い頃身につけた行動様式や感情の表現をする部分。親の自我状態と同様に2つに分けられる。<br>FC（Free Child）　自由な子どもの状態<br>AC（Adapted Child）　順応した子どもの状態 |

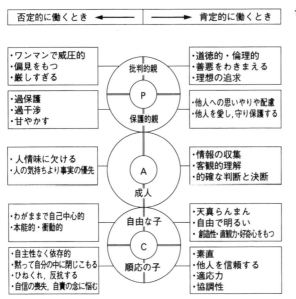

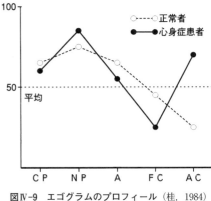

図Ⅳ-9　エゴグラムのプロフィール（桂，1984）

図Ⅳ-8　肯定的にも否定的にも働く自我状態（白井，1983）

（3） MMPI（ミネソタ多面的人格目録）　成人用（高校生頃から適用可能）

　臨床診断を主な目的としており，4つの妥当性尺度と10個の臨床尺度から成り，質問項目は550項目である。臨床尺度は心気症尺度（Hs），抑うつ性尺度（D），ヒステリー尺度（Hy），精神病質的偏奇尺度（Pd），性度尺度（Mf），偏執性尺度（Pa），精神衰弱尺度（Pt），精神分裂病尺度（Sc），躁病尺度（Ma）と社会的向性尺度（Si）である。

（4）　CMI（コーネル・メディカル・インデックス）　成人用（14歳から適用可能）

　患者の心身両面にわたる自覚症状を短時間のうちに把握することを目的とするスクリーニング検査である。身体的自覚症状について144項目（A目と耳，B呼吸器系，C心臓脈管系，D消化器系，E筋肉骨格系，F皮膚，G神経系，H泌尿生殖器系，I疲労度，J疾病頻度，K既往症，L習慣）と精神的自覚症状（M不適応，N抑うつ，O不安，P過敏，Q怒り，R緊張）について51項目の計195項目であるが，日本版ではさらに身体面での項目として男子16項目，女子18項目が追加されている。質問はたとえば「新聞を読むのにめがねがいりますか」というように分かりやすいことや，短時間で心身両面の自覚症状が分かることなどから，心療内科など病院をはじめ職場や学校での健康管理にも利用されることが多い。

　結果は各下位尺度の項目で「はい」の数の多いものほどその自覚が強いことを示す。また神経症の判別基準により神経症のスクリーニングが可能である。

（5）　EPPS性格検査　成人・小・中・高校生用

　マレー（Murray, H. A.）のパーソナリティ理論に基づいて抽出された15の欲求（達成，追従，秩序，顕示，自律，親和，内面認知，求護，支配，内罰，養護，変化，持久，異性愛，攻撃）について，その強さを測定するもの。質問項目は225項目である。

（6）　MAS（顕在性不安尺度）　成人・児童用

　慢性的不安のうち，精神的・身体的徴候として本人に意識された顕在的慢性的不安を測定するもので，MMPIから50項目が抽出されている。日本版はこれに妥当性尺度15項目を加えた65項目から成る。結果はI～V段階に分けられI段階は高度不安とされる。

（7）　抑うつ尺度

　現代は子どもも成人も抑うつ状態やうつ病が増加していると言われ，うつ状態を測定する尺度はしばしば臨床で用いられることが多い。ここで主な尺度を紹介しておく。

　① BDI（Beck Depression Inventory）：ベック（Beck, A. T.）らによって開発された21項目からなる抑うつ症状の自己記入式評価尺度である。

　② SDS（Self-rating Depression Scale）：ツング（Zung, W. W. K.）によって開発された抑うつ尺度で20項目から成る自己記入式尺度。

　③ DSRS-C（Depression Self-Rating Scale for Children）：バールソン（Birleson, P.）によって開発された子ども用の抑うつ尺度である。18項目から成り自己記入式である。

　最近1週間の気持ちについて，「いつもそうだ」「ときどきそうだ」「そんなことはない」の3段階で自己評価するものでカットオフ点数が子ども用に決まっており，子どものうつ病のスクリーニング尺度としてしばしば用いられている。

# 第5章　人格検査—投影法—

## 投影（投映）法

　投影法とは非構造的な刺激を提示し，その反応から個人の内にある感情，欲求や思考などを把握する方法である。ここで用いられている「投影」の概念は反応には独自の私的世界が映し出されるというフランク（Frank, L. K., 1939）の理論に基づいており，フロイトの用いた「投影」よりも意識的側面を含むことや，必ずしも抑圧されているわけではないという点で異なっている。

　投影法によると，意識的，無意識的両面からのパーソナリティの把握が可能である。一方で，解釈が質問紙法のように客観的でなく主観的になりやすいことや解釈に熟練を要するなどの欠点がある。投影法は個人のより深層の心理が理解できることから，心理療法導入前の心理アセスメントとして用いられることも多い。

### （1）　ロールシャッハ法（ロールシャッハ・テスト）　幼児〜成人

　ロールシャッハ（Rorschach, H., 1921）が開発したもので，インクのしみからできた曖昧な絵が描かれた図版（図Ⅳ-10：疑似図版）が10枚あり，それらが「何に見えるか」という反応からパーソナリティを理解する検査である。

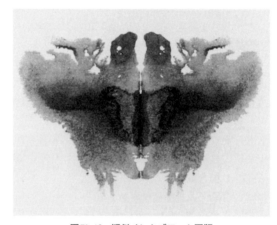

図Ⅳ-10　疑似インクブロット図版

### 1）施行法

　①テスト状況：検査者と被検者の間にはラポールが成立し，緊張のない自由な雰囲気づくりが必要であることは他の検査でも同様である。

　②教示：「今から絵をお見せしますが，絵といってもたまたまできたインクのしみのような絵です。それが何に見えるか，何に似ているか正解とか間違いとかはありませんから自由にお答えください」。このように自由に何でも思ったことは発言できるよう教示する。

　自由反応段階終了後，図版から「どうしてそのように見えたのか」について尋ねる質疑段階に入る。

### 2）結果の分析・解釈
　ロールシャッハ法の解釈は主に記号化（スコアリング）と継列分析から行われるが，大切なのは被検者の反応をそのまま追体験し，共感しながら解釈をすすめることである。しかしこれはともすると検査者の主観の世界に陥りやすいと言える。スコアリングの解釈は，統計的に標準化されており，そういった危険を防ぐ一助として役

立つものである。共感しながらかつ客観的な眼でもって反応を理解すること，そうすることによって生きた被験者像を描き出すことができるのである。

①記号化：反応数，反応時間，反応拒否，反応領域（どこに見たか），決定因（どのように見たか），反応内容（何を見たか），平凡反応，形態水準などの記号化により解釈する。

②継列分析：図版から図版へと反応を順に追って，図版ごと反応ごとに領域，決定因，内容などの変化を検討し力動的に解釈する。

**（2） TAT（Thematic Apperception Test：主題統覚検査）　幼児（CAT）〜成人**

TATはマレー（Murray, H. A.）とその共同研究者が1943年に完成させたもので，絵（図Ⅳ-11：疑似図版）に対してつくられる物語から，パーソナリティを理解しようとする検査である。

幼児・児童用として，登場人物に動物が描かれているCAT（Children's Apperception Test）がある。

図Ⅳ-11　疑似主題統覚検査図

**1）施行法**

①図版：ロールシャッハ法と異なり，具体的な絵が刺激であるために原本のマレー版（ハーヴァード版）の他に日本文化に合わせた精研版，名古屋大学版，早稲田大学版などがあるが，一般的にはマレー版が用いられることが多い。マレー版は計31枚から成るが，性別，年齢別に分けられ計20枚を使用する。また被検者の問題に合わせて10枚を選択し，さらに最後に白紙図版を加える方法などもある。

②教示：マレーの原法では20枚を2回に分けて1日以上の間隔をあけて実施するが，この点については検査状況により臨機応変に実施してもよい。教示は「今から絵をお見せしますので，その絵を題材にして自由に物語をつくってください。その物語には，前に何が起きていたのか，今何が起きているのか，そしてこれからどうなっていくのかということを必ず入れてください」というものである。マレーは教示のなかで，これは知能検査のひとつであり，想像力の検査でありかつ劇的な物語を作ることを伝えることとしているが，これは余分な心理的緊張を招くことなどから不要とする説も多い。

**2）結果の分析・解釈**　TATの解釈にはロールシャッハ法のような定型化したものがない。マレーは欲求－圧力分析を提唱したが必ずしも定着したとは言いがたい。そもそもTATでは語られた物語を読めば，直感的に「分かった」と思いやすくそれが客観的分析法への道を閉ざしているとも言われている。実際に臨床経験の豊富な人は，そういった利用方法でも臨床に役立てることができる検査である。

また山本（1992）はその人自身（主体）が現実状況（状況）にどのように取り組んでいるかという，その取り組み方を「かかわり」と呼び，TATの「かかわり分析」を提唱している。

（3） SCT（Sentence Completion Test：文章完成法）　小学生〜成人

「子どもの頃私は…」「私の母は…」などの，未完成の文章を提示し，被検者がそれに文章を続けて完成させる検査である（図Ⅳ-12）。把握したい側面によって刺激文を作成することができ，結果も具体的文章として記述される点が特徴と言える。

「私は…」という問が20問続く TST（Twenty Statements Test：20答法）は，SCT の中のひとつであり，その人の価値観や自己像を把握することができる。その他にわが国でよく使用されているのは，精研式SCT（小・中・成人用）と K-SCT（構成的文章完成法 高校〜）である。

```
私を不安にするのは _____

友だち _____

私はよく _____

もし私が _____

私の母 _____
```

図Ⅳ-12　SCT の一部

**1）施行法**　個人でも集団でも施行できるが，施行上の注意点として「刺激文をみて最初に頭に浮かんだことを，自由に記述すること」があげられる。

**2）結果の分析・解釈**　SCT により分析法は異なるが，実際の臨床場面では記述された具体的内容からその人の自己評価や対人関係を把握するという具体的方法がとられることも多い。

また精研式SCT ではパーソナリティの知的側面，情意的側面，指向的側面，力動的側面の4側面とその決定因として，身体，家族，社会の3要因が設定されている。K-SCT では肯定‐否定と外向‐内向の2軸に分け，さらにその中を詳細な記号化により分類し，客観的な結果の解釈が可能になっている。

（4）　投影描画法　幼児〜成人

被検者によって描かれた絵からパーソナリティや家族関係などを把握する方法である。描画は方法が簡単であり，検査されているという抵抗も少なく臨床ではしばしば用いられている。表Ⅳ-4に主な描画法を紹介するが，その施行法に関しては検査者によってさまざまな変法が用いられている。

解釈については描画法全体に共通する視点として第一に描画の全体的印象を大切にすることがある。次に形式分析として描画の配置，筆圧，描線の特徴など，そして内容分析として描画の部分的特徴の解釈があげられる。

（5）　P-Fスタディ（Picture-Frustration study 絵画欲求不満テスト）　児童・青年・成人用

ローゼンツヴァイク（Rozenzweig, S.）によって考案された投影法。欲求不満に対する反応をアグレッション（aggression）の方向とその型という二つの次元から理解する。

なおここで用いられているアグレッションとは，普通の生活状態における一般的な主張性（assertiveness）のことで，そういった行動のもとになる神経系のメカニズムや生理学的条件を含んだ広義のものであると定義されている。

表Ⅳ-4　主な投影描画法

| 検査名 | 教　示 | 用意するもの | 分　析 |
|---|---|---|---|
| バウム・テスト | 「実のなる木を一本描いてください」（実のなる木を描いてください） | Ａ４（Ｂ５）の白紙，柔らかい鉛筆，消しゴム | 全体的印象，形式分析，内容分析，空間象徴解釈 |
| 動的家族画法（KFD） | 「家族で何かしているところを描いてください」 | Ａ４（四つ切り画用紙），鉛筆と消しゴム，またはクレヨン | 全体的印象，人物像の特徴（表現，活動位置など），対人関係 |
| 合同動的家族画法（CKFD） | 「家族全員で話し合って家族が何かしているところを描いてください」 | 四つ切り画用紙，各自選択した１色のクレヨン | 動的家族画における解釈に加えて，描画過程の分析，家族の誰がどの部分を描いたかの分析 |
| 動的学校画（KSD） | 「学校で何かしているところを描いてください。絵の中には自分と友だちを２人以上と先生を入れてください」 | Ａ４用紙，鉛筆と消しゴム（描画後に自分，先生が分かるよう書き込み，この後どうなるかを質問する） | 描画場面，全体的印象，人物像の特徴，友人・先生との関係など |
| 人物画法 | 「ひとりの人間を描いてください」（１枚目を描画後２枚目に，１枚目とは異なる性の人物を描いてもらう） | Ａ４，HB程度の鉛筆と消しゴム | 全体的印象，形式分析，内容分析<br>人物画法にはグッドイナフ人物画法（DAM）もあり，これは知的発達の評価を主目的とする。 |
| HTP法 | １「できるだけ上手に家を描いてください」<br>２「できるだけ上手に木を描いてください」<br>３「できるだけ上手に人物を描いてください」 | Ｂ５の白紙３枚，HB程度の鉛筆と消しゴム（１枚の白紙に３つの描画を行う１枚法（統合HTP）や人物画を反対の性も描いてもらう方法（HTPP）もある） | 各描画ごとの全体的印象，形式分析，内容分析，家屋画には家庭内の人間関係，樹木画には基本的自己像（無意識），人物画には現実の自己像が投影される。 |
| 風景構成法 | 「川・山・田・道・家・木・人・花・動物・石・付け加えたいもの」の順に描くよう教示し，最後に着色してもらう。 | Ａ４（最初にサインペンで枠どりする），鉛筆，消しゴム，クレヨンか色鉛筆など | 全体の統合，空間配置や構成などの形式分析と内容分析がある |

**1）方　法**　日常よく経験する24種類の欲求不満場面で構成された検査用紙であり，各場面の空白欄にその人物はどのように答えるかを記入する（図Ⅳ-13）。

**図Ⅳ-13　疑似 P-F スタディ**

**2）結果の整理と解釈**　　各場面での反応を，アグレッションの型と方向を組み合わせた評点因子（表Ⅳ-5）に沿って分類，評点化を行い，その結果から，欲求不満場面で常識的対応をどの程度示すかという集団一致度（GCR），反応の流れに見られる情緒的安定性と欲求不満耐性の程度や，アグレッションの程度に見られる社会性などについて解釈する。

表Ⅳ-5　P-F スタディ評点因子一覧表（P-F スタディ解説より抜粋）

| アグレッションの方向＼アグレッションの型 | 障害優位型（O-D）Obstacle-Dominance | 自我防衛型（E-D）Ego-Defense | 要求固執型（N-P）Need-Persistence |
|---|---|---|---|
| 他責的 Extraggression | E'（他責逡巡反応）欲求不満を起こさせた障害の指摘の強調にとどめる反応。「なんだつまらない」といった反応も含める。 | E（他罰反応）とがめ，敵意などが環境の中や物に直接向けられる反応。<br>E：E反応の変型で，自分には責任がないと否認する反応。 | e（他責固執反応）欲求不満の解決をはかるために，他の人が何らかの行動をしてくれることを強く期待する反応。 |
| 自責的 Intraggression | I'（自責逡巡反応）欲求不満を起こさせた障害の指摘は内にとどめる反応。多くの場合失望を外に表さず不満を抑えて表明しない。 | I（自罰反応）とがめや非難が自分自身に向けられ，自責・自己非難の形をとる反応。<br>I：I反応の変型であって，多くの場合言い訳の形をとる。 | i（自責固執反応）欲求不満の解決をはかるために自ら努力したり，あるいは罪償感から賠償とか罪滅ぼしを申し出たりする反応。 |
| 無責的 Imaggression | M'（無責逡巡反応）欲求不満を引き起こさせた障害の指摘は最小限度にとどめられ，時には障害の存在を否定するような反応。 | M（無罰反応）欲求不満を引き起こしたことに対する非難をまったく回避し，ある時にはその場面は不可避なものと見なして，欲求不満を起こさせた人物を許す反応。 | m（無責固執反応）時の経過とか，普通に予期される事態や環境が，欲求不満の解決をもたらすだろうといった期待が表現される反応。忍耐とか規則習慣に従うとかの形をとることが特徴的。 |

# TOPICS 15　ロールシャッハ法と投影法の動向

　ヘルマン・ロールシャッハは1921年にロールシャッハ法の図版を発表したが，その2年後に分析方法を完成させることなく急逝している。その結果，世界中で独自の分析方法が開発され，わが国でも片口法，名大法，阪大法などが開発され現在も継承されている。一方，1971年に米国のジョン・E. エクスナー（Exner, J. E. Jr.）が世界の5大分析法の長所を取り入れた包括システム（Comprehensive System）を発表し，現代のコンピュータ技術を駆使した実証的分析法として，米国では標準的分析方法とされている。さらにメイヤーら（Meyer, G. J.）は2011年に R-PAS（Rorschach Performance Assessment System$^{TM}$）という世界中から利用できるオンラインによる分析方法を開発している。エクスナーやR-PASが強調しているのは，「エビデンス」に基づくロールシャッハ法である。

　こうした方法による習得はそれまで，熟練が必要とされ，習得に時間がかかるがゆえに敬遠してきた若い臨床家にとって朗報と言えよう。

　一方，ロールシャッハ反応を個別の語り（ナラティブ）として見るならば，そこに込められた感情や人生の物語りを丁寧にすくいあげることが可能になる。村上（1977）は法則定立の対極にある個性記述としてのロールシャッハ法への意味づけとしてクライエントがロールシャッハの世界において何を見，どのようにそれを体験したのかというその体験そのものを，われわれが共感的に追体験することをとおして，クライエントの世界に迫りうるものである，という。

　小川（2013）は，国際的に見て日本はロールシャッハ法が盛んな国であると報告し，日本人のロールシャッハ法への親和性について日本人心性に合わせ考察している。わが国では，臨床場面で使用される心理検査の頻度の高い検査10位までの中に6種類の投影法検査が含まれている（小川，2012）。

　Ⅰ部6章でも述べたが，投影法検査においてもエビデンスとナラティブの視点を忘れないことが大切であろう。

# 第6章　その他の心理検査

**（1）　内田・クレペリン精神作業検査**（図Ⅳ-14）　小学生～成人

一桁の数字の連続加算の結果から精神機能の様相を把握することを目的とした検査である。この検査は作業が簡単で小学生から成人まで適用できること，集団実施が可能であること，意識的操作が難しいこと，作業能力が把握できることなどから臨床場面よりもむしろ教育・職場などでの利用が多い。

**1）施行法**　15分作業―5分休憩―15分作業の「30分法」が一般的である。教示は「隣り合った2つの数字を順に足してその答えを2つの数字の間に書いていきます。7たす9は16ですが，記入する答えは16の6だけ，つまり下一桁だけです。（練習問題をやらせる）『はい次』という号令がかかったら次の行に移ってください」というものである。

**2）結果の分析・解釈**

①作業量の水準：仕事（作業）の処理能力や速度などが，高い水準からはなはだしく不足まで5段階に分類される。

②作業曲線：基準とされるのは定型――心的活動の調和・均衡が保たれていて，性格・行動面で問題のない人の検査結果――である。定型の主な特徴は以下のとおりである。

1）前期がその骨組みにおいてU字型（V字型）をしている。
2）後期がその骨組みにおいて右下がりである（注：図Ⅳ-14を90°左回転してみる）。
3）前期の作業量に対して，後期の作業量が全体的に増加しており，特に後期の1分目が最高位を示す（休憩効果）。
4）曲線に適度な動揺が見られる。
5）誤答がほとんどない。
6）作業量が極端に低くない。

上記の定型とは異なる「非定型曲線」の場合，精神病，精神遅滞，異常性格，災害頻発

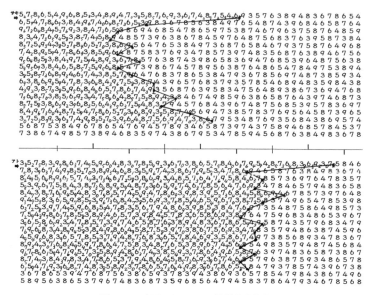

**図Ⅳ-14　内田・クレペリン精神作業検査**

者などであることが多いと言われている。

## （2） 改訂　長谷川式簡易知能評価スケール（図Ⅳ-15）

　認知症とは一度獲得された認知機能が，後天的な脳の障害によって持続的に低下し，日常生活に支障をきたした状態で，かつ意識障害がない場合を指す（Ⅱ部3章19参照）。

　この検査は正常な高齢者から認知症高齢者をスクリーニングする目的でつくられた検査で，高齢者のおおまかな知的機能の障害の有無や程度を判定することができる。実施時間は10分程度で，実施方法も簡単であり，結果の信頼性も高いことから臨床の場での使用頻度が高い検査である。

　結果は30点満点で，21点以上が非認知症，20点未満は認知症の可能性が高いとされる。

| 問 | 問　題（採点基準） | | 得　点 | | |
|---|---|---|---|---|---|
| 1 | お歳はいくつですか？（2年までの誤差は正解） | | | 0 | 1 |
| 2 | 今日は何年の何月何日ですか？　何曜日ですか？<br>（年月日，曜日それぞれ1点） | 年<br>月<br>日<br>曜日 | | 0<br>0<br>0<br>0 | 1<br>1<br>1<br>1 |
| 3 | 私たちがいまいるところはどこですか？<br>（自発的回答は2点，5秒おいて家ですか？　病院ですか？　施設ですか？　の中から正解の場合は1点） | | 0 | 1 | 2 |
| 4 | これから言う3つの言葉を言ってみてください。あとでまた聞きますのでよく覚えておいてください。<br>（以下の系列のいずれか一つ）<br>1：a）桜　b）猫　c）電車　　2：a）梅　b）犬　c）自動車 | | | 0<br>0<br>0 | 1<br>1<br>1 |
| 5 | 100－7は？　それからまた7を引くと？（100から7を順番に引いていく。最初の答えが不正解であればそこで打ち切る） | 93<br>86 | | 0<br>0 | 1<br>1 |
| 6 | 私がこれから言う数字を逆から言ってください。（6-8-2，3-5-2-9を言ってもらう。3桁に失敗したら打ち切る） | 2-8-6<br>9-2-5-3 | | 0<br>0 | 1<br>1 |
| 7 | 先ほど覚えてもらった言葉をもう一度言ってみてください。（自発的に回答があれば各2点，回答がない場合以下のヒントを与えて正解であれば各1点）a）植物　b）動物　c）乗り物 | a：0<br>b：0<br>c：0 | 1<br>1<br>1 | 2<br>2<br>2 | |
| 8 | これから5つの品物を見せます。それを隠しますのでなにがあったか言ってください。（時計，鍵，ペン，たばこ，硬貨など相互に無関係なもの） | 0<br>3 | 1<br>4 | 2<br>5 | |
| 9 | 知っている野菜の名前をできるだけ多く言ってください。<br>（答えた野菜の名前を右欄に記入する。途中で詰まり約10秒待っても出ない場合はそこで打ち切る）<br>0～5＝0点，6＝1点，7＝2点，8＝3点，<br>9＝4点，10＝5点 | | 0<br>3 | 1<br>4 | 2<br>5 |
| | | 合計得点 | | | |

図Ⅳ-15　改訂長谷川式簡易知能評価スケール（HDS-R）

# 第7章　心理検査の実際

この章では，事例をとおして心理検査の実際の用い方やテスト・バッテリーの組み方を紹介しよう。

## 事例の概要

事例は19歳の男性である。高校3年生頃から，友人が自分の悪口を言っていると言って，学校を休みがちになってきた。またその頃から，「自分は天才だ」と言ってみたり，感情の起伏が激しくなってきた。高校を卒業後はほとんど外出もせず，哲学書を読んだり，「病気を治す」と言って神経症の本を読んだりしていた。そのため心配した母親が精神科に連れてきた。

主治医である精神科医から臨床心理士に，心理的理解と治療方針を立てるための心理検査依頼があり，数回に分けて心理検査を実施した。以下に実施した心理検査の結果と解釈の要約を示す。

### ロールシャッハ・テスト（分析は名古屋大学式）（図Ⅵ-16）

反応数など　R＝17，RT(AV.)＝5.7″，RT(N.C.)＝3.8″，RT(C.C.)＝7.6″，Ⅷ Ⅸ Ⅹ / R%＝23.5%

反応領域　W%＝82.4%，D%＝17.6%，

決定因　F＝47.1%，F+%＝75%，M：FM＝4：0，M：ΣC＝4：3，FC：CF+C＝0：4，

反応内容　C.R.＝12，H%＝47.1%，A%＝23.5%，P＝3

感情カテゴリー　Tot. Affect%＝52.9%

[解　釈]

結果からまず特徴としてあげられるのは，外界の刺激に対する過敏さ，情緒的統制の問題と現実検討能力が外界の刺激によって低下しやすいことなどである。最初の色彩図版であるⅡ図版では色彩ショックが示され，反応は「射殺された熊，死んでしまったアフリカ難民」など内的緊張感の高さを物語っている。その内的不安と緊張を「イスラム教徒の人がおがんでいる」という反応に示されるように，外部への依存というかたちで解消しようと努力しているが，これらの反応は作話傾向の強いものであり，現実検討能力の低下と思考過程の問題を示唆するものである。

知的水準については，潜在的な能力をもっているものの，自我機能の脆弱性から能力が十分に発揮されているとは言いがたい。また対人的側面に関しては，H%はかなり高く過敏さを示唆している。さらにP反応（公共反応）は少なく，一般的なものの見方や共感性の問題も示唆され，実際の対人場面で葛藤が生じやすいことがうかがわれる。

以上のような特徴から，外的刺激の少ない環境を調整することなど，まずは自我機能の弱さに対して保護的にかかわることが現在必要なことと思われる（継列分析は省略）。

### SCT（一部抜粋）

・御飯のとき　まわりの音が気になって食べづらくなるときがある
・私はよく　悪くうわさされてしまうし実際評判が悪い

|  | 自由反応段階 | 質疑段階（主な内容） | 形式分析 | | | |
|---|---|---|---|---|---|---|
| カードⅠ<br>①∧3″<br>　　25″ | 踊っている人<br>ウィンクしている | 頭，腕，足があって，中心に棒きれがある | W | M+ | H<br>Mi | Prec |
| カードⅡ<br>①∧8″<br>②∧<br>③∧ 59″ | 熊が狩人に射殺されたところ<br>イスラム教徒の人がおがんでる<br>アフリカ難民 | 頭がどこかにいって，血が出てる<br><br>血が出て死んでしまった | W<br>W<br>W | CF−<br>M+<br>CF− | Ad<br>B 1<br>H<br>H<br>B 1 | HH<br>Drel<br>Hsm |
| カードⅢ<br>①∧8″<br>　　24″ | 買物をしてきたおばさん | | D | M+ | H | P |
| カードⅣ<br>①∧6″<br>②∧<br>③∧ 45″ | けだもの<br>黒いコートを着た大きな男の人<br>魚のフライ | 後ろからみたところ | W<br>W<br>W | F+<br>FC′+<br>F− | A<br>H<br>Cg<br>Fd | Athr<br><br>Por |
| カードⅤ<br>①∧2″<br>②∧<br>　　22″ | 蝶々<br>鳥人間コンテストの人 | | W<br>W | F+<br>F+ | A<br>H | P |
| カードⅥ<br>①∧4″<br>②∧ 25″ | 遊園地の乗り物<br>電灯 | | W<br>D | F−<br>F+ | Rec<br>Li | Prec |
| カードⅦ<br>①∧4″<br>　　17″ | ツーショットの恋人 | | W | F+ | H | |
| カードⅧ<br>①∧7″<br>　　21″ | タヌキと一本の木 | | W | F+ | A<br>Bot | P |
| カードⅨ<br>①∧9″<br>②∧ 26″ | 焼却炉<br>ピカソの絵 | 色からそう見えた<br>めちゃくちゃだから | W<br>W | CF−<br>C | Fi<br>Hh<br>Art | Hh |
| カードⅩ<br>①∧6″<br>　　23″ | 前向きになって生きようとする人，協力し合っている | 20代後半の人で，ここが未来 | D | M− | H<br>Mi | Pcpt |

〈限界検査〉
Most Like Card：Ⅹ（これから成功しそう）
Most Dislike Card：Ⅱ（縁起が悪い）
Self Image Card：Ⅹ（将来こうなりたい）
Father Image Card：Ⅳ（人間が大きく見える）
Mother Image Card：ない（拒否）

図Ⅳ-16　ロールシャッハ・テスト

・どうしても私は　心の中が読まれるのが怖い
・私が自慢したいことは　実は自分は頭がいいんだということ
・ときどき気になるのは　まわりの物音が大きく聞こえるような気がする
・お父さん　まじめ人間で仕事熱心でやさしい

- お母さん　愛情表現がへただけどほんとはやさしい人
- 友だち　たくさんほしい
- 人々　はよく敵のようにみえる

[解　釈]

　SCTにおいても自分を取り巻く環境に対する不安が示されている。すなわち意識レベルにおいても外界に対する不安が強く現在の状況は快いものではなさそうである。しかし一方で理想化された自己像をもち、対人希求性も強い。また父親に対しては肯定的イメージであるが、母親に対してはロールシャッハにおいてカード選択を拒否したようにSCTにおいても、何らかの葛藤が存在することをうかがわせる。

## バウム・テスト（図Ⅳ-17）

　「柿の木」である。木は画面からはみ出ており、現実の生活場面に収まりきれていないことを示唆している。筆圧の強弱が顕著で、枝の膨らみや交錯した様子からは情緒的な不安定さがうかがわれる。また葉や実のつき方は紋切り型で固さや未熟さが示唆される。

　しかし樹木の中心である幹は、上部に比して筆圧も強くすっきりと描かれている。全体の印象としては、外界に揺り動かされている様相を物語っているようであり、環境の調整が必要であろう。

図Ⅳ-17　バウム・テスト「柿の木」

## YG 性格検査（図Ⅳ-18）

　全体的には情緒不安定傾向が目立っている。特に気分の変化が大きく、神経質傾向が強いなどささいなことに過敏で、そのため情緒的に揺れやすい性格を示している。その反面、社会的外向傾向も高く、過敏でありながら人中に出ることを好むタイプと言えよう。

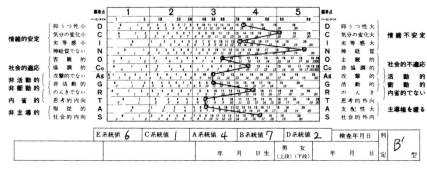

図Ⅳ-18　YG性格検査

### 総合所見

　クライエントはいずれの検査からも，外界の刺激に対して非常に過敏でかつ情緒的に不安定になりやすいことが示された。またロールシャッハ法においては，情緒的統制の問題，現実検討能力の低下や作話傾向が表れており，病態水準の重いことが示唆される。

　こういった刺激に対する過敏さを，クライエント自身が意識できているものの，一方で元来の「人を求める欲求」も強く本人のなかでも葛藤が生じている。

　彼の自我機能の脆弱性を露呈することなく，人を求める欲求を満たすことができるよう，刺激の少ない落ち着いた環境のなかで，まずは一対一の信頼できる関係づくりを進めることが必要と思われる。そうしたかかわりのなかで現実に沿った枠づくりをしていくことが大切であろう。

## TEA BREAK 6

### 燃えつき症候群（burnout syndrome）

特　徴
1. 仕事に精力を使い果たした結果，身体的・精神的にさまざまな疲弊症状を呈する。
2. 行動面では怒りっぽくなる，いらだつ，被害的になるなどの兆候や抑うつ的になる場合もある。
3. 否定的な自己意識を抱き仕事への取り組みも否定的となり，職場についても仕事が手につかず，しかも友人関係もまずくなり居場所が次第になくなる。
4. 対人専門職，特に，看護職に多く認められる。

　1974年，アメリカのフロウデンバーガー（Freudenberger, H. J.）が提唱した。当初は医療従事者，特に精神科領域で働く人々の特徴として調査・研究されてきたが，次第に看護職のストレス研究のテーマとされるようになった。現在ではさらに医療従事者に限らず対人専門職に見られる症候群として，わが国でも burnout スケールの開発など盛んに研究が行われている。

# 第Ⅴ部

# 心理援助の方法を知る
## ―心理療法―

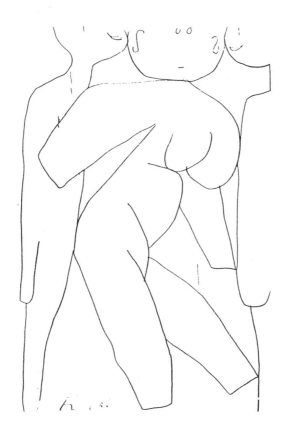

Paul Klee (1939)
両側から説得する

# 第1章　心理療法の基本的態度

　この第Ⅴ部では心理療法について詳しく見てみよう。心理療法にはいくつかの理論があり，その理論ごとにそれぞれ特徴的な手法がある。第2章からはそれらのうち，代表的なものを詳しくその理論的背景とともに解説を行うが，どの心理療法にも共通する基本的態度がある。この章では，その基本的態度について見てみることとする。

## 信頼関係を形成する

　クライエントとセラピストとの関係は，人間関係であることに変わりはない。したがって，心理療法を始めるにあたって，まず最初に求められることはクライエントとの信頼関係の形成である。

　信頼関係と言うと，ともすればセラピストが「優れたセラピストである」という印象をクライエントに与えることを意味するようにとらえがちであるが，その印象は心理療法においてはむしろ好ましくない。

　「優れたセラピストである」という印象は"治療幻想"を生む場合がある。治療幻想とは「この人に任せれば治してくれる」という感覚を言うが，外科手術のようにまったくセラピストに任せなければならない状況とは異なり，クライエントが自らの問題に自らが主体的にかかわることが重要とされる心理療法においては，特別な場合を除き，治療幻想はあまり望ましいものではない。

　ここで重要としている信頼関係とは，クライエントが「この人に自分の大切な話をしても，きちんと大切に扱ってくれるだろうし，自分の弱いところや嫌なところをさらけ出しても，そのことで卑下されたり拒否されることはないだろう」という感覚をセラピストにもつことが基本となる。心理療法はその感覚から出発し，対等な人間関係として展開していくことが望ましいとされている。もっとも，相談する側とされる側では，自ずと対等ではなくなる可能性が強いが，少なくともクライエントに主体性をもたせるための努力は必要である。そのためには，クライエントに対する謙虚な態度と積極的な関心をもつことが肝要となる。

## 共感すること

　臨床心理学に限らず，教育・保育・看護などさまざまな分野で「共感的理解」とか「共感」についての重要性が指摘されている。もちろん心理療法においても，共感はもっとも重要な態度とされている。では，共感とはいったいどのようなことを言うのであろうか。

　われわれは，よく「頭では分かるけど，納得できない」という表現を用いることがある。このことは「事実として，または知識としては理解できるが，気持ちのうえでは理解できない」といった意味であろう。このような理解は共感的理解とは言えない。

　つまり，共感とはことばのうえや知識のみで成り立つものではなく，「なるほど」と感じられるような心的活動である。言い換えると，クライエントの話す内容を理解するだけではなく，話すクライエント自身のありさまを体験することである。

　もちろん，セラピストはクライエント自身ではないので，クライエント自身をそっくり体験することは不可能である。自ずからそこにはズレが生じることになる。実はこのズレが重要なのである。まったくズレがないとすると，セラピスト＝クライエント自身となり，

クライエントと同じ問題を抱えてしまうことになる。むしろ、ズレの意味や背景をお互いに考えていく過程から、問題の所在が明らかになるのが心理療法の重要なプロセスと言えるのかもしれない。しかし、一生懸命共感しようとする努力がなければズレは明らかになってこないであろう。その意味で共感的態度は信頼関係を支えるだけでなく、心理療法にとって重要な態度となるのである。

　第Ⅳ部で学んだ心理アセスメントや理論は、このズレを説明するための材料でもあるが、客観性をもってセラピストがクライエントに同化してしまわずに、別の人格として機能することを支えてくれるのである。そのことによってセラピストという他人がかかわることの意味が出てくると言えよう。かつては共感的理解と診断的理解とを対立的にとらえることがあったが、このように考えるとそれぞれが支えあっていることが分かる。

## 受容すること

　前述の信頼関係の項で述べたことに通じるが、クライエントのそのときの状態を受け容れることは、心理療法のうえで欠くことのできない態度である。

　すなわち、クライエントが示すさまざまな感情や行動に対して、社会通念上の価値づけや道徳的な評価をするのではなく、まず、クライエントがそういう状態であるということを事実として認めることが、クライエントがその場（治療の場）にいることを保証することにつながるのである。

　気をつけておかなければならないのは、受容は許容とは違うということである。許容は「良い」「悪い」といった価値観につながるもので、受容とは本質的に異なるものなのである。

## 心理療法家に求められるもの

　クライエントとセラピストの間には、感情的な交流が起こる。その際、クライエントはクライエント自身の体験を当てはめてセラピストを見る。また、セラピストも同様にクライエントに対して、セラピスト自身の体験をあてはめて感情を向ける。

　言い換えると、クライエントの内面を知ろうとするとき、直接的にとらえることは困難で、クライエントと交流して起こるセラピスト自身の内面の動きを手がかりにして間接的に知ることしかできないと言える。したがってセラピスト自らが、どのような感情をクライエントに向けているかを把握していることが重要となってくる。そのためには、セラピストは自己の心の動きに"開かれている"ことが求められる。つまり、セラピストはできうる限り自身の感情に敏感で正直であることが大切と言えよう。

　一方、セラピストは自己の問題をクライエントにだぶらせてはならない。セラピストもひとりの人間である限りそれぞれ問題は抱えており、ともすればクライエントに誘発されて、自己の問題を交えてしまいかねない。その意味でクライエントに共感するかたわら、自己とクライエントの間にきちんとした境界が引けることが重要となる。このことは、共感に関する項で述べたズレを明らかにする手がかりになるとともに、自己のクライエントに対する先入観や偏見を知り、それを修正をする助けにもなるのである。

　また、心理療法は現実社会の枠の中で行われるもので、社会文化や通念と無縁ではない。したがって、心理療法家もひとりの社会人として、自分の置かれた社会もしくは組織内での対人関係や、社会的責任などを踏まえたうえで活動しなければならない。そのような現実社会での適応性がないと、クライエントとの関係はよくても、さまざまな問題が発生することとなろう。

# TOPICS 16　地域とのかかわりと連携

　われわれは，地域に暮らしている。心の問題も，地域での生活の中から表れてくるといっても過言ではない。また，援助の目標も地域での生活が円滑にできるようになることを目指すものとも言えよう。その意味で，臨床心理学的援助も，病院などの心理相談室の中だけにとどまらず，地域とのかかわりの中で活かされることが求められる。

　具体的に臨床心理士が地域とかかわるときの形態としては，他の専門家や地域でのさまざまな役割を担う人との連携を中心としたものとなる。また，いろいろな地域のシステムの支援を援助に役立てるかたちもそのひとつであろう。

　そういった試みをいくつか紹介しておく。

## 1．保育園・幼稚園・学校などとの連携

(1) 事例を中心とした連携

　この本の事例の中にもいくつかそういった場面が紹介されていたが，子どもの治療の中で，保育士や教師からの情報を子ども理解の参考にすることをはじめとして，保育園・幼稚園・学校との連携は必要不可欠と考えられる。特に特別支援教育が始まってからは，スクールカウンセラーの活動も含めて，そういった連携は盛んになっている。

(2) コンサルテーション

　保育園・幼稚園・学校などで，指導・援助に困っている事例などについて，協力する活動である。保育士や教師とは異なった専門性の立場から問題を理解し，方針を助言することによって，視点を増やしてより柔軟な対応が拡がると考えられる。各自治体や幼稚園連盟などで，定期的に臨床心理士の巡回を行っているところも増えてきている。

## 2．地域のシステムの利用

　地域にはさまざまな活動が存在している。事例の事情によっては，そういったシステムを利用しながらかかわることも効果的な場合がある。

　保健所などの公的機関のシステムをはじめ，子ども会や学童保育，地域の援助グループ，などを積極的に利用することも大切である。そのためには，臨床心理士自身がそういった情報をよくつかんでおく必要がある。

## 3．積極的な心の健康への支援

　保健所などが行う子育て支援も各地域で定着しているが，そういった場での健康増進にかかわる活動も，重要な役割となる。乳児期から幼児期・学童期，そして高齢者など対象はさまざまとなるし，障害者の就労支援など非常に多彩な拡がりが求められている。

# 第2章　心理療法

　心理療法（psychotherapy 精神療法）と呼ばれるものには実にさまざまな種類があり，その数は心理療法家の数だけあると言われるほどである。分類方法もさまざまで，たとえば，作用機序という点から分類すると，表現的心理療法，支持的心理療法，洞察的心理療法，訓練的心理療法などに分けられる。また用いられる手段により言語的か非言語的かという分類もある。期間では短期か長期心理療法か，あるいは対象の数により，個人心理療法か集団療法かという分類もできる。

　この章では現在の臨床場面で比較的用いられることが多かったり，知っておくと役に立つ心理療法について紹介する。

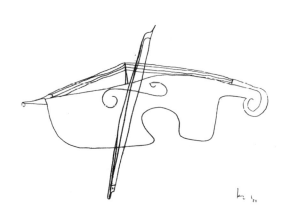

Paul Klee（1939）
ヴァイオリンと弓

## 1. クライエント中心療法（client-centered therapy）
意識レベル中心の「今ここ」での体験の重視

ロジャーズによって創始された心理療法で，その発展の流れは大きく4つに分けることができる。

**（1） 1940〜1950年「非指示的療法（non-directive therapy）」の時代**

セラピストがクライエントに助言・解釈などの指示を与えない方法。クライエント自身が自己理解を深め，主体性をもって自己選択をする。従来の多くの心理療法は多かれ少なかれ指示的であり，その後「指示対非指示」の論争が続いた。

**（2） 1950〜1957年「クライエント中心療法」の時代**

クライエントの自己成長力を全面的に信頼することこそが，この立場の基本的哲学であることを明言し，「非指示的」という技法強調的に受けとられやすい名称を「クライエント中心」と名付けた。

「治療によるパーソナリティ変化を起こす必要にして十分な条件」（1957）

①2人の人間が心理的接触をもっていること。

②第1の人——この人をクライエントと名付ける——は，不一致（incongruence）の状態にあり，傷つきやすいか不安の状態にあること。

③第2の人——この人を治療者と呼ぶ——は，この関係のなかでは一致（congruence）しており，統合されていること。

④治療者は，クライエントに対して無条件の積極的な関心（unconditional positive regard）を経験していること。

⑤治療者は，クライエントの内部的照合枠（internal frame of reference）に感情移入的な理解を経験しており，この経験をクライエントに伝達するよう努めていること。

⑥治療者の感情移入的理解と無条件の肯定的配慮をクライエントに伝達するということが，最低限度は達成されていること。

③〜⑤の「一致」・「無条件の積極的関心（受容）」・「共感的理解」が一般にカウンセラーの基本的態度条件として知られている。

**（3） 1958〜1970年「体験過程療法（experiential therapy）」の時代**

ロジャーズの弟子であるジェンドリン（Gendlin, E. T.）が発展させたもので，体験過程とは「この瞬間たえず生起している感情の過程で身体を通して感じられるもの」である。この体験過程に焦点づけ，それに気づき表現し，受容する方法は，フォーカシング（focusing）として発展している。

**（4） 1970年代「パーソン・センタード・アプローチ（person-centered approach）」の時代**

ロジャーズ自身は1960年代からエンカウンター・グループへの取り組みに積極的であった。エンカウンターとは一般の人を対象に心理的成長を目指した集中的グループ体験である。すなわちロジャーズは対象をクライエントから一般にまで広げ，人間と人間関係の成長促進に対する自らのアプローチを総称して「パーソン・センタード・アプローチ」と名付けた。

## 2. 精神分析療法（psychoanalytic therapy） 無意識の意識化と過去を重視

フロイトの創始した心理療法である。正統的な精神分析療法では，主に神経症の患者を対象に週4〜5回，寝椅子を用いて自由連想をさせるという方法がとられる（新しい精神

分析療法では人格障害や精神病も対象としている)。治療の主な流れは以下のとおりである。

①治療契約：面接の進め方，料金や基本的規則などについて契約する。

②治療的退行：面接が進むにつれて幼児期の対人関係パターンに依存した退行が見られる。これは治療目的に反する点では「抵抗」として，治療者に対する態度の面から見れば「転移」としてとらえられる。

③防衛分析：抵抗の分析を解釈というかたちで行い，無意識過程の意識化（洞察）を進める。

④転移分析：幼児期に両親などへ向けていた感情的葛藤や対人関係パターンが治療関係のなかで再現され，これを繰り返し指摘することで洞察へと進める。

⑤徹底操作：抵抗と転移の解釈を繰り返しながら症状の消失，対人関係パターンやパーソナリティの改善に進む。

# TOPICS17　心の減災教育

　2011年3月11日に発生した東日本大震災は，直後の福島原発事故を合わせ甚大な被害をもたらすものであった。同時に多くの人々の心への被害もきわめて大きく，今なお回復途上にある人々も多い。災害後の心のケアには多くの医療関係者，臨床心理士が派遣され，全国各地に避難した人々の心のケアや支援が現在も続いている。

　こうした東日本大震災後の心の影響の大きさとその支援活動などをきっかけに，臨床心理学の分野では，心の被災を少しでも減らすこと（心の減災）を目的とした取り組みや研究が活発になっている（名古屋大学こころの減災研究会，2013）。

　ここでは小学生を対象とした「心の減災教育」の概要を紹介したい（松本他，2014）。本プログラムは現場の先生に対するニーズ調査を基礎にして開発されており，①災害時に生じるストレス反応について知識を得て，自分でできる対処法を学ぶ，②災害後に生じた出来事に対する物の見方や考え方を変える認知修正を学ぶ，③避難所や災害後の人との信頼関係，繋がりや協力の大切さを学ぶ，の3つのプログラムで構成されている。プログラムの前後で効果測定を実施したところ，災害後の対処能力に対する自信のみでなく，一般的な自己効力感も上昇することが示された。

　災害に限らず，いじめや学校内での緊急時など，いざというときに自ら解決し乗り越えようとする力の育成は心の健康促進に大きく貢献するものと思われる。

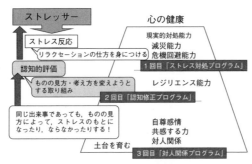

図V-1　心の減災教育プログラムの内容（松本他，2014）

## 3. ユングの分析的心理療法　意識とともに無意識を生きることを重視

　ユングは意識と同時に無意識そのものの主体性や自律性を重視した。そのためフロイトのように無意識の意識化を目指すのではなく，無意識の世界での体験を深め，そこから生じる心的エネルギーによって現実の生活が活性化されるのを目指した。つまり心の全体性の実現は意識と無意識の両方の世界を生きることであると考えた。そのため解釈を重視しないという点も精神分析療法との大きな相違である。

　分析的心理療法では治療の媒介としてしばしば夢が用いられる。夢を無意識へ至る手がかりとしたのはフロイトが最初であるが，夢そのものを治療の中核として用いたのはユングである。ユングによれば夢は無意識の心の表現であり，内的体験を深めることのできるものである。ユングの夢分析の主な特徴は以下のとおりである。

①夢の解釈には，「主体水準（夢を内的世界に対応させて解釈）」と「客体水準（夢を外界の生活状況と対応させて解釈）」の2つがある。
②夢の補償性：夢は意識に対して補償的意味があることが多い。
③夢は劇的構成をもつ：場面提示，発展，クライマックス，結末。
④夢は個人から普遍まで，過去から未来までを含むものである。
⑤実際の夢分析においては個人の連想を重視し，かつ全体の継列のなかで見ていくことが重要。

## 4. 遊戯療法（play therapy）　「遊び」を媒介とした非言語的療法

　子どもにとっては「遊び」が生活の中心であり人生である。「遊び」をとおして子どもの心身は成長していくといっても過言ではない。この「遊び」を利用して言語的交流の困難な子どもの心理治療を行うのが遊戯療法である。

### (1) 治療における「遊び」の意味

　①「遊び」には自己治癒の機能がある：子どもの「遊び」は自己の内面を表出する場であり，現実ではかなえられない空想の世界であり，現実の世界でもある。ウィニコットは現実と非現実にまたがる「中間領域」ということばを用いたが，「遊び」はまさに両者にまたがる中間の世界であり自由に生き生きとエネルギーを発散できる場と言える。そして「遊び」は自らが内包する成長力の発現を促すものとなるのである。

　②「遊び」は子どもの内面にかかわるコミュニケーションの媒体である：言語的交流の十分でない子どもにとって「遊び」は他者との交流の重要な回路であり，大人の「言語」以上の深い意味をもつ。

### (2) 遊戯療法の主な流派

**1) 精神分析的遊戯療法**　フロイトの娘であるアンナ・フロイト（Freud, A.）やメラニー・クライン（Klein, M.）が1930年代～1950年代にかけてその基礎を築いた。A. フロイトが教育的配慮や家族への教育的指導などを重視したのに対して，クラインは遊びを自由連想と同様にとらえて，解釈を与えることを重視し両者の間には激しい論争が繰り広げられた。クラインはまた乳児期の母子関係を重視したが，その考えはウィニコットらの対象関係論学派の素地となっている。

**2) 児童中心的遊戯療法**　ロジャーズの弟子であったアクスライン（Axline, V. M.）を基礎とする流れであり，多くの遊戯療法がこの流れに基づいている。すなわち子どものもつ潜在的な力を信頼し，遊びをとおして自ら成長していくことを重視する立場である。

アクスラインの遊戯療法の8原則
①よいラポール（rapport）をつくる：他の心理療法にも共通するものである。
②あるがままの受容（acceptance）：あらゆる行動や感情表出をそのまま受け入れる。
③許容的雰囲気（feeling of permissiveness）：治療者の温かい関心のなかでの自由。
④適切な情緒的反射（emotional reflexions）：子どもの感情を敏感にとらえ，それを明確にするような応答や働きかけ。
⑤子どもに自信と責任をもたせる：子どもの能力を信じ遊戯の内容の決定や遊具の選択などを任せる。
⑥非指示的であること：治療者は子どもの後に従い，決して指示・命令を行わない。
⑦ゆっくり待つこと：治療は緩慢な過程であり，子どものテンポに従って焦らず待つこと。
⑧必要な制限（limitation）を与える：子どもに最大限の自由が与えられるが，子どもの安全や健康を守り，治療関係の成立を助け，子どもの成長促進のための「制限」がある。

 cf. 主な「制限」
 ・治療者への危険な身体的攻撃（たとえばバットで思いきり殴るなど）
 ・備品の過度な破壊（たとえば，窓ガラスや鏡を割るなど）
 ・子どもの安全や健康を損なう行為（砂を食べる，2階から飛び降りるなど）
 ・その他，プレイ・ルームでの約束ごとや，反社会的行為など

**3) 関係療法** アレン（Allen, F.）は，治療者と子ども，子どもと親などの関係を直接的体験として重視し，子どもが自分自身の良い面や悪い面を含めて自分のなかに取り入れていくことが必要であるとした。技法的には，過去を取り扱わず，現在の関係を重視して，治療者も子どもとの関係のなかに積極的にかかわっていく。

**（3）遊戯療法の場所・遊具・形態**（図V-2）
**1) 場所** 広さは「治療者や他メンバーからの心理的圧迫を受けるほど狭くもなく，かつ何の心理的影響を受けることもないほど広すぎもせず」と言われ，およそ12～30畳程度。
**2) 遊具** 特に決められたものはないが，子どもの関心をひくもの，治療関係をつくりやすいもの，自己表現に適したもの，攻撃性など感情の発散に適したもの，そして丈夫で使用方法が簡単なものなどを基準に選択するとよい。
**3) 形態** 一般に週1回1時間とすることが多いが，治療対象，目標や経過によって異なる場合もある。
**4) 治療対象** 一般には2，3歳～思春期頃までと言われている。心理的問題では情緒

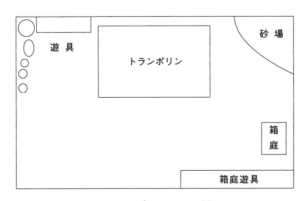

図V-2 プレイルームの例

的不適応に対して特に有効であるが，その他であっても人格の発達の促進や統合を目標とし，かつ遊戯療法の適用となる対象であれば有効であることが多い。

### （4） 遊戯療法の治療経過

①第1段階──導入

受容的，共感的で温かい治療関係の成立。子どもは安心して自由に自己表出を始める。

②第2段階──感情の表出とその深まり

攻撃性やその子どものもつ問題が表出され始める。さらに治療が進むと親などに向けられる否定的感情が表出される。治療の進展に伴い退行が起こる場合も多い。

③第3段階──肯定的感情の表出と統合への歩み

攻撃的，否定的感情が受容されると，次第に自己に対する肯定的感情が優位になり始め，行動の統合，そしてプレイ・ルームから外の世界への歩みが見られる。

④第4段階──終結に向けて

## TOPICS18　「遊ぶこと（playing）」の意味

　小さな子どもは，しばしば見立て遊びをする。たとえば外に落ちていた紐を電車に見立てて紐の先を握って自分は電車の運転手になりすます。そして他児が紐の後を握り乗客になって走り回るという電車ごっこ。子どもたちはその遊びに夢中になり，表情は真剣でかついきいきと輝いている。しかしその遊びが終わると途端に，子どもたちにとって"電車"であったその紐は，再び単なる"紐"に過ぎなくなり子どもたちの関心も消失する。

　この子どもたちの遊びは，内的心的現実ではなく個人の外側にあるが，しかしまた外的世界でもない，いわばその中間領域にあるものであるとウィニコットは考えた。すなわち子どもの遊びとは，外的現実を使いこなし，またその現実に夢や感情を与えるという常に主観的なものと客観的に知覚されたものとが行き来する中間にあるのである。そしてそれは創造的体験であり，生きることの基本的体験につながる。

　母親からの独立の過程における「移行期」や「錯覚と脱錯覚」の概念においても示されるように，この中間領域で遊ぶことによって次第に子どもは現実（外的世界）を確立していくのである。

　"遊びの領域"は成人になると芸術などの文化的活動として保持されていくが，ウィニコットは精神療法においてもこの概念を取り入れた。つまり"遊べない"患者が"遊べるようになること"が必要であるとしている。さらに遊びは，本来的に2人の個人がお互いに協力し合って現実を共有しようとするひとつの手段であり，それは精神療法の仕事に通じるものである。それにはもちろん治療者自身が"遊べる"ことが前提であるのは言うまでもない。

　最後にウィニコットの概念には「playing」「being」「holding」など「～ing」がついている用語が多い。これは「繰り返し育児が行われ続けること」「存在し続けること」「抱っこし続けること」など，その時間的連続性の大切さを特に強調したかったからである。

# 5. 芸術療法（art therapy）　非言語的表現手段を用いる

　芸術療法とは一言で言えば非言語的（non verbal）な表現手段を用いた心理療法であり，表現療法とも呼ばれる（詩歌療法も芸術療法であり，言語を用いているが，その用い方において芸術療法の特徴を備えている）。「芸術療法」ということばは1951年にイギリスのヒル（Hill, A.）に始まるが，それが心理療法として確立したのは，1960年代のナウムバーグ（Naumberg, M.）の絵画療法やカルフ（Kalff, D. M.）の箱庭療法によるところが大きい。
　また芸術療法は他の心理療法と並列的に考えられる治療流派ではなく，さりげなく治療のなかにいわばことばの副木（そえぎ）のように位置づけられるのが望ましい，と中井（1979）は述べている。

## （1）芸術療法の原理
　①言語化できない心の深層を表現：ことばで語ることのできる意識的レベルから，言語化できない無意識レベルまで非言語的に表現することができる。
　②非言語的表現はカタルシス効果をもつ：表現すること自体がカタルシスにつながり，さらには自己治癒の機能をもつ。
　③視覚的フィードバックによる洞察：自己の内界が映し出された作品を視覚的，客観的に見つめ直すことにより，自己受容や自己洞察が進む。
　④自己実現や人格の統合の促進：治療の進展に伴い，非言語的自己表現が次第に統合され自己実現の方向性が示唆されたものとなる。
　⑤「関与しながらの観察」を可能にする：患者と治療者の間に1枚の画用紙や他の表現素材が介在することで，治療者の側に余裕のある追体験を可能にする。治療者は患者のいとなみに関与しつつ，「治療の流れ」を見失わないようにすることが，言語による治療に比べてたやすくなると言われている。
　⑥絵画や粘土などは治療者-患者関係の緩衝的媒体となる：直接的な二者関係にイメージ素材が入ることにより，三者関係となって緊張の緩和，関係の安定化を助ける。

## （2）芸術療法の適用
　主に神経症，心身症，問題行動，統合失調症（用い方や用いる時期に注意が必要）や児童の情緒的問題など年齢層も広く，かつ適応病態も幅広いのが特徴である。さらに言語的コミュニケーションの不可能な対象にも適用できるのが大きな利点である。反面，治療者は手軽に誰にでも実施できるかのような錯覚に陥りやすいことが欠点とも言える。導入にあたっては，対象の病態水準と治療目標を十分考慮したうえで，適切な手法を用いることが大切である。

## （3）芸術療法の諸技法
### 1）絵画療法
　主な技法を紹介するが，詳細な実施方法は治療者によって適宜アレンジして用いられることも多い。
　①自由画法：自由に思いつくものを描画してもらう方法。②以下は課題画法。
　②交互色彩分割法：1枚の画用紙にサインペンで治療者と患者が交互に描線を行い，紙を分割する。次に分割された部分を交互にクレヨンで彩色するという方法。緊張や脅威感を与えることが少なく，統合失調症の治療に用いられることが多い。
　③スクィグル法（Squiggle Drawing Game，口絵1）：イギリスの小児科医ウィニコットが子どもの治療に用いたのが始まりとされる描画による相互ゲームである。まず1枚の画用紙に（B5かA4位の大きさ）治療者（対象）が黒のサインペンでなぐり描きをする。

次にその描線に対象（治療者）が「何か見えるもの」をクレヨンで描画する。これを役割を交代して何回か行う。また同時にお互いになぐり描きし，それを交換，描画という方法もある。さらにこれを大きな1枚の画用紙を区切って行い，最後に物語をつくってもらうという方法（物語統合法）もある。

またなぐり描きと描画を対象ひとりで行う方法（スクリブル法）もある。なおスクィグル（squiggle）・スクリブル（scribble）とは「なぐり描き」の意味である。

　④風景構成法：1枚の画用紙に治療者がサインペンで枠づけをし，「川，山，田，道，家，木，人，花，動物，石，足りないと思うもの」の順で描いてもらいその後クレヨンで彩色してもらう方法。心理療法としても描画検査法としても用いられることが多い（Ⅳ部5章参照）。

2）**箱庭療法**（口絵2）（箱庭療法は遊戯療法に分類されることもある）

ローエンフェルト（Lowenfeld, M.）が創始し，カルフが発展させた治療法である。カルフは「自由にして保護された空間」を提供することを強調し，それにより自己治癒能力が発揮されるとした。

　①方法：内のりが50×72×7センチの箱で内側は青く塗ってある。この砂箱の中にミニチュアの人形，動物，植物，建物や乗り物などを置いて箱庭をつくるという方法である。教示は「何でもいいからつくってみてください」というような簡単なもので，あくまでもつくりたいという対象の意志を尊重する。

　②治療過程：1）動物的・植物的段階──本能的・無意識的なものが表出される。

2）戦いの段階──活動的なものの回復や無意識の揺れが表出される。

3）集団への適応の段階──統合と外界への適応を示す。

　③砂の触覚性：砂にふれることによりその感触から治療的退行状態を誘発しやすく，自己の奥深くのエネルギーやイメージを呼び起こしやすいと言われている。

3）**コラージュ療法**（口絵3）

コラージュとはフランス語で「のりで貼る」という意味の"coller"に由来する。つまり雑誌から切り抜いた写真や絵を，画用紙に貼って作品にするという方法である。この方法が本格的に心理療法として用いられるようになったのは，1980年代の後半からである。

主に集団療法の場で導入されることが多く，絵画療法に比べて，1）絵を描くことに抵抗のある人でも導入しやすい，2）技術的に簡単なので，適用の年齢を問わず，急性期を除く統合失調症から精神遅滞児にも広く適用できる，などの特徴がある。

　①マガジン・ピクチャー・コラージュ法：4つ切りか8つ切りの画用紙，はさみ，のりと雑誌，新聞，カタログなどを用意する（切り抜く雑誌などは対象が好きなものを持ってくるとより治療的であると言われている）。教示は「雑誌などから好きな写真（イラスト）や気になる写真（イラスト）を，自由に切り抜いて好きなように画用紙に貼ってください」というものである。

　②コラージュ・ボックス法：あらかじめ治療者がA4程度の切り抜きを数10枚，箱の中に入れておき，「ここにある切り抜きを画用紙に貼り付けてください。必要ならはさみで切ってください」と教示する方法である。

両方法ともに治療者自身もコラージュを制作する方法（相互法），家族で制作する家族コラージュ法，自宅で制作してもらう宿題法など，さまざまなヴァリエーションが試みられている。

4）**音楽療法**

音楽療法とは音楽を用いた心理療法の総称で，その形態は音楽鑑賞，楽器演奏，歌唱，創作や音楽と身体活動を組み合わせたものなどさまざまである。アメリカでは音楽療法の

歴史も長く，音楽療法士の資格もできている。わが国では1960年代から本格的に実践が始まったが，最近になって障害児・者や高齢者に対する音楽療法がしばしばマスコミで取り上げられるなど，一般にも関心が高まりつつある治療法と言えよう。

①同質の原理（iso-principle）：アルトシューラー（Altshuler, I. M.）は対象の感情を変化させるには，まずそのときの対象の感情やテンポに合わせた音楽を聴かせ，次第に期待される感情を表す音楽に移行させるという技法を提唱した。これは音楽療法の施行原理として，広く基礎となっているものである。

②障害児に対する音楽療法：わが国では特に自閉症児や精神遅滞児をはじめ，障害児の治療教育における音楽療法の導入も盛んに行われているが，その利点には以下のことがあげられている（松井，1989）。

1) 音楽は情緒的交流手段としていろいろな水準での音（楽）による対話を可能にする。
2) 感覚運動段階から抽象的思考様式の段階までさまざまな段階の認知機能に対応する音楽活動が準備できる。
3) 音楽の運動促進的機能によって，運動を誘発し円滑に促進することが可能である。
4) 欲求情動をうまく発散する機会を提供する。
5) 音楽にはある種の法則性が見られることが多く，児童の内面に段階的に一定の秩序を内在化させることができる。
6) 音楽は脳の機能回復や発達に効果的である。

**5) その他**

その他の芸術療法として詩歌療法（俳句・連句療法），心理劇（サイコドラマ）や舞踏療法（ダンス・ムーブメント・セラピー）などがある。

## 6. 森田療法（morita therapy） 森田神経質を対象とした日本独自の心理療法

森田正馬（1874～1938）が創始したわが国独自の心理療法である。

### (1) 森田の神経症論（森田神経質）の特徴

**1) ヒポコンドリー性基調** 内省的・観念的・感情抑制的で完全癖の強い性格が基礎となり，ささいな心身の変化に過敏で自己不全感にとらわれる。

**2) 精神交互作用** ささいな心身の不調や異和感を排除しようとすると，かえって感覚は尖鋭化し注意はますます心身の異和感に固着するという悪循環を生じる（症状の形成）。

**3) 生の欲望** 食欲・性欲などの本能的生物的欲求から，よりよく生きたい，幸福になりたいなどの社会的心理的欲求まで包括した「人間の本性たる生存欲」。この対極に死の恐怖がある。森田神経質は欲望が強いゆえに不安も強くなる。

### (2) 治療原理

①症状は人間普遍的な自然現象であり，「あるがまま」に受容する。
②現実生活を目的本位・行動本位に体験させる。

### (3) 治療過程

**1) 第1期** 絶対臥褥期とも呼ばれ，5日～1週間の間個室に隔離され，洗面・食事・排泄を除いて終日就床する。心身の疲労の回復と精神的煩悶の消失「煩悶即解脱」の体験。

**2) 第2期** 日常的な軽作業を行う。不安に耐えながら目前の作業をする体験であるがままを反復体得する。

**3) 第3期** 庭造り，大工仕事，手芸などやや重い作業を行う。「症状を消すための作業」ではなく「症状を越えて，即物的な態度で作業に没頭できること」の体得。

**4) 第4期** 退院の準備期間であり，外出したり，時に職場に通ったりの現実生活を行

う。
　以上の治療過程を原法では40日間としているが，実際には2〜3ヶ月であることが多い。

# TOPICS19　特別支援教育

　文部科学省は平成19年度から特別支援教育を実施している。特別支援教育とは「障害のある幼児児童生徒の自立や社会参加に向けた主体的な取組を支援するという視点に立ち，幼児児童生徒一人一人の教育的ニーズを把握し，その持てる力を高め，生活や学習上の困難を改善又は克服するため，適切な指導及び必要な支援を行うもの」とされている。従来の「特殊教育」からの転換には，以下のような背景があると言えよう。

　1．「特殊教育」の対象の中で，発達に関する障害については，主に，知能指数（IQ）で区分していたが，「発達障害」の概念が整理され，必ずしもIQで区分されるものではないことが確認された。したがって，通常学級の中にも支援の対象となる児童・生徒が在籍していることとなる。

　2．従来は障害のある児童・生徒は「養護学校」でその課程を教育することとなっていたが，特別な教育的ニーズは，「通常学級」「特別支援学級」「特別支援学校」のいずれにも存在していることが認識された。

　3．したがって，そのためには従来のシステムを変更して，「特別支援教育」の実施にあたることとなった。

　特別支援教育の体制のポイントは次のとおりである。

　①校内委員会の設置：小・中学校において校内委員会を設置し，障害児の実態把握や支援策を検討する。

　②特別支援教育コーディネーターの指名：小・中学校において，専門家チーム，医療，福祉等の関係機関や保護者との連絡調整を行う特別支援教育コーディネーターを指名する。

　③専門家チームの設置：教育委員会において心理学の専門家や医師，教員等から構成される専門家チームを設置し，障害の判断や教育的対応を提示する。

　④巡回相談の実施：教育委員会において専門的知識を有する者を巡回相談員として委嘱し，小・中学校の教員に対して指導内容・方法を指導・助言する。

　⑤特別支援教育連携協議会の設置：行政レベルの部局横断型の連携協議会を設置する。

　⑥個別の教育支援計画策定検討委員会の設置：個別の教育支援計画の策定方法等を検討する委員会を小・中学校，盲・聾・養護学校に設置する。

　⑦盲・聾・養護学校におけるセンター的機能：これらの学校と小・中学校との連携のあり方を検討する。

　これらの他，担任教師だけではなく，支援員の活用や個別指導の実施などのシステムの工夫がなされている。また，幼稚園・保育園から就業までを通した「個別教育支援計画」の作成を行って，生涯を通した支援が可能になるように計画が進められている。

## 7. 家族療法（family therapy）　治療の対象を家族とする心理療法

　家族療法とは家族をひとつのまとまりをもったシステムと見なし，そのシステムを治療対象とする方法である。従来の個人精神療法とは多くの点で異なっており，わが国では1980年代から台頭してきた心理療法である。

### （1）　家族療法の基本的な考え方

　以下は家族療法の初期における基本的な考え方であるが，その後，新しい認識論の台頭とともに現在では（3）から（5）に示す流れも家族療法の主要な流れとなっている。

　①病理は家族システムのなかにある：個人の症状や問題行動は，家族ホメオスタシスの作用の結果生じたものであり，家族システムの均衡を維持させるのに役立っていると考えられる。そのため症状を呈する家族メンバーは「IP（Identified Patient 患者とされる人）」と呼ばれる。

　②治療の対象は家族である：治療目標は家族機能の回復と健康な家族相互作用である。

　③過去よりも「今ここ」での関係性を重視：精神分析は現在の症状の原因を過去にさかのぼって解釈する「直線的因果律」であるが，家族療法では原因も結果もないとする「円環的因果律」である（図V-3）。

### （2）　家族療法の主な概念と治療技法

**1）二重拘束説（double-bind theory）**　1956年に社会人類学者のベイトソン（Bateson, G.）が提唱した概念である。二者関係において，一方が相手に言語的メッセージを発信すると同時に，それとは矛盾する非言語的メッセージを与えると，相手は混乱した状態に置かれる。ベイトソンは統合失調症者の母親はこの二重拘束を繰り返し行うことを指摘した。

**2）多世代伝達過程**　両親間の問題が子の世代に伝播される「家族投影過程」が多世代にわたること。ボーエン（Bowen, M.）が提唱し，家族療法では家系図（genogram）を用いる。

**3）リフレーミング（reframing）**　否定的な意味を肯定的な枠組みに変えること。

**4）症状処方**　呈している症状をあえて出すように指示すること。この指示に従うと症状を意図的に出せることになり，つまり症状のコントロールができたことになる。一方，従わなければ症状をあきらめることになり，いずれにしても症状の克服につながることになる。3），4）の技法はパラドックスによる技法のひとつである。

**5）世代間境界**　ミニューチン（Minuchin, S.）の構造的家族療法における概念で，家族のサブシステム間の境界線の侵害が病理をつくるとした。

### （3）　心理教育的家族療法

　家族療法の新しい流れのひとつとして，1980年代後半からわが国でも普及してきた。当初は主に統合失調症の家族を対象として，疾患に対する知識を提供し，心理的援助と同時

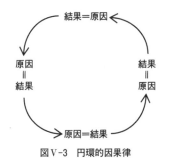

図V-3　円環的因果律

に対処能力の増大を目標とした家族療法を言う。現在では，発達障害，引きこもり，うつ病など多くの臨床において心理教育的アプローチが実践されている。

**（4） 解決志向アプローチ**（solution focused therapy）

1980年代における家族療法の転換期にブリーフセラピーは台頭し，さらにそこから解決志向アプローチが発展してきた。ブリーフセラピーは社会構成主義を背景にしている。すなわち「家族に問題がある」と見なす家族療法による解決そのものがかえって問題（症状）の持続に役立っている場合もある，という認識論を基盤にするものであり，「家族には固有の解決能力がある」という信頼に基づいた短期で効率的なアプローチを行う点に特徴がある。

解決志向アプローチはそうした認識をさらに発展させ，未来志向の解決構築型アプローチであり，ミラクル，スケーリング，リレーションなど独自の質問法を開発している。

**（5） ナラティブ・セラピー**（narrative therapy）

1990年代に入ると，それまでの伝統的システム論的家族療法と並んで，新たな思想的視点として社会構成主義が台頭し，わが国でも1990年代後半からナラティブ・セラピーの展開が見られる（p.114トピックス14参照）。

## TOPICS20　デートの申し込みを電話で行うときの社会的スキル

1．何者であるかはっきりさせる

「もしもし，私は山本恵子です。先週学校のテニス大会でお会いしました」。

2．「私」メッセージで要求する

「今週私と一緒に映画に行っていただけないかと思いましてお電話しました」。

3．具体的な選択肢を申し出る

相手の答えがYESの場合に備えて，具体的な選択肢を申し出られるように用意しておく。たとえばどの映画を見に行くかなど。相手が反論できる余地を残しつつ，はっきりと提案すること。

4．合意事項をはっきりと述べる

電話の終わりに合意した内容を要約することは有益。最初のデートで日時や場所を間違えることは，相手との関係を始めようとするときには避けなければならない。たとえば「今度の土曜日の午後2時に住吉のデニーズで待ち合わせてその後○○映画館へ行くんですね。とても楽しみです」。

5．礼儀正しく拒否を受け取る

相手には拒否する権利がある。相手の断る勇気に敬意を払い，礼儀正しく電話を終えるべき。

## 8. 行動療法（behavior therapy） 行動（認知）の変容と現在の生活を重視する

行動療法は1950年代に始まった治療法であるが，現代における行動療法には，さまざまな理論や技法が含まれ複雑化している。それに伴い，対象も神経症に限らず心身医学，特殊教育，予防医学，精神科リハビリテーションや健康管理など多種多様な領域に広がりを見せている。

### (1) 行動療法の主な特徴
①異常な行動を含めて行動は学習されたものととらえる。
②治療対象は観察可能な行動である。
③行動は過去よりも現在の生活との関連でとらえられる。
④治療法の反復再現性を重視し，治療効果の評価は行動の変容が基準となる。

### (2) 主な行動療法の流派

**1) 応用行動分析** オペラント条件づけ法とも呼ばれる。スキナー（Skinner, B. F.）の「オペラント条件づけ」の原理を背景とする。望ましい行動の増加・維持のための「強化」が特徴である。

**2) 新行動SR仲介モデル** 古典的条件づけと拮抗的条件づけ〈一定の刺激によって誘発されていた反応を，その刺激とともにもう一つの刺激を対提示することによって消失させる（別の反応に置き換える）〉を背景とする。技法としてはウォルピ（Wolpe, J., 1958）の系統的脱感作法がよく知られている。

**3) 社会的学習理論** 観察者が行動モデルを観察するだけで，反応方法や反応が制御される条件性を学習するという，主にバンデューラ（Bandura, A.）の社会的学習の原理に基づく。技法としてはモデリング法が中心である。

### (3) 社会的スキル訓練（social skills training, SST）

行動療法の新しい流れとして，1970年代から行動療法のさまざまな技法を組み合わせた「治療パッケージ」が開発されてきた。そのなかでも特に注目されているものに，社会的スキル（対人場面のなかで，お互いの立場や権利を侵すことなく，円滑な人間関係を結ぶことのできる技能）を訓練するためのパッケージがある。

## TOPICS21 マインドフルネス

マインドフルネスとは仏教の瞑想・坐禅に端を発している仏教用語であり，「今この瞬間の体験に意図的に意識を向け，評価をせずに起こっている経験に注意を向ける過程」である。先駆者はカバット・ジン（Kabat-Zinn, J.）であり，禅と西洋科学を統合させて1979年にマインドフルネスストレス低減療法（Mindfulness-Based Stress Reduction；MBSR）の実践センターを起ち上げた。日常の瞑想，呼吸法やヨガなどによってマインドフルネスのスキルを向上させる8週間のプログラムが基本であり，ストレスの低減，慢性的な痛みへの効果が示されている。その後マインドフルネス認知療法（Mindfulness-Based Cognitive Therapy；MBCT）も開発され，MBSRの方法を踏襲してうつ病の再発予防などを目的としている。2000年代に入ると米国を中心に大企業が社内での実践を紹介し，安定，集中力向上，創造性開発などの効果がうたわれたことから，世界的に注目され，わが国の臨床心理学分野においても，心理療法あるいは心理教育として活用されることが多くなっている。

## 9. 認知行動療法　「認知」の変容を重視する

　1970年代に入り，学習理論に「認知」の問題が取り上げられるようになり発展してきた。特に1990年代以降は，うつ病，摂食障害やパニック障害などさまざまな疾患を対象に適用が広まり，急速に普及してきた療法である。

　認知行動療法には大きく分けて三つの立場がある。すなわち①従来の行動療法の中で認知に重点を置いてその変容を目標とする立場，②行動療法と認知療法を折衷した立場，③認知療法が行動療法の技法を取り入れた立場，の三つである。いずれにしても治療は行動の変化よりも，行動を支配する「認知」の変容を重視するものであり，坂野（1998）によると以下のような特徴をもつ療法であると言える。

　①行動を単に刺激と反応の結びつきだけで説明するのではなく，予期や判断，思考や信念体系といった認知的活動が行動の変容に及ぼす意味を理解し，それらが行動に影響を及ぼすと考える。

　②行動をコントロールする自己の役割を重視し，セルフコントロールという観点から行動変容をとらえる。また，人間の理解と治療的かかわりの基本的発想として，人間が自分の行動を自分自身でいかにコントロールしているかという「能動性」を強調し，そうした能動性を支えている要因としての認知的活動を重視する。

　③認知的活動はモニター可能であり，変容可能であると考える。

　④望ましい行動変容は，認知的変容によって影響を受ける。

　⑤治療標的はあくまでも行動のみの変化であると考えるのではなく，信念や思考様式といった個人の認知の変容そのものが治療標的となったり，認知の変容をきっかけとして行動変容をねらう。

　⑥治療の方針として行動的な技法のみならず，認知的な技法を用いる。

　⑦行動と認知の両者を治療効果の評価対象とする。

表V-1　さまざまな認知行動療法（坂野，1992）

| | |
|---|---|
| モデリング | 社会的スキル訓練 |
| 合理情動療法 | 認知的行動変容 |
| 認知療法 | セルフ・コントロール行動療法 |
| カベラントコントロール | 行動的夫婦療法 |
| 内潜的条件づけ | 対人的認知的問題解決療法 |
| モデリング療法 | 合理情動催眠療法 |
| 自己監視法 | 構造的認知療法 |
| 問題解決訓練 | 合理的行動療法 |
| 自己教示訓練 | ストレス免疫訓練 |
| 行動的家族療法 | パーソナル・コンストラクト療法 |
| 不安管理訓練 | 認知的評価療法 |
| 多面的行動療法 | 生活技能訓練 |
| 系統的合理的再体制化法 | 認知行動的催眠療法 |

## TOPICS22　精神障害に対する薬物療法の進歩

### 1．非定型抗精神病薬（第二世代抗精神病薬）

　クロルプロマジン（chlorpromazine）やハロペリドール（haloperidol）などが定型抗精神病薬（第一世代抗精神病薬）として主に統合失調症の治療薬として使用されてきた。しかしドパミン（神経伝達物質のひとつ）の遮断作用が強いためにパーキンソ

ン症状などの副作用が強かった。1990年代に登場した非定型抗精神病薬はドパミン以外にセロトニンや複数の神経伝達物質に作用することで，懸案であった副作用を著明に軽減することに成功した。しかし一方で代謝性の副作用があるため慎重な処方が求められる。現在本邦では8種類の薬剤が使用可能である。

## 2．抗うつ薬

　うつ病の治療薬は三環系抗うつ薬が主であったが，副交感神経系を遮断するため便秘，口渇などの副作用が多く，心臓への毒性が問題であった。現在，うつ病の第一選択薬のひとつである選択的セロトニン再取り込み阻害薬（Selective Serotonin Reuptake Inhibitors：SSRI）は脳内のセロトニンを選択的に増やすために副作用を三環系抗うつ薬よりも著しく減少させることに成功した。SSRI は不安の軽減にも作用するため，依存性のあるベンゾジアゼピン系誘導体（従来"安定剤"と言われていたもの）に頼ることなく不安障害の治療を行うことが可能となった。さらにセロトニン・ノルアドレナリン再取り込み阻害薬（SNRI）なども開発されうつ病治療の選択肢を大きく広げた。

## 3．気分安定薬（mood stabilizer）

　双極性障害（躁うつ病）の病相予防（躁とうつの波の振幅を減少させる作用）や慢性・治療抵抗性のうつ病の治療に気分安定薬の開発・発見が大きな役割を果たしている。炭酸リチウム（lithium carbonate）や抗てんかん薬であるバルプロ酸（sodium valproate），カルバマゼピン（carbamazepine），ラモトリギン（lamotrigine），非定型抗精神病薬のひとつであるオランザピン（olanzapine），アリピプラゾール（aripiprazole）などが上記の作用をもつことが判明し治療効果をあげている。

## 4．ADHD（Attention-Deficit/Hyperactivity Disorder, 注意欠如多動症）治療薬

　ADHD は神経発達症に分類され，不注意と多動・衝動性を特徴とする疾患で，3％から5％前後の子どもが該当すると言われている。さらに，不注意症状を中心に，成人まで症状が持続することがある。近年，ADHD の治療薬の開発が盛んに行われ，本邦でも ADHD の子どもや成人を対象に治験が行われた。その結果，有効性と安全性が確認された ADHD 治療薬が臨床場面で処方可能になった。現在，本邦で4剤が ADHD に適応が認められている。まず，中枢刺激薬に分類されるメチルフェニデート徐放錠（市販名はコンサータ。ナルコレプシーの治療薬であるリタリンはメチルフェニデートの速放錠である。薬剤を服用してから，成分が血中に移行する速さの長短で徐放錠と速放錠に分類される）で，6歳以上に認められている。リスデキサンフェタミン（市販名：ビバンセ）も中枢刺激薬であり，6歳から18歳に認められている。この2剤は中枢刺激薬であるため，厳しい流通制限が課され，処方する医師，薬剤師が認可・登録制，患者も個人情報を最大限保護したうえでの登録制になっている。非中枢刺激薬は2剤で，アトモキセチンとグアンファシン（市販名：インチュニブ）で，前者はノルアドレナリン再取り込み阻害作用，後者はアドレナリンα2A 受容体刺激作用を有し，まったく異なる作用機序を持っている。いずれも6歳以上に適応が認められている。リスデキサンフェタミン（ビバンセ）を除いた3剤は，6歳以上，年齢の上限なく処方が可能である。

## 10. 自律訓練法（Autogenic Training：AT）　自己訓練により心身の安定を図る

　1932年にシュルツ（Schultz, J. H.）によって体系化された，心身の安定や機能回復を主目的とした自己訓練法である。現在では心身症や神経症などの治療法としてのみでなく，注意集中力の向上，ストレスの発散，創造性の開発などを目的として教育，産業やスポーツなどの領域においても広く適用されている。

### （1）標準練習

**1）準備段階**

　①環境調整：場所は，静かで照明は明るすぎず，温度も暑すぎず寒すぎずがよい。服装はベルトやネクタイなどをゆるめ，時計もはずして身体的圧迫感や違和感がないようにする。

　②練習姿勢：あおむけ姿勢，よりかかり姿勢（背中の高い安楽椅子にもたれかかる），腰掛け姿勢（背もたれのない椅子に座り，首をたれたうなだれた姿勢）の三種類があるが，いずれもゆったりとくつろげる姿勢をつくることが大切である。

**2）受動的注意集中**　練習者が，練習公式を頭の中で繰り返しながら，その身体部位に注意を向けていくことを受動的注意集中（passive concentration）と呼び，自律訓練法における重要な心理的態度とされる。ここでは，結果（獲得する課題）を焦って求めようとしないことが大切である。

**3）練習時間**　一般に1日3セッション1回3〜5分〜10分程度である。

**4）標準練習公式**

　①重量感：「手足が重たい」（利き腕から始める，右腕→左腕→右足→左足と進む）
　②温　感：「手足が温かい」（利き腕から始める，右腕→左腕→右足→左足と進む）
　③心臓調整：「心臓が静かに規則正しく打っている」
　④呼吸調整：「楽に息をしている」
　⑤腹部温感：「胃のあたりが温かい」
　⑥額部冷涼感：「額が涼しい」

　各公式はひとつの公式が十分にできるようになってから次に進み，その間に適宜「安静感−気持ちが落ち着いている」の公式を挿入する（たとえば「気持ちが落ち着いている。両腕両足が重くて温かい」）。6つの公式ができるようになるのに，2〜3ヶ月かかる。

### （2）黙想訓練と自律性変容

**1）黙想訓練**　自律訓練法の効果を高め，「自分の本質は何か」といった真の自己を見るための（自己観照）訓練で，7段階の心像視の練習から成る。

**2）自律性変容**　ある特定の症状をコントロールするための方法。

　①特定器官公式：たとえば「赤面」に対して「首すじと肩が温かい」など。
　②意志訓練公式：たとえば「人の視線が気にならない」「とてもおいしく食べられる」など。

# TOPICS23　障害と社会参加

　障害者の学校等での教育については，特別支援教育などの項目で述べてきた。ここでは，特に就労に関してふれることとする。従来から障害者への差別については，さまざまな側面が指摘されている。教育や日常生活についての保障に関しては，「障害者総合支援法」や「障害者雇用促進法」など法的にも整備されつつある。雇用促進法では，企業は一定の割合の障害者を雇用することとなっており，平成28年度にはその割合の増加も予定されている。そしてその対象となる障害に精神障害が加えられることとなった。

　また，ここで言う障害者には身体障害，知的障害，精神障害，発達障害などが含まれるようになり，その多様な課題への意識も高まっている。図Ⅴ-4には，障害別の雇用実態について示した。

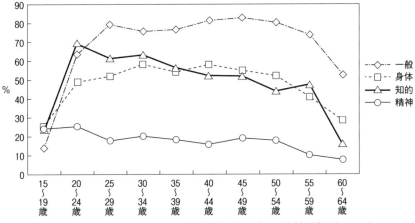

図Ⅴ-4　障害種別の年齢階層別就業率（平成18年7月1日時点）（内閣府，2014）

　このグラフを見ても分かるように，一般の人々に比べて就業率は低い値となっている。もっとも低いのは精神障害である。精神障害者が社会適応について苦慮していることの表れとも言えよう。また，知的障害者は比較的若いところでは，一般の人々に近い就業率であるが，30歳代以降は身体障害者とほぼ同様まで下がってしまっている。そのひとつの要因としくは，長続きしない側面があると考えられるが，一方で，この世代が児童・青年期であった時期に就労支援が今より不足していたことも一因にあげられよう。

　この他，就労形態で見ると，知的障害者と精神障害者は授産施設や作業所での就業が多く，給与面でも非常に低いようである。

　これからの社会においての社会参加を支援するためにも，教育現場や社会的制度の整備が望まれるところである。

## 11. 集団精神（心理）療法（group psychotherapy）
### 集団内の対人関係を利用して，個人の成長と集団としての成長を目指す

集団精神療法とは，主として言語を媒体として，グループ内の「今ここで」の対人関係を利用して，行動の改善や洞察の強化を行う心理療法である。その適用範囲は非常に広いが，特に個人精神療法において，安定した治療関係の成立が困難な対象に対しては，独自の治療効果が期待できると言われている（たとえば人格障害，同一性障害，非行や嗜癖など）。

**（1） 集団精神療法に特有の治療的要因**（小谷，1990）
1) **現実的小社会の提供**　内的世界での発見や，新しい人格機能の習得を現実吟味する場であり，また練習の場でもある。
2) **サポートの多次元性**　治療者のみでなく，患者同士あるいはグループ全体の風土によるサポートなど，多様なサポートが可能である。
3) **見ることによる学習体験**　他者の体験を見ることにより，モデリング，対他者解釈などの機能を働かせたり，自己探求を刺激されたりする。
4) **見られることによる学習体験**　他者による自己に対する観察機能を，自身の観察自我の補助として，あるいはその機能を刺激するものとして利用できる。

**（2） 治療目標から見た2つのアプローチ**（小谷，1990）
1) **「支持的・表現・明確化」**　治療目標は，患者の内的構造の変化よりも，環境への適合性を支えることにある。生活の流れが護られるアプローチ。
2) **「統合的・再構成・洞察志向」**　治療目標は，患者の内的構造と適応メカニズムの改善にある。自己探求が中心となるアプローチ。

**（3） 集団過程の三段階**（山口，1989）
1) **依存期**　初期の緊張や不安が見られ，リーダーは緊張緩和を図る必要がある。
2) **闘争・逃避期**　治療への糸口がよく見えてくる時期。
3) **凝集期**　個々のメンバーの成長とグループ全体の成熟を援助する。

---

### TEA BREAK 7

## 空巣（からのす）症候群（empty nest syndrome）

特　徴
1. 中年の主婦に認められる。
2. 進学や就職などで子どもが独立し，夫は家庭に不在がちで，それまで充実していた愛の巣である家庭が空っぽになったことがきっかけとなる。
3. 空虚感，孤独感を抱き，うつ状態となる。

この症候群は特に夫と子ども本位に暮らしてきた中年の女性に多く，更年期の内分泌的変化も関与すると言われている。

# やってみよう　1.　―心理援助の体験コーナー―

## YES-NO インタビュー

1. 三人一組になる（場合によっては二人で組んでもよい）。
2. ひとりは面接者・ひとりはクライエント・もうひとりは観察者となる。
   このとき，互いにあまりよく知らない関係である方が望ましい。
3. 面接者は相手に対して，どんどん質問をする。クライエントは必ず答えなければならない。ただし，質問は YES か NO で答えられるような形式に限る。
   クライエントも YES か NO 以外の答えをしてはいけない。
4. 10分ほど行った後，役割を交代する。
5. 終わった後で，お互いに感想を出しあって振り返る。

### ねらい

この学習のねらいは，三人それぞれ以下のような感覚をとらえることにある。

1. 面接者：面接者は質問を繰り返していくが，その内容は，相手のことを質問しているようで，実は，自分の発想で行っていることに気づく。つまり，自分の枠組みを用いて相手を見ようとする傾向に気がつく。
2. クライエント：YES か NO でしか答えられないので，細かいニュアンスは伝えられない。それにもかかわらず相手の面接者は，聴いてほしいことからずれていくことに気づくであろう。
   その歯がゆさは，クライエントに沿わなかったときの面接でクライエントが味わうものに近いと考えられる。
3. 観察者：観察者は，上記の状態に気がつけたであろうか。二人の様子を見ながら，そこで生まれるズレを見抜くことができたら，立派なもの。

## やってみよう　2.　―心理援助の体験コーナー―

# 非言語的かかわりの体験

## 1. スクィグル法によるかかわり

　用意するもの：20色程度のクレヨン，黒のサインペン，Ｂ５～Ａ４程度の大きさの画用紙を一人3枚程度

　手順：二人一組になって以下の手順で行う。

　①お互いの画用紙に自由に黒のサインペンでなぐり描きをし，交換する。

　②何か見えるものをクレヨンで描く（描線はどのように使ってもよい）。

　③できあがった描画をお互いに見て自由に話し合う。

　④①～③を3回程度繰り返す。

　＊「枠づけ法」　最初に相手がサインペンで画用紙の縁どり（枠づけ）をしたものになぐり描きをする，という方法を取り入れてみるのもよい。

### ねらい

　対象と非言語的にやりとりするとは，どのようなものか，あるいは描画やなぐり描きをすることで，自分の中にどのような感情が生起したかを体験する。さらにこの方法を同じ相手で定期的に継続してみることによって，非言語的なやりとりをとおして相手の心の変化や自己の変化に気づくことができる。またこの方法に慣れたら治療者，患者役割を決めて実際の治療場面を想定してロールプレイを実施してみるのもよい。

　「枠づけ法」についてはしばしば臨床で用いられる方法であるが，中井（1985）によると「枠づけは描画を容易にするが，いわば集中を強い，逃げ場がなく描かないわけにはゆかない感じをおこさせる。枠がないと，とりとめもなくどこまでも無限に広がっている感じで雑多なものが描きこめるが，まとまりにくい」と述べている。「枠あり」と「枠なし」の違いを体験してみたい。

## 2. コラージュによるかかわり

　用意するものと手順は本章「コラージュ療法」の項を参照されたい。

　スクィグル法と同様に完成した作品を交換し，自由に話し合う。

　他にもたとえば，箱庭や粘土などを実際に体験してみることによって，非言語的かかわりの特徴やそこで動く自己の感情・情動といったものを知ることができる。ただし，相手によってはこういった非言語的なかかわりが侵襲的なものになる場合もあるので，慎重に行いたい。

# 終章 「かかわる」ということ —あとがきにかえて—

　本書を終えて心理的援助とはどのようなものであるのか，多少はイメージできるようになったでしょうか？

　臨床心理学はあくまでも「援助のための心理学」です。そのため客観的に人間を理解すると同時に，「人間とは」あるいは「人間が人間として生きるということ」の意味を常に問いかけ続ける姿勢が求められます。それがすなわち「内なる人間性の理解」であり，何よりも重要なことなのです。

　村上（1992）はこの「内なる人間性の理解」のために四つの視点をあげて，「かかわる」ということの基本的視座について述べています。これは「人間を真に理解し，真にかかわるとは」について提唱したものであり，心理的援助のもっとも基本的でかつ重要な姿勢と言えます。

　本書のあとがきにかえて，村上の「かかわる」ということを紹介しましょう。

## 内なる人間性の理解

### （1）　独自性――ひとりびとりが生きること――

　われわれはともすると，つい他人と比較してものごとをとらえやすい。「どうして自分ばかりがこんなことになるのか」「あの人は障害を背負ってかわいそう」などである。

　こういった外側からのとらえ，すなわち人間を，相対的，実利的な価値基準でとらえるのではなく，「内在的，絶対的，実存的価値観」の視点でとらえることが大切である。

　他人と比べることを避け，ひとりびとりが可能性をもつ独自の存在であることを忘れてはならない。

### （2）　尊厳性――より意味深く生きること――

　日常の生活のなかで，「なんのために生きるのか」などと自問することはめったにないであろう。村上（1992）はさまざまな障害児・者とのかかわりのなかから知的であれ身体的であれどのような障害をもっていようとも「せいいっぱい自分の賦与された可能性を発揮すべく，それこそ歯をくいしばり，必死に自分自身に問いかけ生きつづけていこうとする一回限りの独自のかけがえのない生命（いのち）」を見出した。

　そして「人間がより意味深く生きていこうとする姿勢の尊厳性」を人間理解の重要な視点として強調している。

### （3）　主体性――内なる光で生きること――

　「内なる光」とは人間は本来的に可能性を内包する存在であることを示している。すなわち，その人自身のあるがままの自分であること，そして内包する可能性を自ら主体的に開き出していこうとすることから，真の「自立」が生まれるのである。

　内なる光を秘めた主体的存在として人間を理解する立場からは，外側から強制的に自立を促す働きかけは生じないはずである。

### （4）　発達性――変革を求めて生きること――

　ここで強調されるのは，発達を「その人なりの独自の歩み」としてとらえる視点である。

　すなわち発達とは「結果」ではなく，その「過程」のなかに見出される自分自身を主体的に自己変革せしめようとする質的動きこそが大切なことといえる。

# かかわるということ

## (1)「ともに歩む」姿勢

対象とかかわる場合に大切なのは,「人間とは一回限りのかけがえのない生命(いのち)を真摯に問いかけ,生きつづける存在である」というその内なる人間性を理解し,尊重することである。そういった視点をもって対象との「出会い」の意味を尊重し,そして「ともに歩む」姿勢を基盤としたかかわりこそ,まさに「臨床の心」と言えるであろう。

## (2)「を」「に」「と」の関係——人間への接近様式——

村上は,この「ともに歩む」姿勢をより明確にするために,人間への接近様式として〈「を」「に」「と」の関係〉(図1)を提唱している。

1)〈ながめ〉の関係　「かわいそう」「悲しい」といった対象に対する主観的印象の段階である。

2)〈とらえ〉の関係　対象の具体的な特徴,知的水準,行動特性などを客観的に理解する場合の関係であり,相手を対象化した静的把握である。

3)〈はたらき〉の関係　対象「に」取り組むといった動的関係ではあるが,その関係はあくまでも一方的であり,対象は受動的存在である。

4)〈かかわり〉の関係　対象「と」「ともに歩む」という姿勢のなかから相互関係が展開し,内的交流へとつながる。そういった関係のなかから,人はそれぞれ独自の歩みを選びとり,その人なりの自己実現の過程を生きるのである。

この〈かかわり〉の関係は「援助者」ということばに含まれる上下関係を排除した関係である,と村上は述べている。すなわち「ともにある」という意味で「伴侶者としての私」ということばを提起している。

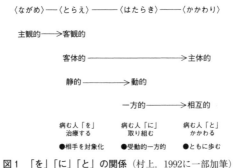

図1　「を」「に」「と」の関係（村上,1992に一部加筆）

## 臨床の心

対象の心の援助を目指す場合,ともすると援助技法や理論のみに目を向けがちになってしまいます。しかし「かかわる」ということは,上述したように対象に対してまず「真摯な態度で出会うこと」そして「寄り添い,ともに歩む姿勢」が基本であるということが何よりも大切なことであると思います。

対象とともに歩もうとする真摯な心理臨床実践を通して,みなさんは自らの内側に援助者としての,また人としての成長を実感するはずです。こういった基本姿勢を忘れることなく,皆さんが出会い,かかわられることを願っています。

著者一同

# 引用・参考文献

### Ⅰ-1章
(財)日本臨床心理士資格認定協会　2008　臨床心理士の歩みと展望　誠信書房

### Ⅰ-2章
牧　正興　1990　人間理解と心理臨床（牧　正興・高尾兼利・平山　諭編著　臨床心理学の理論と実践　第1章　ミネルヴァ書房）

### Ⅰ-3章
馬場謙一　1990　神経症と心因反応（福島　章・村瀬孝雄・山中康裕編　臨床心理学大系　11　精神障害・心身症の心理臨床　金子書房）

### Ⅰ-5章
厚生省保健医療局精神保健課　1995　精神保健福祉法　中央法規
(財)日本臨床心理士資格認定協会　2008　臨床心理士の歩みと展望　誠信書房

### Ⅰ-6章
Creswell, J. W.　2003　*Research Design: Qualitative, Quantitative, and Mixed Method's Approaches* (2nd ed.) London, UK: Sage.（操　華子・森岡　崇訳　2007　研究デザイン—質的・量的・そしてミックス法　日本看護協会出版会）

Gelso, C. J., & Fretz, B. R.　2001　*Counseling Psychology* (2nd ed.) Belmont, CA: Thomson Wadsworth.（清水里美訳　2007　カウンセリング心理学　ブレーン出版）

Greenhalgh, T., & Hurwitz, B.（Eds.）1998　*Narrative Based Medicine: Dialogue and Discourse in Clinical Practice.* London: BMJ Books.（斎藤清二・山本和利・岸本寛史監訳　2001　ナラティブ・ベイスド・メディスン—臨床における物語りと対話　金剛出版）

岸本寛史　2007　投映法とナラティブ　日本ロールシャッハおよび投映法学会講演

村上英治　1992　人間が生きるということ　大日本図書

Quick, J. C.　1997　Idiographic research in organizational behavior. In C. L. Cooper, & S. E. Jackson (Eds.), *Creating Tomorrow's Organizations: A Handbook for Future Research in Organizational Behavior.* New York: Wiley & Sons. pp. 475-491.

Sackett, D. L., Rosenberg, W. M. C., Gray, J. A. M., Haynes, R. B., & Richardson, W. S.　1996　Evidence based medicine: What it is and what it isn't. *British Medical Journal*, **312**, 71-72.

Sackett, D. L., Straus, S. E., Richardson, W. S., Rosenberg, W., & Haynes, R. B.　2000　*Evidence-Based Medicine: How to Practice and Teach EBM* (2nd ed.) Edinburgh, UK: Churchill Livingstone.（エルゼビア・サイエンス編　2002　Evidence-based medicine—EBM の実践と教育　エルゼビア・サイエンス）

斉藤清二・岸本寛史　2003　ナラティブ・ベイスト・メディスンの実践　金剛出版

### Ⅱ-1章
American Psychiatric Association　1994　*Diagnostic and Statistical Manual of Mental Disorders Fourth Edition.*（DSM-Ⅳ）Washington, DC: American Psychiatric Association.

American Psychiatric Association　2013　*Diagnostic and Statistical Manual of Mental Disorders Fifth Edition.*（DSM-5）Washington, DC: American Psychiatric Publishing.（高橋三郎・大野裕監訳　2014　DSM-5　精神疾患の診断・統計マニュアル　医学書院）

福島　章　1990　総論：心の病の成立ち（福島　章・村瀬孝雄・山中康裕編　臨床心理学大系　11　精神障害・心身症の心理臨床　金子書房）

Kernberg, O.　1976　*Object Relations Theory and Clinical Psychoanalysis.* Jason Aronson.（前田重治訳　1983　対象関係論とその臨床　岩崎学術出版社）

Landis, B.　1970　*Ego Boundaries.* International Universities Press.（馬場禮子・小出れい子訳　1981　自我境界　岩崎学術出版社）

World Health Organization（WHO） 1992 *The ICD-10 Classification of Mental and Behavioural Disorders.* Geneva.

## Ⅱ-2章

American Psychiatric Association 2013 *Diagnostic and Statistical Manual of Mental Disorders Fifth Edition.*（DSM-5）Washington, DC: American Psychiatric Publishing.（髙橋三郎・大野裕監訳　2014　DSM-5　精神疾患の診断・統計マニュアル　医学書院）

日本精神神経学会　2014　DSM-5　病名・用語翻訳ガイドライン（初版）〈https://www.jspn.or.jp/activity/opinion/dsm-5/files/dsm_5_guideline.pdf〉

American Psychiatric Association 2022 *Desk Reference to the Diagnostic Criteria from DSM-5-TR.* Washington, DC: American Psychiatric Association Publishing.（髙橋三郎・大野　裕（監訳）　2023　DSM-5-TR 精神疾患の分類と診断の手引　医学書院）

American Psychiatric Association 2022 *Diagnostic and Statistical Manual of Mental Disorders, Fifth Edition Text Revision.*（DSM-5-TR）Washington, DC: American Psychiatric Association Publishing.（髙橋三郎・大野　裕（監訳）　2023　DSM-5-TR 精神疾患の診断・統計マニュアル　医学書院）

## Ⅱ-3章-1

American Psychiatric Association 1994 *Diagnostic and Statistical Manual of Mental Disorders Fourth Edition.*（DSM-IV）Washington, DC: American Psychiatric Association.

American Psychiatric Association 2013 *Diagnostic and Statistical Manual of Mental Disorders Fifth Edition.*（DSM-5）Washington, DC: American Psychiatric Publishing.（髙橋三郎・大野裕監訳　2014　DSM-5　精神疾患の診断・統計マニュアル　医学書院）

川瀬正裕・伊藤友紀乃　1993　一般における自閉症の認識に関する調査研究　日本教育心理学会　第35回総会　発表論文集

## Ⅱ-3章-2

American Psychiatric Association 1994 *Diagnostic and Statistical Manual of Mental Disorders Fourth Edition.*（DSM-IV）Washington, DC: American Psychiatric Association.

American Psychiatric Association 2013 *Diagnostic and Statistical Manual of Mental Disorders Fifth Edition.*（DSM-5）Washington, DC: American Psychiatric Publishing.（髙橋三郎・大野裕監訳　2014　DSM-5　精神疾患の診断・統計マニュアル　医学書院）

## Ⅱ-3章-3

American Psychiatric Association 1994 *Diagnostic and Statistical Manual of Mental Disorders Fourth Edition.*（DSM-IV）Washington, DC: American Psychiatric Association.

American Psychiatric Association 2013 *Diagnostic and Statistical Manual of Mental Disorders Fifth Edition.*（DSM-5）Washington, DC: American Psychiatric Publishing.（髙橋三郎・大野裕監訳　2014　DSM-5　精神疾患の診断・統計マニュアル　医学書院）

上野一彦　1992　学習障害児の教育　日本文化科学社

水野　薫　1995　学習障害児の精神療法　精神療法，**24**(4)，349-355.

## Ⅱ-3章-4

American Psychiatric Association 1994 *Diagnostic and Statistical Manual of Mental Disorders Fourth Edition.*（DSM-IV）Washington, DC: American Psychiatric Association.

American Psychiatric Association 2013 *Diagnostic and Statistical Manual of Mental Disorders Fifth Edition.*（DSM-5）Washington, DC: American Psychiatric Publishing.（髙橋三郎・大野裕監訳　2014　DSM-5　精神疾患の診断・統計マニュアル　医学書院）

## Ⅱ-3章-5

蔭山英順　1992　幼児と児童の情緒障害（田畑　治・蔭山英順・小嶋秀夫編　現代人の心の健康　名古屋大学出版会）

## Ⅱ-3章-6

Johnson, A. M., Falstein, E. I., Szurek, S. A., & Svendsen, M.　1941　School Phobia. *American Journal of Orthopsychiatry*, 11, 702-711.
川瀬正裕　1994　心の健康と登校拒否（稲村　博ら編　登校拒否のすべて　1-1-9　第一法規出版）
小泉英二　1988　教育相談の立場から見た不登校の問題　児童・青年精神医学とその近接領域, 29, 359-366.
文部科学省　2023　令和5年版学校基本調査　文部科学省

## Ⅱ-3章-8

ボウルビィ，J.　作田　勉(監訳)　1981　ボウルビィ母子関係入門　星和書店
池田由子　1977　児童虐待の病理と臨床　金剛出版
川井　尚・庄司順一・千賀悠子他　1994　育児不安に関する基礎的検討　日本総合愛育研究所紀要, 30, 27-39.
松本英夫・桜井迪朗・松本真理子他　1995　育児の困難な母親への援助　第42回日本小児保健学会抄録集, 716-717.
小此木啓吾　1982　母性的養育の剥奪と家族（その1）（加藤正明・藤縄昭他編　講座家族精神医学3　ライフサイクルと家族の病理　弘文堂）
渡辺久子　1982　母性的養育の剥奪と家族（その2）（加藤正明・藤縄昭他編　講座家族精神医学3　ライフサイクルと家族の病理　弘文堂）

## Ⅱ-3章-9

Gil, E.　2006　*Helping Abused and Traumatized Children: Integrating Directive and Nondirective Approaches*. New York: Guilford.（小川裕美子・湯野貴子訳　2013　虐待とトラウマを受けた子どもへの援助―統合的アプローチの実際―　創元社）
厚生労働省　2023　令和4年度　児童相談所における児童虐待相談対応件数（速報値）〈https://www.cfa.go.jp/assets/contents/node/basic_page/field_ref_resources/a176de99-390e-4065-a7fb-fe569ab2450c/12d7a89f/20230401_policies_jidougyakutai19.pdf〉
西澤　哲　1999　トラウマの臨床心理学　金剛出版

## Ⅱ-3章-10

河野友信・末松弘行・新里里春(編)　1990　心身医学のための心理テスト　朝倉書店
松木真理子　1995　心身症に関する問題と指導（林　邦雄・福永博文編　子どもの精神保健　コレール社）
成田善弘　1993　心身症　講談社
小崎　武(編)　1992　小児心身症の外来治療　ヒューマンティワイ
田中英高　2009　小児心身医学概論―最近の動向を踏まえて―　心身医学, 49(12), 1251-1259.
筒井末春　1989　ストレス状態と心身医学的アプローチ　診断と治療社

## Ⅱ-3章-14

小塩真司　2004　自己愛の青年心理学　ナカニシヤ出版

## Ⅱ-3章-17

American Psychiatric Association　1994　*Quick Refrence to the Diagnostic Criteria from DSM-IV*. Washington, DC: American Psychiatric Association.
傳田健三　2004　子どものうつ病―見逃されてきた重大な疾患―　金剛出版
傳田健三　2004　子どものうつ　心の叫び　講談社
松本真理子(編)　2005　うつの時代と子どもたち（現代のエスプリ別冊　うつの時代シリーズ）　至文堂
村田豊久・小林隆児　1988　児童・思春期の抑うつ状態に関する臨床的研究　厚生省「精神・神経研究委託費」62公-3　児童・思春期精神障害の成因及び治療に関する研究　昭和62年度報告書　pp. 69-81.
村田豊久・清水亜紀・森陽二郎・大島祥子　1996　学校における子どものうつ病―Birleson の小児期うつ病スケールからの検討―　最新精神医学, 1, 131-138.

## Ⅱ-3章-18

江草安彦　1982　重症心身障害児の療育指針　医歯薬出版
北海道保健福祉部福祉局障がい者保健福祉課　2014　重症心身障がい児理解促進のための手引き　重症心身障がい児って？〈http://www.tokachi.pref.hokkaido.lg.jp/hk/syf/tiiki/230104siryou03.pdf#search='%E9%87%8D%E7%97%87%E5%BF%83%E8%BA%AB%E9%9A%9C%E5%AE%B3%E5%85%90%E8%80%85++%E5%8C%97%E6%B5%B7%E9%81%93%E4%BF%9D%E5%81%A5%E7%A6%8F%E7%A5%89%E9%83%A8'〉
村上英治・後藤秀爾(編)　1982　障害重い子どもたち　福村出版
全国重症心身障害児(者)施設一覧〈http://www.ab.auone-net.jp/~sfm_myg/zenkoku/shisetsu0.htm#bedforsmid〉

## Ⅱ-3章-19

長谷川和夫　1973　老年精神医学　医学書院
長谷川嘉哉　2012　患者と家族を支える認知症の本　学研メディカル秀潤社

## Ⅲ-2章

前田重治　1979　心理面接の技術―精神分析的心理療法入門―　慶応通信
前田重治　1985　図説臨床精神分析学　誠信書房
小此木啓吾　1985　現代精神分析の基礎理論　弘文堂
小此木啓吾・岩崎徹也・橋本雅雄他(編)　1990　精神分析セミナー　Ⅰ～Ⅴ　岩崎学術出版社
氏原　寛・小川捷之・東山紘久他(編)　1992　心理臨床大事典　培風館

## Ⅲ-3章

河合隼雄　1967　ユング心理学入門　培風館
河合隼雄　1977　昔話の深層　福音館書店
河合隼雄　1991　夢と象徴(河合隼雄・福島　章・村瀬孝雄編　臨床心理学大系　1　臨床心理学の科学的基礎　金子書房)
川瀬正裕　1995　自我と深層心理(生越達美・二宮克美編　心の世界　ナカニシヤ出版)

## Ⅲ-4章

Kirschenbaum, H., & Henderson, V. L. (Eds.)　1989　*The Carl Rogers Reader*. Boston, MA: Houghton Mifflin.(伊東　博・村山正治監訳　2001　ロジャーズ選集―カウンセラーなら一度は読んでおきたい厳選33論文〈上〉　誠信書房)
Korchin, S. J.　1976　*Modern Clinical Psychology*. New York: Basic Book.(村瀬孝雄監訳　現代臨床心理学　弘文堂)
野島一彦　1993　ロジャーズ派(氏原　寛・東山紘久編　カウンセリングの理論と技法　別冊発達16　ミネルヴァ書房)
Rogers, C. R.　1957　A note on "The Nature of Man". *Journal of Counseling Psychology*, 4(3), 199-203.
Schulz, D.　1977　*Growth Psychology*. Litton Educational Publishing.(上田吉一監訳　1982　健康な人格　川島書店)
鵜飼美昭　1983　ロジャーズのパーソナリティ理論(佐治守夫・飯長喜一郎編　1983　クライエント中心療法　有斐閣)

## Ⅲ-5章

Asper, K.　1987　*Verlassenheit und Selbstenfremdung*.(老松克博訳　2001　自己愛障害の臨床―見捨てられと自己疎外　創元社)
Freud, S.　1914　*On Narcissism: An Introduction*.(懸田克躬・吉村博次訳　1969　ナルシシズム入門　フロイト著作集5　性欲論・症例研究　人文書院　pp.109-132.)
岡野憲一郎　1998　恥と自己愛の精神分析―対人恐怖から差別論まで　岩崎学術出版社
和田秀樹　2002　自己愛と依存の精神分析―コフート心理学入門　PHP研究所

## Ⅲ-6章

Mahler, M. S., Pine, F., & Bergman, A.　1975　*The Psychological Birth of the Human Infant.* Basic Book.（高橋雅士・織田正美・浜田　紀訳　1981　乳幼児の心理的誕生　黎明書房）

Blos, P.　1962　*On Adolescence.* New York: The Free Press of Glencoe.（野沢栄司訳　1971　青年期の精神医学　誠信書房）

Blos, P.　1967　The second individuation process of adolescence. *Psychoanalytic Study of the Child,* **22**, 162-186.

## Ⅲ-7章

Davis, M., & Wallbridge, D.　1981　*Boundary and Space: An Introduction to the Work of D. W. Winnicott.* New York: Brunner/Mazel.（猪股丈二監訳　1984　情緒発達の境界と空間—ウィニコット理論入門　星和書店）

Winnicott, D. W.　1957　*The Child, the Family, and the Outside World part one: Mother and Child.* Harmondsworth, Middlesex, England: Penguin Books.（猪股丈二訳　1985　子どもと家族とまわりの世界（上）赤ちゃんはなぜなくの—ウィニコット博士の育児講義—　星和書店）

Winnicott, D. W.　1957　*The Child, the Family, and the Outside World part two: The Family part three: The Outside World.* Harmondsworth, Middlesex, England: Penguin Books.（猪股丈二訳　1985　子どもと家族とまわりの世界（下）子どもはなぜあそぶの—続ウィニコットの博士の育児講義—　星和書店）

Winnicott, D. W.　1965　*The Maturational Processes and the Facilitating Environment.* London: The Hogarth Press.（牛島定信訳　1977　情緒発達の精神分析理論　岩崎学術出版社）

Winnicott, D. W.　1971　*Playing and Reality.* London: Tavistock Publications.（橋本雅雄訳　1979　遊ぶことと現実　岩崎学術出版社）

Winnicott, D. W.　1987　*Babies and their mothers.* The Winnicott Trust.（成田善弘・根本真弓訳　1993　ウィニコット著作集　第1巻　赤ん坊と母親　岩崎学術出版社）

## Ⅲ-8章

遠藤辰雄（編）　1981　アイデンティティの心理学　ナカニシヤ出版

Erikson, E. H.　1959　*Psychological Issues: Identity and the Life Cycle.* International Universities Press.（小此木啓吾訳　1973　自我同一性—アイデンティティとライフ・サイクル—　誠信書房）

川瀬正裕・松本真理子（編）　1992　自分さがしの心理学　ナカニシヤ出版

鑪幹八郎・山本　力・宮下一博（編）　1984　自我同一性研究の展望　ナカニシヤ出版

鑪幹八郎・宮下一博・岡本祐子（編）　1995　自我同一性研究の展望Ⅱ　ナカニシヤ出版

山内光哉（編）　1989　発達心理学（上）　ナカニシヤ出版

## Ⅳ-1章

松本真理子・金子一史（編）　2010　子どもの臨床心理アセスメント　金剛出版

## Ⅳ-2章

小嶋謙四郎・秋山誠一郎・空井健三　1973　小児の臨床心理検査法　医学書院

前川喜平・三宅和夫（編）　1988　発達検査と発達援助（別冊発達8）　ミネルヴァ書房

岡堂哲雄（編）　1993　心理検査学—臨床心理検査の基本—　垣内出版

［検査］
新版K式発達検査　1985　生澤雅夫他　ナカニシヤ出版
乳幼児精神発達診断法　1961　津守　真・稲毛敦子　大日本図書
乳幼児分析的発達検査法　1960　遠城寺宗徳　慶應通信
日本版デンバー式発達スクリーニング検査　1980　上田礼子　医歯薬出版

## Ⅳ-3章

東　洋・繁多　進・田島信元（編）　1992　発達心理学ハンドブック　福村出版

ベンシャミン, B.・ウォルマン, I.　1995　知能心理学ハンドブック（3）　田研出版

藤田和弘（監修）　2000　長所活用型指導で子どもが変わる part 2—国語・算数・遊び・日常生活の

つまずきの指導— 図書文化社

Kaufman, A. S., & Kaufman, N. L. 2004 *Kaufman Assessment Battery for Children Second Edition.* NCS Pearson.（日本版 KABC-Ⅱ制作委員会訳編 2013 日本版 KABC-Ⅱマニュアル 丸善出版）

松原達哉・藤田和弘他（訳編著） 1993 K-ABC心理・教育アセスメントバッテリー解釈マニュアル 丸善メイツ

岡堂哲雄（編） 1993 心理検査学—臨床心理検査の基本— 垣内出版

ウェクスラー, D. 茂木茂八・安富利光・福原真知子（訳） 1972 成人知能の測定と評価 日本文化科学社

Wechsler, D. 2003 *Technical and Interpretive Manual for the Wechsler Intelligence Scale for Children-Fourth Edition.* NCS Pearson.（日本版 WISC-Ⅳ刊行委員会訳編 2013 日本版 WISC-Ⅳ知能検査 理論・解釈マニュアル 日本文化科学社）

［知能検査］
鈴木・ビネー知能検査法 東洋図書
田中教育研究所（編） 2003 田中ビネー知能検査Ⅴ理論マニュアル 田研出版
田中・ビネー知能検査法 田研出版
WPPSI, WISC-R, WAIS-R 日本文化科学社

### Ⅳ-4章

金久卓也・深町 建 1972 CMI 三京房
桂 戴作・杉田峰康・白井幸子 1984 交流分析入門 チーム医療
川瀬正裕・松本真理子（編） 1993 自分さがしの心理学 ナカニシヤ出版
三好暁光・氏原 寛（編） 1991 臨床心理学2 アセスメント 創元社
岡堂哲雄（編） 1993 心理検査学 垣内出版
白井幸子 1983 看護にいかす交流分析 医学書院
辻岡美延 1976 新性格検査法：Y-G性格検査実施・応用・研究手引 日本・心理テスト研究所
八木俊夫 Y-G性格検査—YGテストの実務応用的診断法 日本心理技術研究所

### Ⅳ-5章

バック, J.N. 1982 HTP診断法 新曜社
遠藤辰雄（監） 1989 家族画ガイドブック 矯正協会
林 勝造・国吉政一他（編） 1970 バウム・テスト—樹木画による人格診断法— 日本文化科学社
林 勝造他 1987 P-Fスタディ解説 1987年版 三京房
池田豊應（編） 1995 臨床投映法入門 ナカニシヤ出版
片口安史 1974 新・心理診断法 金子書房
片口安史・早川幸夫 1989 構成的文章完成法（K-SCT）解説 日本総合教育研究会
川瀬正裕・松本真理子（編） 1993 自分さがしの心理学 ナカニシヤ出版
家族画研究会（編） 1986 描画テストの読み方 金剛出版
松本真理子・小川俊樹・森田美弥子（編） 2013 児童・青年期臨床に活きるロールシャッハ法 金子書房
岡堂哲雄（編） 1993 心理検査学 垣内出版
ロールシャッハ, H. 1976 精神診断学 金子書房
高橋雅春・高橋依子 1986 樹木画テスト 文教書院
高橋雅春・高橋依子 1991 人物画テスト 文教書院
山本和郎 1992 心理検査TATかかわり分析—ゆたかな人間理解の方法 東京大学出版会

### Ⅳ-6章

加藤伸司・長谷川和夫 1991 改訂長谷川式簡易知能評価スケール（HDS-R）の作成 老年精神医学雑誌, 2, 1339-1347.
外岡豊彦（監） 1973 内田クレペリン精神検査・基礎テキスト 日本精神技術研究所

## V-2章
〈クライエント中心療法〉
畠瀬　稔　1990　クライエント中心療法（小此木啓吾・成瀬悟策・福島　章編　臨床心理学大系第7巻　心理療法　金子書房）
ロージァズ，C.R.　1966～1972　ロージァズ全集全23巻　岩崎学術出版社
佐治守夫・飯長喜一郎(編)　1983　ロジャーズ：クライエント中心療法　有斐閣
〈精神分析療法〉
前田重治　1976　心理面接の技術―精神分析的心理療法入門―　慶應通信
小此木啓吾・馬場謙一(編)　1977　フロイト精神分析入門　有斐閣
小此木啓吾・岩崎徹也・橋本雅雄他(編)　1981　精神分析セミナーⅠ精神療法の基礎　岩崎学術出版社
〈ユングの分析的心理療法〉
河合隼雄　1967　ユング心理学入門　培風館
鑪幹八郎　1976　夢分析入門　創元社
鑪幹八郎　1979　夢分析の実際　創元社
ユング，C.G.　江野専次郎(訳)　1970　夢分析の実際的使用（ユング著作集3　こころの構造）　日本教文社
〈遊戯療法〉
アクスライン，V.M.　小林正夫(訳)　1985　遊戯療法　岩崎学術出版社
深谷和子　1974　幼児・児童の遊戯療法　黎明書房
東山紘久　1982　遊戯療法の世界　創元社
ランドレス，G.L.　山中康裕(監訳)　2007　プレイセラピー―関係性の営み―　日本評論社
高野清純　1972　遊戯療法の理論と技術　日本文化科学社
〈芸術療法〉
河合隼雄　1969　箱庭療法入門　誠信書房
松井紀和　1989　音楽療法（伊藤隆二編　心理治療法ハンドブック　福村出版）
松井紀和　1980　音楽療法の手引き　牧野出版
森谷寛之・杉浦京子他(編)　1993　コラージュ療法入門　創元社
中井久夫　1985　中井久夫著作集　1巻-分裂病，2巻-治療　岩崎学術出版社
岡田康伸　1984　箱庭療法の基礎　誠信書房
大森健一・高江州義英(編)　1979　芸術療法講座3　星和書店
杉浦京子　1994　コラージュ療法―基礎的研究と実際―　川島書店
徳田良仁・武正健一(編)　1979　芸術療法講座1　星和書店
山松質文　1984　障害児のための音楽療法　大日本図書
山松質文(編)　1985　自閉症児のための音楽療法実際　音楽之友社
山中康裕・徳田良仁(編)　1979　芸術療法講座2　星和書店
〈森田療法〉
岩井　寛・阿部　亨　1975　森田療法の理論と実際　金剛出版
〈家族療法〉
バーカー，P.　中村伸一・信田恵子(監訳)　1993　家族療法の基礎　金剛出版
東　豊　1993　セラピスト入門―システムズアプローチへの招待―　日本評論社
日本家族研究・家族療法学会(編)　2003　臨床家のための家族療法リソースブック　金剛出版
日本家族研究・家族療法学会(編)　2013　家族療法テキストブック　金剛出版
シャーマン，R.・フレッドマン，N.　岡堂哲雄他(訳)　1990　家族療法技法ハンドブック　星和書店
〈行動療法〉
ベラック，A.S.・ハーセン，M.(編著)　山上敏子(監訳)　1987　行動療法事典　岩崎学術出版社
赤木　稔　1989　新・行動療法と心身症―行動医学への展開―　医歯薬出版
中野良顯　1989　行動療法（伊藤隆二編　心理治療法ハンドブック　福村出版）
坂野雄二・上里一郎　1990　行動療法と認知療法（小此木啓吾・成瀬悟策・福島　章編　臨床心理学大系第7巻　心理療法(1)　金子書房）
〈認知行動療法〉
伊藤絵美　2008　事例で学ぶ認知行動療法　誠信書房
ニーナン，M.・ドライデン，W.　石垣琢磨・丹野義彦(監訳)　2010　認知行動療法100のポイント

　　　　　　　金剛出版
坂野雄二　1992　認知行動療法の発展と今後の課題　ヒューマンサイエンスリサーチ，1，87-107.
坂野雄二　1995　認知行動療法　日本評論社
坂野雄二　1998　さまざまな認知行動療法　岩本隆茂・大野　裕・坂野雄二(編)　認知行動療法の理論と実際　培風館
下山晴彦(編)　2011　認知行動療法を学ぶ　金剛出版

〈自律訓練法〉
シュルツ，J. H.・ルーテ，W.　池見酉次郎(監)　1971　自律訓練法Ⅰ　誠信書房
内山喜久雄　1990　自律訓練法(上里一郎・鑪幹八郎・前田重治編　臨床心理学大系第8巻　心理療法2　金子書房)

〈集団精神療法〉
池田由子　1973　集団精神療法の理論と実際第2版　医学書院
小谷英文　1990　集団心理療法(小此木啓吾・成瀬悟策・福島　章編　臨床心理学大系第7巻　心理療法1　金子書房)
山口　隆・増野肇他(編)　1987　やさしい集団精神療法入門　星和書店

やってみよう―かかわりの体験コーナー―
中井久夫　1985　枠づけ法と枠づけ2枚法(中井久夫著作集2巻　精神医学の経験　治療　岩崎学術出版社)

### 終　章
村上英治　1992　人間が生きるということ　大日本図書

### TOPICS 1　脳科学と臨床心理学
池内　了　2008　疑似科学入門　岩波書店
大谷　悟　2008　心はどこまで脳にあるか―脳科学の最前線　海鳴社
矢野良治　2003　ブレインイメージング―神経疾患の診断・治療に向けた非侵襲技術応用研究の体制強化の必要性　科学技術動向，25，9-15.

### TOPICS 2　ネット社会と心理的問題
北折充隆　2013　迷惑行為はなぜなくならないのか？　光文社

### TOPICS 3　学校現場における心の支援
石隈利紀　1999　学校心理学―教師・スクールカウンセラー・保護者のチームによる心理教育的援助サービス―　誠信書房
日本学校心理学会(編)　2007　学校心理学ハンドブック「学校の力」の発見　教育出版

### TOPICS 4　自閉症の分類の変遷とASD
American Psychiatric Association　1994　*Diagnostic and Statistical Manual of Mental Disorders Fourth Edition.* (DSM-IV) Washington, DC: American Psychiatric Association.
American Psychiatric Association　2013　*Diagnostic and Statistical Manual of Mental Disorders Fifth Edition.* (DSM-5) Washington, DC: American Psychiatric Publishing. (高橋三郎・大野裕監訳　2014　DSM-5　精神疾患の診断・統計マニュアル　医学書院)

### TOPICS 5　自閉スペクトラム症の多彩な症状
American Psychiatric Association　1994　*Diagnostic and Statistical Manual of Mental Disorders Fourth Edition.* (DSM-IV) Washington, DC: American Psychiatric Association.
American Psychiatric Association　2013　*Diagnostic and Statistical Manual of Mental Disorders Fifth Edition.* (DSM-5) Washington, DC: American Psychiatric Publishing. (高橋三郎・大野裕監訳　2014　DSM-5　精神疾患の診断・統計マニュアル　医学書院)
杉山登志郎・辻井正次　1999　高機能広汎性発達障害　ブレーン出版

## TOPICS 6　心の理論
Baron-Cohen, S., Leslie, A. M., & Frith, U.　1985　Does the autistic child have a theory of mind?　*Coginition*, **21**, 37-46.
中根　晃　1999　自閉症　日本評論社

## TOPICS 7　不登校対応の現状
川瀬正裕　1994　心の健康と登校拒否（稲村　博ら編　登校拒否のすべて　1-1-9　第一法規出版）
文部科学省　2023　令和5年版学校基本調査　文部科学省

## TOPICS 8　いじめと非行
文部科学省　2012　いじめの問題に関する児童生徒の実態把握並びに教育委員会及び学校の取組状況に係る緊急調査結果について　文部科学省初等中等教育局児童生徒課
文部科学省　2013　児童の問題行動等生徒指導の諸問題に関する調査　文部科学省初等中等教育局児童生徒課

## TOPICS 9　現代日本における自己愛人間
小此木啓吾　1981　自己愛人間　朝日出版社

## TOPICS13　就職活動と自我同一性
遠藤ひとみ・高木秀明　2013　大学生・大学院生の就職活動において自我同一性の探究を阻害する要因　横浜国立大学大学院教育学研究科　教育相談・支援総合センター研究論集, **13**, 25-42.

## TOPICS14　EBMとNBM
Greenhalgh, T., & Hurwitz, B. (Eds.)　1998　*Narrative Based Medicine: Dialogue and Discourse in Clinical Practice.* London: BMJ Books.（斉藤清二・山本和利・岸本寛史監訳　2001　ナラティブ・ベイスド・メディスン―臨床における物語りと対話　金剛出版）
斉藤清二・岸本寛史　2003　ナラティブ・ベイスト・メディスンの実践　金剛出版
高橋規子・吉川　悟　2001　ナラティヴ・セラピー入門　金剛出版

## TOPICS15　ロールシャッハ法と投影法の動向
小川俊樹　2012　第6章　研究法④　投影法（齊藤高雄・元永拓郎編著　新訂臨床心理学研究法特論　放送大学教育振興会）
Meyer, G. J., Vigilione, D. J., Mihura, J. L., Erard, E. E., & Erdberg, P.　2011　*Rorschach Performance Assessment System$^{TM}$: Administration, Coding, Interpretation, and Technical Manual.* Rorschach Performance Assessment System, LLC.
村上英治・池田博和・渡辺雄三・細野純子　1977　ロールシャッハの現象学―分裂病者の世界―　東京大学出版会
松本真理子・森田美弥子・小川俊樹（編）　2013　児童・青年期臨床に活きるロールシャッハ法　金子書房

## TOPICS16　地域とのかかわりと連携
山本和郎　1986　コミュニティ心理学　東京大学出版会
名古屋市障害児保育指導委員会　2009　統合保育の協働に向かって―名古屋市障害児保育30年誌―　名古屋市

## TOPICS17　心の減災教育
松本真理子・窪田由紀・吉武久美・坪井裕子・鈴木美樹江・森田美弥子　2014　児童生徒を対象とした心の減災能力育成に関する研究―現状調査とプログラム開発を中心に―　東海心理学研究, **8**, 2-11.
名古屋大学こころの減災研究会ホームページ〈http://kokoro-gensai.educa.nagoya-u.ac.jp/wordpress/〉

### TOPICS18 「遊ぶこと (playing)」の意味
牛島定信・北山　修(編)　1995　ウィニコットの遊びとその概念　岩崎学術出版社

### TOPICS19　特別支援教育
大沼直樹・吉利宗久　2005　特別支援教育の理論と方法　培風館
文部科学省　2005　発達障害のある児童生徒への支援について（通知）

### TOPICS20　デートの申し込みを電話で行うときの社会的スキル
R. ネルソン＝ジョーンズ　相川　充(訳)　1993　思いやりの人間関係スキル　誠信書房

### TOPICS22　障害と社会参加
厚生省保健医療局精神保健課　1995　精神保健福祉法　中央法規
内閣府　2014　平成26年版障害者白書　内閣府

### TEA BREAK
笠原　嘉　1984　アパシー・シンドローム―高学歴青年の青年心理―　岩波書店
土井健郎(監)　1988　燃えつき症候群　医師・看護婦・教師のメンタル・ヘルス　金剛出版
清水将之　1983　青い鳥症候群　偏差値エリートの末路　弘文堂

# 索　引

**欧文**

ADHD　157
anorexia nervosa　67
A型行動パターン　64
bulimia nervosa　67
burnout スケール　137
CMI　125
DA　115
DQ　115
DSM-Ⅳ　18
DSM-5　22
DSM-5-TR　22
EPPS 性格検査　125
holding　105
HTP 法　129
ICD-10　18
IP　153
KABC　122
MA　119
MAS　125
MMPI　125
P-F スタディ　128
SCT　128,134
TAT　127
WAIS　120
WISC　120
WPPSI　120
YG 性格検査　123,136

**ア行**

青い鳥症候群　77
遊ぶこと　148
アニマ　98
アニムス　98
アパシー・シンドローム　91
アレキシサイミア　64
アレキシソミア　64
育児の困難な母親　57
育児不安　56
移行期　105,106
移行対象　105
意識　93
依存抑うつ　56
遺尿　42
陰性症状　78
ウェクスラー法知能検査　120
内田・クレペリン精神作業検査　132
うつ状態評価尺度　83
うつ病　81,82
運動症群　23
エゴグラム　124
エス　93
エディプス・コンプレックス　94,96
エビデンス・ベイスト・メディスン（Evidence Based Medicine；EBM）　114
エレクトラ・コンプレックス　94
円環的因果律　153
応用行動分析　155
オキシトシン　6
思いやり　106
音楽療法　150

**カ行**

カーンバーグ　101
コフート　101,102

絵画療法　149
解決志向アプローチ　154
ガイダンス　9
改訂　長谷川式簡易知能評価スケール　133
解離症群　24
解離ヒステリー　69
学生相談　12
影　97
過食症　67
家族　113
　　──システム　153
　　──療法　153
価値下げ　19
学校恐怖症（school phobia）　45
空巣（からのす）症候群　160
寛解　5
環境としての母親　106
関係療法　147
観察　113
緘黙　42
企業内相談室　13
基本的信頼　108
虐待　60,61
教育学　3
教育相談所　12
境界パーソナティ構造　107
境界例　73,74
　　──人格構造　19
共感　91,140
　　──的理解　140
共生期　103
強迫症　24
強迫神経症　53
恐怖症　53
局所論　93
拒食症　67
近赤外分光法（NIRS）　6
勤勉性　108
クライエント　8,140
　　──中心療法　144

グレート・マザー　98
経験（experience）　99
芸術療法　149
限局性学習症　23
原初的没頭　105
現病歴　113
交互色彩分割法　149
口唇期　94,95
公的機関　12
合同動的家族画法　129
行動療法　155
肛門期　94,95
合理化　95
心の減災教育　145
心の問題　2
心の理論　41
個人開業　12
固着　95
コミュニケーション症群　22
コラージュ療法　150,162
コンサルテーション　142
コンプレックス　98

### サ行

再接近期　103
錯覚　106
詩歌療法　151
自我　19,93
　──境界　19
　──同一性　110
　──の防衛機制　19
自己　98,99
　──愛　101
　　　一次的──　101
　──構造体　102
　──人間　92
　──理論　101
　　　二次的──　101
　──概念　99
　──構造　99
　──実現　100
　──理論　99
思春期やせ症　67
自体愛　101
実現傾向　99
質問紙法　123
児童・青年期の問題　20
児童期の統合失調症　79
児童虐待　60
　──防止法　61
児童中心的遊戯療法　146
自閉スペクトラム症　23
社会構成主義　154
社会的学習理論　155
社会的生活歴　113
社会的スキル訓練　155
終結　10
重症心身障害児　84
集団精神（心理）療法　160

執着気質　81
受容　141
受理面接　9
循環気質　81
昇華　95
障害　7
症状　4
　──処方　153
情緒障害　42
情報の収集　112
食行動症　24
自律訓練法　158
自律性　108
心因　52
人格検査　123
人格理論　3,90
神経症　52
　　心気──　53
神経性過食症　67
神経性大食症　67
神経性無食欲症　67
神経性やせ症　67
神経認知障害群　25
神経発達症群　22
新行動SR仲介モデル　155
心身症　63
身体症状症　24
診断的分類　18
診断的理解　141
心的外傷及びストレス因関連症群　24
心的外傷後ストレス症　52
心的装置　93
シンドローム（症候群）　33
新版K式発達検査　115
人物画法　129
親密性　108
信頼関係　140
心理・社会的危機　108
心理・社会的発達理論　108
心理・社会的モラトリアム　109
心理アセスメント　3,112
心理教育の援助サービス　16
心理教育の家族療法　153
心理劇　151
心理検査　112
心理療法　3,10,91,140,143
　──家　141
心理臨床家　3
睡眠　24
スクィグル　162
　──法　149
スクールカウンセラー　16
鈴木・ビネー知能検査法　119
生育歴　113
性器期　94,95
性機能不全群　25
生殖性　108
精神医学　3

精神年齢　119
精神病的　7
精神分析　93
　　——的遊戯療法　146
　　——療法　144
精神保健福祉センター　12
精神療法　143
性別違和　25
世代間境界　153
積極性　108
摂食障害　67
前意識　93
漸成的発達論　108
全体対象　107
先入観　141
潜伏期　94,95
躁うつ病　81
双極症　23
相対的依存　106
躁的防衛　19

タ行
体験過程療法　144
退行　95
対象愛　101
対象関係論　105,107
対象恒常性　104
対象としての母親　106
対人恐怖　53
多世代伝達過程　153
脱錯覚　106
田中ビネー知能検査Ⅴ（ファイブ）　119
男根期　94,95
地域のシステム　142
知性化　95
チック　42
　　——症群　23
秩序破壊的・衝動抑制・素行症群　25
知的発達症群　22
知能検査　119
知能指数　120
注意欠如多動症　23
中間領域　148
中断　10
超自我　93
治療契約　10
治療幻想　140
爪かみ　42
適応　4
テスト・バッテリー　123,134
転換ヒステリー　69
同一化　95
同一性　71,108
　　——拡散　71
　　——障害　71
投影　95
　　——性同一視　19
　　——描画法　128

　　——法　126,131
登校拒否　45
統合失調症　78
　　——スペクトラム症　23
統合性　108
動的家族画法　129
特別支援教育　152

ナ行
ナラティブ・セラピー　154
ナラティブ・ベイスド・メディスン（Narrative Based Medicine；NBM）　114
ナルシシズム　101,102
二重拘束説　153
日本版デンバー式発達スクリーニング検査　115
乳幼児精神発達診断法　115
乳幼児分析的発達検査法　115
認知行動療法　156
認知症　85
ノイローゼ　52
脳科学　6
脳血管性認知症　85

ハ行
パーソナリティ症群　25
パーソン・センタード・アプローチ　144
排泄症群　24
バウム・テスト　129,136
箱庭療法　150
発達課題　108
発達検査　115
　　——法　115
発達指数　115
発達診断法　115
発達スクリーニング法　115
発達理論　3,90
抜毛　42
反動形成　95
被虐待児症候群　60
非指示的療法　144
ヒステリー　53,69
　　——性格　69
否認　19
ビネー法知能検査　119
ヒポコンドリー性基調　151
病院での心理療法　12
病態水準　19
病理　3
不安症群　23
不安神経症　52
風景構成法　150
福祉・民生関係の機関　12
福祉学　3
物質関連症群　25
不適応　4
不登校（non-attendance at school）　45
　　——対応の現状　46
舞踏療法　151

部分対象　107
普遍的無意識　97
ブリーフセラピー　154
ふれあい恐怖症候群　62
分析的心理学　97
分析的心理療法　146
分離 - 個体化　103
　　──期　103
分離不安　103
分裂　19
ペルソナ　97
偏見　141
防衛機制　95
保健所　12
母性剥奪症候群　56
ほどよい母親　105

## マ行

マインドフルネス　155
マターナル・デプリベーション　56
無意識　93
メランコリー親和型性格　81
燃えつき症候群　137
森田神経質　151
森田療法　52,151

## ヤ行

薬物療法　156
遊戯療法　146
指しゃぶり　42
夢分析　146
良い対象　74,107
陽性症状　78
抑圧　69
抑うつ症群　23
抑うつ神経症　53

## ラ行

ライフサイクル　108
ラポール　147
力動論的見地　94
理想化　19
リビドー　93
リフレーミング　153
療育　84
臨床心理士　3
連携　142
老年認知症　85
ロールシャッハ法（ロールシャッハ・テスト）
　126,131,134

## ワ行

悪い対象　74,107

## 著者紹介

**川瀬　正裕**（かわせ　まさひろ）
国際基督教大学大学院教育学研究科博士課程前期修了
教育学修士，公認心理師，臨床心理士
金城学院大学人間科学部教授
著書：「心の健康と登校拒否」第一法規，1994
「心とかかわる臨床心理」（共著）ナカニシヤ出版，1996
「医療のなかの心理臨床」（共著）新曜社，2001
「統合保育の展開」（共著）コレール社，2002
「これからを生きる心理学―出会いとかかわりのワークブック―」（共著）ナカニシヤ出版，2008，他

**松本　真理子**（まつもと　まりこ）
名古屋大学大学院教育発達科学研究科博士課程後期修了
博士（心理学），公認心理師，臨床心理士
名古屋大学名誉教授
著書：「これからを生きる心理学―出会いとかかわりのワークブック―」（共著）ナカニシヤ出版，2008
「児童・青年期に生きるロールシャッハ法」（編著）金子書房，2013
「日本とフィンランドにおける子どものウェルビーイングへの多面的アプローチ―子どもの幸福を考える―」（編著）明石書店，2017
「心理アセスメント―心理検査のミニマム・エッセンス―」（編著）ナカニシヤ出版，2018
「外国にルーツをもつ子どもの学校生活とウェルビーイング―児童生徒・教職員・家族を支える心理学―」（編著）遠見書房，2023，他

**松本　英夫**（まつもと　ひでお）
浜松医科大学大学院医学研究科修了
医学博士，精神科専門医・指導医，精神保健指定医
東海大学名誉教授
著書：「子どもの心の診療シリーズ　子どもの心の処方箋ガイド」（編集委員・分担執筆）中山書店，2014
「乳幼児精神保健の基礎と実践」（編著）岩崎学術出版社，2017，他

---

### 心とかかわる臨床心理［第3版］
基礎・実際・方法

2015年11月1日　第3版第1刷発行　　定価はカバーに表示してあります
2024年3月30日　第3版第10刷発行

著　者　川瀬　正裕
　　　　松本真理子
　　　　松本　英夫
発行者　中西　良
発行所　株式会社ナカニシヤ出版
606-8161　京都市左京区一乗寺木ノ本町15番地
telephone　075-723-0111
facsimile　075-723-0095
郵便振替　01030-0-13128

装幀・白沢　正／印刷・製本・創栄図書印刷
Copyright © 1996, 2006, 2015 by M. Kawase, M. Matsumoto, & H. Matsumoto
Printed in Japan
ISBN 978-4-7795-0931-5 C3011

◎本文中に記載されている社名，サービス名，商品名は，各社が商標または登録商標として使用している場合があります。なお，本文中では，基本的にTMおよびRマークは省略しました。
◎本書のコピー，スキャン，デジタル化等の無断複製は著作権法上での例外を除き禁じられています。本書を代行業者等の第三者に依頼してスキャンやデジタル化することは，たとえ個人や家庭内での利用であっても著作権法上認められておりません。